Alimente seus Deuses e Demônios

Tsultrim Allione

CB131819

Título da edição original: Feeding your Demons
© by Tsultrim Allione
All rights reserved.

Direitos da edição em Português © 2010.
Editora Vida & Consciência Ltda.
Todos os direitos reservados.

Diretor de Arte: Luiz A. Gasparetto
Projeto Gráfico: Bruno Bega Harnik
Diagramação: Marina Avila
Tradução: Ana Paula Martins Gouveia
Preparação e Revisão: Cacilda Guerra

1ª edição
novembro 2010
3.000 exemplares

Dados Internacionais de Catalogação na Publicação (CIP)
(Câmara Brasileira do Livro, SP, Brasil)

Allione, Tsultrim
Alimente seus deuses e demônios / Tsultrim Allione ;
[traduzido por Ana Paula Martins Gouveia]. --
São Paulo : Centro de Estudos Vida & Consciência Editora
Título original: Feeding your demons.

ISBN 978-85-7722-143-1

1. Vida espiritual - Budismo I. Título.

10-10377 CDD-294.3444

Índices para catálogo sistemático:
1. Vida espiritual - Budismo 294.3444

Publicação, distribuição, impressão e acabamento
Centro de Estudos Vida & Consciência Editora Ltda.
Rua Agostinho Gomes, 2312
Ipiranga — CEP 04206-001
São Paulo — SP — Brasil
Fone/Fax: (11) 3577-3200 / 3577-3201
E-mail: grafica@vidaeconsciencia.com.br
Site: www.vidaeconsciencia.com.br

Proibida a reprodução total ou parcial desta obra, de qualquer forma ou por qualquer meio eletrônico, mecânico, inclusive através de processos xerográficos, sem permissão expressa do editor (Lei nº 5.988, de 14/12/73).

Tsultrim Allione

Uma das primeiras mulheres americanas ordenadas na tradição tibetana, Tsultrim Allione viveu por muitos anos como monja nos Himalaias, estudando e se exercitando espiritualmente com grandes mestres tibetanos. De volta ao Ocidente, abandonou a vida monástica, casou-se e se tornou mãe. Enquanto criava os três filhos, escreveu Women of Wisdom, um livro profundamente inovador. Em 1993 fundou Tara Mandala, um centro de retiros de cerca de setecentos acres localizado no estado do Colorado, nos Estados Unidos. Tsultrim viaja por todo o mundo como professora budista, transmitindo ensinamentos que unem psicologia e *insights* espirituais.

Para mais informações sobre Tsultrim Allione
visite o site: **www.taramandala.org**

Para minha preciosa mãe,
Ruth, que foi um exemplo
de compaixão e de amor
incondicional por toda a
minha vida, e para a Grande
Mãe, Prajnaparamita, cuja a
mente é similar ao céu, nossa
verdadeira natureza.

Sumário

Prefácio

por **Jack Kornfield**[1]
Spirit Rock Meditation Center

Nos portões da maioria dos templos budistas, existem estátuas de demônios ferozes que estão em guarda. Para entrar no espaço sagrado do templo, você tem de passar diretamente entre eles. Isso se deve ao fato de que todos os humanos, cada um de nós, devem chegar a um acordo com os demônios do medo, da violência, da tentação, da ignorância, e com seus comparsas, se quiserem ter uma vida livre e sagrada. Eles não podem ser negligenciados.

Tsultrim Allione realizou um feito memorável de tradução cultural e oferece ao mundo ocidental um novo tesouro. Ela garimpou uma grande linhagem antiga de prática espiritual, que era relativamente desconhecida, e a transcreveu de forma moderna e acessível, sem que esta linhagem tivesse sua essência comprometida ou perdesse o poder. Neste livro, ela usa com total eficácia seus quarenta anos de treinamento budista, suas habilidades como lama realizada e visionária, e também sua compreensão sofisticada da psique ocidental para, de forma consciente e destemida, mergulhar nos dois mundos, o tibetano clássico e a vida moderna.

1 - Jack Kornfield é um dos mais importantes budistas norte-americanos dos últimos quarenta anos, e um dos primeiros professores a trazer para o Ocidente as práticas de meditação vipassiana e mindfulness (atenção plena no momento presente; meditação analítica dos pensamentos e ações, sem julgar a você mesmo). Os métodos ensinados por Kornfield enfatizam a compaixão, o amor ao próximo e o caminho profundo da mente por meio de métodos simples de ensinamentos. (N. E.)

A necessidade de transformar nossos demônios é universal. Todos nós sofremos, vez ou outra, devido aos nossos demônios, sejam eles o da confusão, da raiva, do ódio contra nós mesmos, dos traumas, anseios ou perdas. Coletivamente, a força destes demônios cria uma dor enorme na terra, incluindo guerras incessantes, racismo, desastres ambientais, fome e doenças que são amplamente difundidas e desnecessárias. Para aliviar estas formas de sofrimento, nós, humanos, temos de enfrentar os demônios da ganância, do ódio e da frustração em sua própria raiz. Por maior que seja o número de mudanças políticas e científicas, elas não conseguirão acabar com estes padecimentos, se nós também não aprendermos a lidar com nossos próprios demônios, de forma individual e coletiva. Nos ensinamentos que vão diretamente ao cerne da questão oferecidos por Tsultrim Allione, existe um método poderoso para que sejamos capazes de fazer isso. Com um refinamento de detalhes e acuidade, ela nos mostra como podemos transformar as dependências, a vergonha, a doença, a ansiedade, o medo e a raiva em energias de liberação.

Esta transformação está na própria essência da realização budista, a descoberta de que a liberação pode ser encontrada exatamente onde estamos — não evitando os sofrimentos da vida, mas nos voltando para eles com o coração cheio de compaixão. E, ao nos liberarmos do apego pessoal ao sofrimento, podemos aprender a transformar a energia nele aprisionada e encontrar liberdade na essência desta mesma energia.

A história do budismo nos diz que, depois de muitos anos de ensinamentos, Buda convidou seus seguidores mais despertos a levar a luz dos preceitos de liberação e compaixão mundo afora. Ele os instruiu a traduzir seus ensinamentos para o vernáculo de cada novo local, de cada região em que estivessem, a fim de que todos pudessem se beneficiar.

Que as bênçãos e a liberação oferecidas por estas práticas de transformação dos demônios possam dar liberdade ao seu próprio coração, beneficiar todos os seres e levar à reparação e ao despertar do mundo. Que assim seja!

Introdução

Alimentar nossos demônios, em vez de brigar com eles, parece contradizer a abordagem convencional no Ocidente de como lidar com as coisas que nos incomodam, mas esta concepção se mostra notavelmente efetiva no caminho da liberação e da paz interior. Demônios são obsessões e medos, doenças crônicas ou problemas comuns como depressão, ansiedade e dependências. Não são assombrações que estão à nossa espreita em lugares sombrios. Estão em nós mesmos, são as forças em nosso interior com as quais nos debatemos. São nossos inimigos internos que minam nossas melhores intenções. A tentativa de dar forma a essas forças e de alimentá-las, em vez de nos debatermos com elas, foi originalmente vislumbrada por uma professora budista do século XI, Machig Labdrön (1055-1145). Não há consenso sobre as datas relativas ao período de vida de Machig, que variam de acordo com a fonte, mas a maioria dos eruditos concorda que ela nasceu em 1055 e que viveu bem até a casa dos noventa anos. A prática espiritual que Machig desenvolveu, chamada Tchöd (pronuncia-se "tchö"), significa "transpassar". Esta forma de meditação nada convencional, mesmo naquela época no Tibete, gerou resultados tão surpreendentes que se tornou muito popular, tendo se espalhado por todas as escolas do budismo tibetano e ido além.

No mundo de hoje, temos índices recordes de conflitos internos e externos, e nos encontramos cada vez mais polarizados tanto política quanto espiritualmente. Precisamos de um novo paradigma, uma forma mais revigorada de lidar com os conflitos. A estratégia de Machig de nutrir, em vez de combater nossos inimigos internos e externos, oferece um caminho revolucionário para solucionar problemas, que nos leva à integração psicológica e à paz interior.

Em 1967, quando eu tinha dezenove anos, tive a sorte de viajar para a Índia e o Nepal e conhecer tibetanos que haviam se estabelecido por lá como refugiados, depois de terem sido forçados ao exílio devido à invasão do Tibete pela China comunista. Eu me apaixonei pelos tibetanos e retornei à Índia em 1969, após uma temporada de seis meses no primeiro monastério tibetano construído na Escócia, fundado por Chögyam Trungpa Rinpoche. Em 1970, fui ordenada monja budista na tradição tibetana por sua santidade o 16º Karmapa, em Bodhigaya, na Índia, e durante os anos seguintes tive a bênção incomensurável de receber ensinamentos aos pés de muitos grandes mestres budistas treinados no Tibete. Como será descrito nas páginas que se seguem, depois de vários anos tomei a decisão de devolver meus votos monásticos. Foi nessa época de grande transição e de incertezas que fui apresentada ao Tchöd. Em seguida retornei aos Estados Unidos, tornei-me mãe e busquei integrar a sabedoria tibetana à minha vida como uma pessoa leiga. Posteriormente fui orientada a conhecer a biografia de Machig Labdrön (escrita em tibetano) e seus ensinamentos se tornaram fundamentais para mim.

Como havia sido capaz de encontrar uma relevância incrível nos ensinamentos de Machig, fui motivada a encontrar uma forma de tornar seus ensinamentos acessíveis num contexto ocidental. Quando comecei a ensinar a prática do Tchöd no Ocidente, desenvolvi um exercício de visualização, diálogo e alimentação dos demônios que gerou resultados tangíveis. Gradualmente, a partir deste exercício, o processo dos cinco passos descrito aqui evoluiu para um método que chamei de "alimentar seus demônios", que começou a ser utilizado independentemente da prática tibetana do Tchöd por meus alunos. Nos últimos 25 anos — mais recentemente, em Tara Mandala, nosso centro de retiros no Colorado, e nos retiros chamados Kapala Training[2] —, tenho ensinado esta forma de "alimentar seus demônios" para que possamos nos tornar amigos daquilo que mais gostaríamos de evitar.

Aqueles que se utilizaram do método relatam que questões emocionais e físicas crônicas, como ansiedade, compulsão alimentar, ataques de pânico e doenças, foram solucionadas ou significativamente beneficiadas com ele. O processo dos cinco passos também se mostrou útil para se aprender a lidar com mudanças drásticas de curta duração, como o término de um relacionamento, o estresse causado pela perda de um emprego, a morte de uma pessoa querida e problemas de relações interpessoais no trabalho e em casa. Às vezes os resultados foram instantâneos e nada menos que miraculosos, enquanto outros efeitos foram mais graduais e sutis.

O método que chamo alimentar seus demônios — baseado nos princípios do Tchöd — é uma prática muito simples de cinco passos que não requer nenhum conhecimento do budismo ou de qualquer prática espiritual tibetana. No passo 1, descobrimos em que lugar do corpo guardamos nosso demônio de forma mais forte, mais acirrada. Este demônio pode ser uma dependência, ódio contra si mesmo, perfeccionismo, raiva, ciúme, inveja ou qualquer coisa que esteja nos colocando para baixo,

2 - **Kapala Training** é um programa de treinamento de quatro níveis que possibilita aprender mais sobre o processo de alimentar seus demônios e credenciar-se para ajudar outras pessoas. O treinamento oferece uma exploração em profundidade dos ensinamentos do Tchöd, desenvolvidos pela iogue tibetana Machig Labdrön no século XI, os ensinamentos do Mahayana de Prajna Paramita, que estão relacionados, e também a prática de alimentar seus demônios desenvolvida por Tsultrim Allione. O treinamento é direcionado tanto para profissionais que queiram aplicar tal técnica em seus trabalhos de cura quanto para indivíduos que queiram trabalhar profundamente com seus "próprios demônios" por meio da prática contemplativa. (N. T.)

sugando nossas energias. Para tornar as coisas mais simples, nossos demônios são aquilo de que temos medo. Tal como foi dito por Machig, qualquer coisa que bloqueie nossa total liberdade interior é um demônio. Ela também falou de deuses e de deuses-demônios. Os deuses são nossas esperanças, as coisas que ansiamos, pelas quais somos obcecados, nossos apegos. Os deuses-demônios ocorrem quando as esperanças e os medos estão colados um no outro; quando oscilamos entre esperança e medo, isso é um deus-demônio. Embora nas páginas que se seguem eu me refira em grande parte aos demônios, a mesma abordagem pode ser aplicada de forma igualmente satisfatória aos deuses e aos deuses-demônios.

No passo 2, nós permitimos que esta energia que encontramos em nosso corpo se personifique à nossa frente, na forma de um demônio. No passo 3, descobrimos do que ele precisa ao nos colocarmos no seu lugar, tornando-nos o demônio. No passo 4, imaginamos que dissolvemos nosso próprio corpo em um néctar de qualquer coisa que o demônio precise e deixamos este néctar fluir por ele. Dessa forma, nós o nutrimos, alimentando-o até a completa satisfação. Tendo satisfeito o demônio, descobrimos que a energia que estava vinculada a ele se transforma em um aliado. Este aliado nos oferece proteção e apoio, e então se dissolve em nós. No final do passo 4, nós nos dissolvemos em vacuidade, e no quinto, o último, nós simplesmente descansamos na clareza do estado desperto que provém de termos nos dissolvido em vacuidade.

Paradoxalmente, alimentar nossos deuses ou demônios até a total satisfação não os fortalece, mas, sim, permite que a energia que havia sido aprisionada dentro deles volte a ser acessível. Desse modo, emoções de grande energia que haviam sido encapsuladas por conflitos internos são liberadas e se transformam em algo benéfico. Quando tentamos lutar contra ou reprimir partes de nós mesmos que negamos, como é o caso daquilo que denominei demônios, elas acabam por ganhar ainda mais poder e criam resistências. Ao alimentarmos nossos demônios, não só os tornamos inofensivos como também, por falar-lhes diretamente em vez de fugirmos deles, nutrimos as partes sombrias de nós mesmos, e assim a energia que estava presa devido ao conflito se transforma em uma força de proteção positiva.

Dar forma a nossos demônios ao personificá-los também traz à tona energias incipientes ou padrões habituais nocivos, permitindo que sejam liberados em vez de deixados ali como uma força destrutiva não visível. A alternativa, caso não alimentemos nossos demônios, é nos engajarmos em uma batalha que nunca podemos vencer: se não são alimentados, eles vão se tornando cada vez mais fortes e monstruosos, e tanto podemos nos digladiar abertamente com eles quanto nos manter ignorantes sobre suas operações encobertas.

Embora a técnica terapêutica de personificar um medo ou uma neurose seja familiar à psicologia ocidental, a prática dos cinco passos de alimentar nossos demônios aprofunda este tipo de abordagem do problema. O valor complementar vem do fato de dissolvermos nosso corpo e nutrir o inimigo interior, em vez de simplesmente personificá-lo e interagir com ele. Outra diferença é a experiência de um estado desperto meditativo não dual, que ocorre no passo 5. Trata-se um estado de relaxamento desperto, livre de nossas fixações habituais no "eu" contra o "outro", o que faz com que este processo vá além do que costuma ir a terapia psicológica comum.

Encontrar meios adequados para trazer a antiga sabedoria tibetana para o contexto do mundo contemporâneo é um desafio que qualquer pessoa profundamente envolvida nesta tradição tem de enfrentar. Em uma conferência de 1996 em Dharamsala, na Índia, com sua santidade o 14º dalai-lama, fui convidada a apresentar a prática de alimentar os demônios em uma sessão voltada a novos métodos de ensino do budismo no Ocidente. Tive a grande honra de apresentar a versão do método dos cinco passos, que você irá aprender neste livro, ao dalai-lama, a um grupo de lamas renomados (professores de budismo tibetano) de várias tradições e a meus colegas ocidentais. Ao fim da apresentação, sua santidade foi bastante encorajador, e muitos professores ocidentais adotaram o método e o utilizaram em seus próprios retiros.

Esta experiência reitera minha impressão de que todos os professores budistas, nascidos tanto no Oriente quanto no Ocidente, debatem-se com a questão de qual é a forma mais eficiente de apresentar os ensinamentos de Buda nos dias de hoje. Como traduzir e interpretar estes ensinamentos sem perder a essência e as bênçãos frequentemente intangíveis dos métodos tradicionais? Como ensinar algo que realmente ajude as pessoas? Cada professor deve chegar à sua própria conclusão e as respostas parecem variar, das mais conservadoras até as mais altamente experimentais. Embora a natureza da mente transcenda o tempo e a cultura, a psique é influenciada pela história cultural e a língua, então devemos nos remeter a estas diferenças para que possamos ser efetivos em um contexto global. Afinal de contas, o budismo mudou quando foi da Índia para o Tibete, Japão, Coreia, Birmânia, Tailândia, Sri Lanka e China, e continuará a mudar conforme for se espalhando pelo resto do mundo.

Meu objetivo é presentá-lo com algo da essência dos ensinamentos de Machig, baseada naquilo que foi efetivo para minha experiência como praticante budista, como mulher e como professora. Esta exposição pode servir a você como uma porta de entrada para adquirir mais treinamento tradicional no Tchöd, ou pode ser suficiente como um método capaz de ajudá-lo a trabalhar com os desafios da sua vida. Em qualquer dos casos, acredito que a abordagem de Machig de se envolver e alimentar o inimigo nos oferece uma troca de paradigma revolucionária, em que se passa da dominação para a tolerância e a integração. Sistemas religiosos que estabelecem campos de batalha internos e externos nos trouxeram uma experiência polarizada com nós próprios e com o mundo, que é ainda mais assustador. Não importa quantos demônios tentemos destruir, outros aparecerão no lugar destes; não interessa quantos terroristas matemos, outros preencherão suas fileiras. Para que possamos ser eficazes, precisamos de um novo modelo, que se baseie na compaixão, na inclusão e no diálogo. Esta abordagem tem implicações incríveis, tanto no âmbito pessoal quanto no coletivo. Embora primeiramente o foco recaia nas implicações pessoais, na última parte do livro farei referência às aplicações coletivas dos ensinamentos de Machig Labdrön, de que a humanidade precisa urgentemente em nosso mundo tão dividido.

Tendo passado minha vida criando uma ponte entre o Oriente e o Ocidente, estou profundamente comprometida em garantir que a tradição do budismo tibetano chegue ao Ocidente intacta e, ao mesmo tempo, se adapte à vida dos ocidentais de hoje. Continuei a seguir estritamente os ensinamentos tradicionais em meu treinamento com lamas tibetanos. Mas, em situações de ensino, achei bastante eficaz transmitir os ensinamentos tradicionais e, também, utilizar métodos que fizeram os ensinamentos relevantes para minha vida enquanto ocidental. Acredito que tirar a ênfase dos aspectos culturais específicos desta sabedoria antiga pode torná-la mais acessível e trazer benefícios de grande alcance, que seriam deixados de fora pela complexidade da tradição tibetana.

Consequentemente, não tentarei ensinar a técnica do Tchöd em sua forma original neste livro, uma vez que esta prática requer a transmissão presencial de um professor qualificado, a utilização de um sino, de um trompete de fêmur e de um tambor, e é cantada em tibetano. Meu foco será utilizar os fundamentos da prática como um ponto de partida para algo que se adéque à vida moderna, algo útil para aliviar o sofrimento e fazer com que a liberdade interior seja algo mais próximo às pessoas comuns.

Minha intenção com este livro é que ele seja capaz de oferecer a você uma conexão com a grande sabedoria de meus professores e estabelecer um elo vivo com os ensinamentos de Machig Labdrön. Que ele possa se mostrar útil para sua vida, que possa efetivamente ajudá-lo a se libertar dos seus demônios e que, por fim, possa contribuir para a criação de um mundo mais pacífico.

Primeira Parte:
A Prática Milenar

Encontrando o demônio 1

Os demônios malignos masculinos e femininos
que criam incontáveis problemas e obscurecimentos
parecem reais antes de atingirmos a iluminação.
Mas, quando se percebe sua verdadeira natureza,
eles se tornam Protetores,
e com sua ajuda e assistência
podemos obter muitas realizações.

Milarepa (1052-1135), grande iogue tibetano.

Mahatma Gandhi, um dos maiores ativistas da paz do século XX, mudou o curso da história por literalmente alimentar seus inimigos. De acordo com os registros, Gandhi foi avisado de que receberia a visita de um oficial inglês que ameaçaria colocá-lo na cadeia, caso ele não desistisse de prosseguir com uma marcha em protesto contra a taxação do sal, movimento considerado subversivo pelo governo britânico.

Seus conselheiros se propuseram a jogar pregos na estrada para furar os pneus do carro do oficial, ao que o líder indiano respondeu: "Nada disso. Vamos convidá-lo para tomar um chá".

Ainda que desapontados, eles obedeceram.

O oficial chegou e entrou, cheio de pompa e determinação. "Então, sr. Gandhi, esta assim chamada 'marcha do sal' tem de parar de uma vez. Caso contrário, serei obrigado a prendê-lo."

"Bem", disse Gandhi, "antes de mais nada, vamos tomar um chá."

Com certa relutância, o oficial aceitou o convite. Então, após esvaziar sua xícara, ele disse com vivacidade: "Agora, voltemos ao que interessa. Esta marcha...".

Gandhi sorriu. "Ainda não. Tome um pouco mais de chá com biscoitos, há coisas mais importantes para conversarmos."

O tempo foi passando. O homem, cada vez mais interessado no que o Mahatma tinha a dizer, bebeu várias xícaras de chá com biscoitos, desviando-se por completo de sua missão oficial, até que foi embora totalmente fascinado pela causa do ativista indiano. Com o chá, um ritual inglês que implica cortesia e respeito mútuo, Gandhi transformou seu inimigo em aliado. Essa tática de alimentar em vez de agredir contribuiu para a mais extraordinária revolução baseada na não violência de que se tem notícia.

Essa mesma tática foi utilizada quase um milênio antes, no século XI, quando a grande iogue Machig Labdrön e algumas de suas irmãs espirituais estavam recebendo uma iniciação de seu professor, o lama Sonam. Em um momento-chave da iniciação, Machig magicamente começou a levitar, até chegar a cerca de trinta centímetros de altura em relação ao solo onde estava sentada, e dali começou a dançar e a falar em sânscrito. Em um estado de profunda meditação, ela passou, sem qualquer impedimento, pelas paredes de argila do templo e voou até uma árvore acima de uma pequena lagoa fora do monastério.

Essa lagoa era a morada de um *naga*, um espírito das águas. Tais seres mitológicos, bastante caprichosos, eram conhecidos por causar destruição e doenças, mas, quando aplacados, também podiam atuar como detentores de tesouros ou protetores. Este *naga* em particular era tão aterrorizador que os habitantes do local sequer ousavam olhar para a lagoa, quanto mais se aproximar dela. Mas Machig pousou na árvore acima da lagoa e ali permaneceu em estado meditativo.

O espírito das águas considerou a chegada da jovem Machig um confronto direto. Raivoso, ele se aproximou, mas ela continuou meditando, sem um pingo de medo. Isso o deixou enfurecido, o que o fez reunir um exército de *nagas* da região para tentar subjugá-la. Quando percebeu a aproximação desse exército de aparições mágicas aterrorizantes, ela instantaneamente transformou seu corpo em uma oferenda de alimentos e, como consta em sua biografia (que pode ser encontrada em meu livro *Women of Wisdom*), "eles não puderam devorá-la, pois ela não tinha ego".

Não só a agressividade dos *nagas* evaporou como eles decidiram firmar um compromisso com Machig, ao prometer que não causariam mal algum a ela ou a outros seres; juraram protegê-la e se comprometeram a servir-lhe, e a todos os que seguissem seus ensinamentos. Destemidamente e com compaixão inabalável, ela ofereceu o próprio corpo a eles como forma de alimento em vez de lutar, e assim os transformou de demônios em aliados.

Ao estudar os ensinamentos de Machig, comecei a refletir sobre o entendimento que os ocidentais têm dos demônios. Quando fui em busca da palavra em um dicionário da língua inglesa, descobri que a palavra "demônio" nem sempre teve uma reputação tão negativa. Derivado do grego *daemon*, o termo refere-se ao espírito guia de uma pessoa. O *daemon* grego era uma criatura divina, um espírito guia digno de confiança e com o qual se podia contar. Esta crença antiga no *daemon* gradualmente foi se modificando, até o advento do ataque cristão às crenças pagãs; assim, na Idade Média, os demônios começaram a ser culpabilizados por todos os tipos de desastres, e também a ser desprezados e temidos como seres malignos. Veremos que, por meio do processo de alimentar um demônio com amor e compaixão, ele pode ser transformado em um *daemon*. Desse modo, seus demônios se transformam em aliados, assim como os terríveis *nagas* se transformaram em protetores quando Machig lhes ofereceu seu corpo como alimento.

Lendas da mitologia ocidental contrastam fortemente com as histórias de Machig e de Gandhi. O mito dos doze trabalhos de Hércules, um clássico da literatura no Ocidente, é um exemplo brilhante do herói que conquista aquilo que buscava, e um dos mais importantes mitos pessoais e políticos norteadores da nossa cultura. Para que se redimisse por ter matado os próprios filhos, Hércules foi incumbido de realizar doze trabalhos. No segundo desses trabalhos, ele foi enviado ao lago Lerna, no sul da Itália, onde uma serpente com nove cabeças e muitas pernas, a Hidra, costumava atacar transeuntes inocentes. Hércules chega ao lago acompanhado por Iolaus, seu sobrinho e pupilo. Ao encontrar o esconderijo do monstro, os dois atiram flechas incandescentes para fazer com que ele apareça. Mas, quando a Hidra emerge e Hércules mergulha na água, a raivosa serpente enrola as pernas nos tornozelos dele e o prende, e o capanga dela, um caranguejo gigante, arrasta-o até os confins de um lago sem fundo. Para desalento de Hércules, cada vez que ele corta uma das cabeças da besta, duas novas crescem em seu lugar.

Apanhado pelo monstro, Hércules pede ajuda a Iolaus, que corre em direção ao tio. Com um galho em chamas, o rapaz cauteriza cada um dos tocos remanescentes das cabeças da Hidra que Hércules decepa, evitando que ela faça com que outras novas cresçam. Isso traz uma grande vantagem ao herói, até que, por fim, resta apenas uma cabeça. Esta cabeça é imortal, mas ele se dá conta de que pode cortar o pescoço que lhe dá sustentação e, assim, consegue arrancá-la. A cabeça imortal, porém, continua viva em frente a ele, sibilando e olhando-o fixamente. Então, Hércules a enterra sob uma rocha gigante e considera a Hidra derrotada, e sua segunda tarefa, cumprida.

Mas que tipo de vitória Hércules obteve? Será que ele realmente eliminou seu inimigo ou simplesmente o ocultou? A cabeça imortal da Hidra, a força matriz de sua energia armazenada, continua a borbulhar por baixo da rocha e pode reemergir, caso as circunstâncias permitam. O que isso diz sobre a realização de Hércules e, de forma mais abrangente, o que isso diz sobre a mentalidade heroica de aniquilação do monstro, que cativa e permeia tanto a literatura quanto a sociedade ocidental?

Muitas versões do mito do herói que executa o dragão dominaram a psique ocidental nos últimos 4500 anos. Muito embora o aspecto positivo do mito possa levar a batalhas contra demônios verdadeiramente nefastos, como Hitler, ou mesmo contra as doenças, a pobreza e a fome, este mito contém uma carga de perigos muito grande. Entre eles, há o risco de inflação psicológica daqueles que se identificam com o papel do herói que aniquila o dragão, sem qualquer preocupação com o fato de existir ou não alguma virtude nisso. Outro perigo é o de projetar o mal em nossos oponentes, transformando-os em demônios, e assim justificar o assassinato deles, enquanto nos proclamamos representantes da bondade. A tendência a matar o dragão, em vez de cativá-lo, nos impede de conhecer nossos próprios monstros e de fazermos deles nossos aliados.

Evidências de que continuamos a viver sob o paradigma desses mitos podem ser vistas em todos os lugares, dos filmes populares aos eventos globais da atualidade. Nas batalhas contemporâneas, cada um dos lados se identifica com a bondade divina que se empenha contra a maldade. A polarização entre o Bem e o Mal justifica a violência como um sacrifício necessário, que deve ser tolerado para que sejamos vitoriosos. Hoje, talvez ainda mais do que em outros tempos, estamos como que em uma armadilha devido à superidentificação com o mito do extermínio do dragão.

Nosso estado de polarização não está apenas no mundo externo; dentro de nós, lutamos contra demônios das dependências, do estresse, do trauma, da raiva e do ódio contra nós mesmos, para citar apenas alguns. Tentamos dominar tudo, dentro e fora de nós, inclusive a própria natureza. Mas, mais do que atingir a vitória final, somos tragados pelo próprio esforço que nós mantém aprisionados. Ao mesmo tempo que procuramos matar o dragão, nós nos encontramos diante do perigo de destruir uns aos outros e a natureza, tornando a vida humana neste planeta insustentável.

Podemos ver sinais da ineficácia deste mito em torno de nós. Por exemplo:

- Nos Estados Unidos, gastam-se bilhões de dólares por ano em produtos e programas para emagrecer e, ainda assim, a "batalha da barriga" permanece uma causa perdida. Pessoas que vivem tentando perder peso costumam ganhar de dois a cinco quilos cada vez que fazem uma dieta, e o distúrbio alimentar causado pelos ciclos de "passar fome e esbaldar-se" mata milhares de norte-americanos todos os anos.
- Nosso anseio por coisas como riqueza e sucesso é tão definido pelo esforço para obtê-las que, mesmo que finalmente atinjamos tais metas, o padrão enraizado de correr atrás delas não nos deixará desfrutar dos frutos do nosso trabalho. Uma vez que tenhamos alcançado o sucesso, enfrentamos um esgotamento, a infindável batalha para defender o que conquistamos.
- Especialistas dizem que usar a força de vontade para vencer as dependências não leva à sobriedade, e que temos de parar de acreditar que se pode superar uma dependência lutando contra ela.
- Não tentamos entender nossas doenças. Ao contrário, cada vez que ficamos doentes, instantaneamente começamos a desenvolver estratégias para "combater" a doença. Nos obituários dos jornais, frequentemente lemos: "Fulano de tal morreu depois de uma longa batalha contra o câncer".
- O fundamentalismo religioso cresce em muitos países hoje em dia, enfatizando o hiato entre o Bem e o Mal. Cada

grupo lealmente acredita que Deus está do seu lado. Ao identificarmos nossa religião como boa e a do outro como ruim, nós nos aprisionamos em conflitos infindáveis e nunca conseguimos enxergar a maldade em nós mesmos, ou em nosso sistema político.

• Violentamos a natureza, represamos os rios e usamos os recursos naturais sem nenhum critério, poluímos a atmosfera e lutamos contra nossa provedora, a Mãe Terra. Agora ela reage com fúria, provocando desastres naturais como terremotos, tsunamis, tornados, secas, enchentes e o aquecimento global. Em resposta, lutamos contra as alterações climáticas, procurando acabar com elas, sem nos remetermos à atitude que gerou os problemas.

• Tentamos eliminar os inimigos recorrendo à guerra e à violência, mas violência gera mais violência. Por exemplo, um estudo feito pelas agências de inteligência dos Estados Unidos mostrou que, mais do que impedir o crescimento do terrorismo, a guerra no Iraque revigorou o radicalismo e agravou a ameaça terrorista no mundo.

Como vivemos de acordo com um mito em que perseguimos, lutamos contra e por fim tentamos destruir o inimigo dentro e fora de nós, também ensinamos este tipo de mitologia para nossas crianças. Encontramos tais temas em contos de fadas, nas histórias religiosas, na retórica política, onde heróis como são Jorge matam o dragão ou subjugam o monstro escondido e, geralmente, ainda "salvam" uma donzela indefesa. Vemos também a reiteração disso em incontáveis filmes e programas de televisão. Buscar e destruir "o inimigo" pode parecer a melhor solução, mas, na realidade, cria um mundo mais e mais perigoso. Claramente, precisamos explorar a alternativa de nos relacionarmos e nos comunicarmos com o inimigo, em vez de tentar destruí-lo.

Neste livro, nós nos concentraremos primeiro nos demônios pessoais, retornando aos demônios coletivos e políticos no final. O motivo disso reside no fato de que os demônios pessoais geram as raízes para os globais, e, ao trabalharmos com nossos próprios demônios, promovemos uma mudança que se propaga pelo mundo. A abordagem de alimentar em vez de combater faz com que comecemos a prestar *atenção* nos demônios dentro de nós, evitando o perigo de reprimirmos as coisas que nos assustam e que tememos em nós mesmos. Encarar e alimentar nossos demônios evita a criação de um monstro raivoso que impinge destruição tanto em nós quanto no mundo.

Proponho que sigamos o exemplo de Machig: o dragão não é massacrado, nem mesmo lutamos contra ele, mas ele é trazido para fora da caverna e o alimentamos sem medo. Desse modo, construímos uma ponte entre o Bem e o Mal, e o inimigo em potencial é transformado em aliado. Isso significa que a energia que estava obstruída devido ao esforço se torna uma força positiva e potencialmente protetora, um *daemon* em vez de um demônio. Cada batalha que travamos dentro de nós mesmos acaba por aprisionar recursos que poderiam ser muito mais bem aproveitados.

Na mitologia, o dragão com frequência guarda tesouros secretos. Ao alimentarmos nossos demônios e transformá-los em aliados, descobrimos em nós mesmos tesouros que estavam escondidos pela nossa preocupação em travar a batalha. Quando a energia do demônio que foi bloqueada pelo esforço é liberada, ela se transforma no tesouro, ela é o tesouro. Alimentar nossos demônios também faz com que nos tornemos uma ameaça a menos para o mundo. Quando tomamos consciência deles e lhes oferecemos um elixir de aceitação consciente e de compaixão, dificilmente continuamos a projetá-los nas outras pessoas.

Carl G. Jung, o famoso psiquiatra suíço, descreve nosso lado obscuro como a "sombra", que pode se manifestar em sonhos ou ser projetada nos outros. A sombra descrita por ele consiste naquelas partes de nós mesmos que a mente consciente considera inaceitáveis. É o lado reprimido do Eu, o aspecto desagradável de nossa personalidade que negamos.

Pode ser nossa vergonha, nossa raiva ou nossos preconceitos. É aquilo que não queremos que outros saibam sobre nós e que frequentemente aparece em sonhos fazendo coisas que nosso eu consciente não cogitaria. Quando uma pessoa casada sonha que está tendo um caso, isso é a sombra. Geralmente, somos inconscientes das partes sombrias de nossa personalidade, pois elas não são vistas pela mente consciente. A sombra nos encoraja a comer todo o pacote de biscoitos, quando não temos a intenção de comer um biscoito sequer. A sombra profere um insulto a alguém que estamos tentando impressionar.

O processo de alimentar os demônios é um método que nos torna conscientes de nossa sombra e permite assimilar o tesouro que ela guarda, em vez de reprimi-lo. Se a sombra não se torna consciente e integrada, ela opera na surdina, sabota nossas melhores intenções e causa mal aos outros. Trazer a sombra à consciência reduz o poder destrutivo que ela pode ter e libera a energia armazenada por ela. Ao nos tornarmos amigos daquilo que mais nos assusta, encontramos nossa própria sabedoria. Esta decisão de trabalhar com os conflitos internos também reduz o mal causado pelo inconsciente que contribui com movimentos coletivos perigosos.

Na prática de alimentar os demônios, oferecemos o que temos de mais precioso (nosso próprio corpo) àquilo que nos é mais ameaçador e assustador (nossos demônios) e, ao proceder dessa maneira, conseguimos nos libertar da raiz de todo o sofrimento, que em termos budistas é o egocentrismo. Para que você tenha uma ideia de como pode ser a abordagem de alimentar os demônios em uma situação do dia a dia, deixe-me contar uma história que aconteceu comigo há alguns anos, no Tibete.

Minha amiga Sara e eu estávamos viajando de ônibus em uma peregrinação. Na época, eu havia chegado a uma compreensão pessoal a respeito dos demônios, estava ensinando a prática do Tchöd e havia desenvolvido o método de alimentar os demônios que descrevo neste livro. Certo dia, após termos viajado durante toda a noite, chegamos até uma região cuja altitude era significativamente mais elevada. Havíamos comido muitas latas de cavala com molho de tomate, enquanto o ônibus se sacudia sem parar sobre a estrada poeirenta, o que agravava ainda mais nossas dores de cabeça causadas pela altitude. A poeira era tão grossa que eu a sentia no rosto, mesmo enrolando um xale na cabeça para protegê-lo.

Sara estava sentada sozinha à minha frente, chorando, e fui me sentar a seu lado. Ela me falou sobre a depressão que estava sentindo, um demônio com o qual vinha se debatendo ao longo de toda a vida, por ter sido criada em uma família que não a queria. Desesperada, soluçava convulsivamente. Tentar ajudá-la a alimentar tal demônio pareceu ser a melhor coisa que eu poderia lhe oferecer, mesmo naquela situação difícil, em que eu não podia conduzi-la pelo processo completo dos cinco passos, como usualmente faria. Então, ali mesmo, trepidando na estrada empoeirada, demos início ao processo.

Eu disse: "Bem, Sara, vamos fazer uma experiência. Vejamos como seria se você tentasse dar uma forma a esta sua dor".

Ela fechou os olhos e percorreu o próprio corpo mentalmente, encontrando uma sensação de náusea e de mágoa, que descreveu como escura, de um roxo avermelhado, pesada e densa. Então sugeri que ela deixasse que isso tomasse uma forma viva à sua frente. Sara viu um monstro roxo com a boca escancarada no lugar do estômago. Ele queria consumi-la.

Eu disse: "Vamos ver se conseguimos encontrar a verdadeira necessidade que está por trás daquilo que este demônio diz querer".

Sara perguntou ao demônio o que ele queria. Ele respondeu que precisava que ela parasse de tentar fugir, e que, se ela fizesse isso, ele sentiria amor e aceitação. Então sugeri a Sara que visualizasse a dissolução de seu corpo em um néctar de amor e alimentasse o demônio com isso, até que ele se sentisse completamente satisfeito.

Aos poucos, Sara parou de soluçar e ficou quieta. Passado algum tempo, disse: "Eu o alimentei, e ele foi ficando cada vez menor. Eu não entendo como isso aconteceu, mas ele desapareceu".

Depois de desfrutar daquele momento, ela prosseguiu: "Minha mente estava relaxada, em um estado de paz que nunca pensei que fosse possível para mim. Mas continuo sem saber como isso aconteceu".

Meses depois de nossa volta para casa, Sara me enviou uma carta, falando sobre esta experiência. Ela escreveu:

> Esta viagem foi a coisa mais difícil que já fiz, tanto emocional quanto fisicamente. Sou um ser solitário por natureza. Ficar em um grupo grande foi complicado, ainda mais porque eu não conhecia ninguém além de você quando comecei a peregrinação. Naquele dia no ônibus, quando tive um colapso, eu tinha atingido um ponto em minha vida em que, se não conseguisse conviver comigo mesma, iria morrer. Literalmente. Naquela hora, toda a dor convergiu em mim. A dor de cabeça devido à altitude. A dor em meu coração devido à minha infância terrível e traumática. A dor por tudo aquilo que eu estava vendo no Tibete. A dor era imensa. Quando alimentei esse demônio de dor e tristeza, era como se eu tivesse saído do outro lado de mim mesma como uma pessoa completamente nova. De certa forma, senti como se houvesse renascido.

Um aspecto interessante dessa experiência é que ela não foi apenas uma transformação momentânea. Na carta, Sara diz que a dor que tinha carregado a vida toda nunca mais voltou. É claro que alimentar os demônios nem sempre liberta a pessoa de uma dor que ela vem carregando há anos em uma única sessão; geralmente, é necessária uma série de encontros, mas, no caso de Sara, um já bastou.

Ao observarmos as histórias de Gandhi, Machig e Sara, podemos ver uma alternativa atraente para a solução de Hércules, de lutar contra os demônios. Inspirados pela compaixão e coragem dessas pessoas, podemos agora pensar em como encontrar nossos demônios, alimentá-los e, talvez, até transformá-los em aliados — fontes de apoio e proteção ainda não exploradas.

2 A Descoberta da Prática

No começo um iogue sente que sua mente
jorra como uma cachoeira;
no meio do caminho, como o rio Ganges,
ela flui devagar e gentilmente;
ao fim, é um vasto oceano, onde as luzes
de filho e mãe se fundem em uma única.

Canção de Tilopa (988-1069)

Jamais esquecerei a primeira vez que assisti a uma prática de Tchöd. Foi em 1973, eu tinha 25 anos e acabara de retornar à Índia para encontrar meus professores tibetanos após um ano nos Estados Unidos. Depois de três anos e meio como monja budista, estava em um momento de grande transição. Havia decidido que queria dar continuidade ao meu caminho espiritual sem a cabeça raspada, roupas monásticas ou votos que me distanciavam das pessoas no Ocidente.

Devolvi meus votos para um lama respeitabilíssimo e muito gentil, que de forma alguma me repreendeu; em vez disso, sugeriu que eu dedicasse o carma positivo que havia acumulado por ter sido monja para o benefício de todos os seres.

Ele também me recomendou certas práticas de purificação, para clarificar qualquer obstáculo que pudesse surgir pelo fato de eu ter rompido com meus compromissos. Comecei tais práticas enquanto morava em uma pequena montanha ao sopé dos Himalaias, em uma região chamada vale de Kulu, perto da cidade de Manali, onde viviam meu mestre de meditação, Apho Rinponche, mais outro lama, a esposa e os quatro filhos, além de um grupo de monges, monjas e iogues. Manali era a última parada antes da passagem de Rohtang, portal para o reino de Lahaul, nos Himalaias. Uma espécie de treliça de ruas enlameadas e barracas de madeira se prolongava a partir da rua principal, que podia ser identificada pelas casas de chá, lojas de ferragens, restaurantes, tendas de alimentos e vendedores de tecido que por ela se estendiam. Não havia hotel e apenas um correio, com a frente quase demolida. A residência de Apho Rinpoche (Rinpoche é um título de respeito atribuído a mestres espirituais do budismo tibetano) ficava a alguns quilômetros subindo o rio, em um despenhadeiro.

As pessoas de Manali pareciam ter saído de um conto de fadas. As mulheres usavam um manto feito à mão, preso no corpo por um cinto e um alfinete gigante no ombro, e cobriam a cabeça com uma echarpe de algodão vermelha e brilhante, amarrada na nuca. Os homens usavam sapatos feitos à mão e uma calça fina de algodão coberta até os joelhos por uma longa túnica, acinturada por camadas grossas de feltro cru. O vale Kulu produzia arroz vermelho, maçãs e ameixas para fazer dinheiro e as pessoas viviam dessa renda e da agricultura de subsistência.

Eu vivia em uma pequena cabana alugada, perto da casa de Apho Rinpoche. Minha cabana era circundada por uma varanda coberta, uma característica comum em Manali, para que se pudesse sentar do lado de fora protegido das intempéries. Da varanda, eu podia ver os pomares do outro lado do rio. Acima deles, uma floresta de coníferas dava acesso aos brilhantes picos nevados dos Himalaias.

Certa tarde, eu estava sentada em minha cabana logo após o almoço, quando ouvi um canto alegre vindo da colina do outro lado do córrego. Uma tempestade se formava e nuvens escuras estavam vindo da passagem de Rohtang em direção ao vale. O vento batia na encosta da colina amarelo-esverdeada que acompanhava o córrego em cascata, abaixo de minha casa. Ali, na colina, vi uma menina que devia ter uns catorze anos e usava um vestido tradicional, feito de manto cor-de-rosa. Sem se dar conta de que eu a estava observando, ela dançava e cantava a plenos pulmões, rodopiando entre as vacas que cuidava.

Logo depois, desci pelo caminho que passava por entre os pomares de maçãs até a casa de pedras de Apho Rinpoche, para fazer-lhe algumas perguntas sobre minha prática de meditação. Cheguei apenas alguns minutos antes de a tempestade das monções começar. Rinpoche estava sentado no andar superior, no quarto que ficava em um dos cantos, e contemplava o pátio em frente e a encosta da colina, mais além. Ele havia se mudado recentemente com a família para Manali, depois de ter fugido do Tibete. Estava na casa dos cinquenta anos e continuava muito bonito, com um bigode fino, o cabelo curto grisalho e um grande sorriso, de belos dentes brancos e alinhados. Usava várias camadas de camisas de algodão com matizes de vermelho e laranja por cima de uma veste longa marrom, presa na cintura com um cinto tecido de seda vermelha. Ele estava sentado em sua cama, com as pernas cruzadas na posição de lótus, e tinha as costas apoiadas nos travesseiros que ficavam contra a parede. Perpendicularmente à cama, havia outra, mais baixa, coberta por um tapete.

Sobre a mesa ao lado da cama de Rinpoche estava uma delicada chávena tibetana em um suporte de prata, coberta por uma tampa também de prata, para manter o chá quente durante nossas longas conversas. Próxima à xícara, estavam uma garrafa térmica chinesa azul-clara e alguns textos tibetanos, com seus fólios de quase trinta centímetros de comprimento sobre o pano que os embrulhava. Em uma parede, um armário abrigava o altar de meu mestre. Ele fez um sinal para que eu me sentasse na cama mais baixa. Do lado oposto daquela parede havia um tapete, onde estava sentado um homem tibetano.

O visitante era um trabalhador de rua, refugiado do Tibete. Usava uma calça de lã surrada e uma camisa cinza em que faltavam vários botões, e estava pálido e magro — parecia quase que assombrado. Ele falava sobre seus problemas de saúde com Rinpoche e pedia ajuda. Enquanto a chuva rufava do lado de fora, nós três tomávamos o chá adocicado da garrafa térmica chinesa, que nos era servido pela esposa de Rinpoche, Orgyen Tchödron, a quem chamávamos de Amala. Rinpoche ouvia o que o homem dizia, acenava com a cabeça e fazia sons como que em solidariedade com aquilo, parecendo preocupado. Por fim, ele disse ao homem que voltasse à noite e sugeriu que eu também retornasse ao anoitecer.

Sempre me perguntei se ele tinha alguma presciência da minha conexão com a cerimônia que iria ocorrer. De qualquer forma, naquela noite peguei minha lanterna chinesa barulhenta e deslizei pelo caminho barrento de casa, no escuro, sob a chuva contínua e pesada. A casa de Rinpoche estava sem iluminação e, conforme caminhava na direção dela, eu podia ouvir os sons cadenciados de tambores e sinos. Ao subir a escada ao fim do corredor, vi luz por detrás das cortinas do quarto onde ficava o altar.

Dentro dele, estava um grupo de monges e monjas vestidos com suas vestes marrons e sentados em círculo em torno do tibetano, que se encontrava com os olhos fechados, de barriga para cima e imóvel. Todos os monges e monjas seguravam um sino na mão esquerda e um tambor, que viravam de um lado para o outro, na mão direita. Eles cantavam juntos, em profunda concentração. Bem quieta, sentei atrás do círculo e ouvi aquela melodia penetrante de tons altos e baixos, pontuada por um trompete de fêmur, o ritmo dado pelos sinos e tambores de face dupla. Sentada na beirada do círculo sob aquela luz tênue, senti uma profunda saudade, um anseio por algo que eu não conseguia nomear. Seria aquilo uma memória, ou um chamado para algo novo?

Quando a prática acabou, o trabalhador de rua se levantou, sacudiu-se um pouco e sorriu suavemente. Em silêncio, fez oferendas para os monges e monjas, e saiu pela noite tempestuosa. Conforme eu subia a colina de volta para casa, pensava na tempestade e na jovem menina que dançara e cantara naquela tarde, e senti que a presença dela havia sinalizado algo que estava para surgir em minha vida. Eu sabia que aquela prática me era familiar. Fui para a cama em meu velho e florido saco de dormir com o som da chuva batendo no telhado de zinco de minha cabana e a batida do tambor em meu coração.

Na tarde seguinte, eu estava sentada com Rinpoche tomando chá, quando o homem tibetano voltou. Ele estava transformado. Parecia radiante, saudável, e tinha um brilho nos olhos que não estava lá no dia anterior. Agradeceu a Rinpoche e tomou chá conosco.

Depois que ele saiu, perguntei a Rinpoche: "Que prática era aquela da noite passada?".

Ele disse: "Aquela era a prática do Tchöd".

Eu sabia um pouco sobre o assunto graças a um livro de ioga e meditação tibetanas que havia lido, e perguntei se eu poderia aprender o Tchöd. Ele consentiu imediatamente, como se já estivesse à espera dessa pergunta, e disse que eu poderia começar a estudá-la com Gegyen Khyentse, um idoso monge realizado que servia como instrutor para os monges e monjas no Centro de Rinpoche. Dedicar-me à prática tradicional significava aprender a usar o tambor de face dupla com a mão direita, o sino com a mão esquerda e, eventualmente, o trompete de fêmur. A esposa de Apho Rinpoche, Amala, gentilmente me emprestou seu tambor para que eu pudesse praticar. Comecei meu aprendizado sentada em minha varanda todas as tardes com Gegyen e Paul, um holandês que vinha estudando com Apho Rinpoche e outros lamas desde que eu o conhecera quatro anos antes, na Holanda, um pouco antes de ele ir para a Índia e eu para o Nepal, para ser ordenada monja pelo Karmapa.

O tambor do Tchöd tem duas baquetas feitas de esferas firmemente compactadas, de pano ou de contas, envolvidas em pano. Elas ficam penduradas por cordões em cada um dos lados do tambor de face dupla, que tem por volta de trinta centímetros de diâmetro. Quando seguramos o tambor verticalmente e o giramos com um movimento forte do pulso, cada uma das baquetas atinge um dos lados do instrumento simultaneamente. Gegyen explicou que isso simbolizava a inseparabilidade da existência cíclica e do nirvana, das esperanças e medos, dos deuses e demônios.

Os cordões das minhas baquetas sempre se enrolavam e comecei a achar que jamais conseguiria fazer aquilo. Gegyen ria e dizia: "Vamos tentar de novo". Meu braço doía e eu culpava meu tambor por não se comportar, mas fui perseverante e finalmente consegui pegar o jeito. Aos poucos comecei a tentar tocar também o sino, com a mão esquerda. Fazer os dois movimentos simultaneamente era como tentar bater na cabeça e esfregar a barriga ao mesmo tempo. Gegyen nos ensinou que o som do sino era o som da vacuidade e representava a sabedoria feminina. Inclinando-se para trás e envesgando tanto os olhos a ponto de a íris quase desaparecer, ele disse: "Tudo que parece sólido é apenas aparência e não tem uma natureza essencial. O que nós pensamos ser real é como os lugares e as pessoas que vemos em sonhos". Ele deu um largo sorriso, escancarando a boca banguela, olhou para nós, acenou com a cabeça e disse: "Muito bem, vamos tentar novamente".

Esse período de aprendizado da prática do Tchöd propiciou o florescimento da relação com Paul, meu amigo holandês. O romance vinha sendo inflamado ao longo de quatro anos de correspondências entre nós, enquanto eu ainda era monja. Logo começamos a namorar e meu tempo de solidão acabou. Eu tinha muita vontade de entender essa prática mais profundamente e decidi que iria adotá-la o mais rápido possível, mas, ao fim daquela primavera, descobri que estava grávida e resolvemos voltar para os Estados Unidos, via Holanda. Nós nos casamos em Délhi e então, depois de ter visitado meus pais em New Hampshire, nos estabelecemos em uma pequena cabana primitiva, que havia sido usada por apanhadores de morangos, na ilha de Vashon, perto de Seattle; ali montamos um pequeno centro de meditação. Nos anos seguintes, dei à luz duas filhas em um período de apenas dezessete meses. A maior parte do tempo meu tambor de Tchöd ficava pendurado na parede acumulando poeira, enquanto eu tentava me adaptar às mudanças repentinas em meu cotidiano, que passou de uma calma vida monástica para noites maldormidas cuidando de duas bebezinhas lindas e bastante ativas, Sherab e Aloka.

Depois de quatro anos, meu casamento se dissolveu amigavelmente. Dois anos mais tarde, casei-me novamente, desta vez com um cineasta italiano que fazia documentários, e nos mudamos para a Itália. Em 1980, dei à luz um casal de gêmeos em Roma. Eles nasceram um pouco prematuros, mas ambos já tinham por volta de dois quilos e meio e puderam voltar para casa após três semanas no hospital. Demos o nome de Costanzo (apelido Cos) para o garoto e de Chiara para a menina. Nessa época, eu estava com quatro filhos com menos de seis anos de idade. Embora muito ocupada, começamos a encontrar um ritmo de vida e as coisas pareciam estar se ajeitando de uma forma boa.

Então, bem cedinho na manhã do dia 1º de junho de 1980, pulei de dentro dos cobertores e fui me arrastando pelo banheiro até chegar ao pequeno quarto adjacente para ver os gêmeos. O pequenino Cos estava desperto e murmurava. Eu o beijei, troquei sua fralda e o peguei no colo para amamentá-lo, deixando sua irmã, Chiara, continuar a dormir no bercinho azul. Estava aliviada pelo fato de os dois não terem acordado juntos e eu ter de alimentá-los ao mesmo tempo.

Meus seios estavam enormes e pesados, cheios de leite, e minhas costas doeram quando me sentei para amamentar, com Cos em meus braços. Olhei para Chiara no bercinho, dormindo de bruços, sua posição preferida, mas achei-a muito quieta. Coloquei Cos em seu berço e fui vê-la. Olhando-a de cima, pude perceber que ela não respirava. Tive um calafrio quando me abaixei para apanhá-la. Ela estava deitada com a cabeça virada para o lado, tinha uma coloração levemente roxa em torno dos olhos e um pouco de sangue ressecado pendia de seu nariz.

O corpo dela estava um pouquinho rígido e parecia mais leve do que deveria. Gritei, chamando meu marido. Ele veio correndo e eu lhe disse que Chiara estava morta. Ele a tirou dos meus braços, lamentando: "Não, não, não", e inutilmente tentou fazê-la respirar.

Eu sabia que Chiara tinha morrido, mas corremos para o hospital na esperança de que ela pudesse ser trazida de volta. À medida que percorríamos de carro aquela trilha estreita em uma manhã de começo de primavera, eu pensava: "Esta é uma coisa que não pode ser revertida, não pode ser consertada, tudo está mudando e não há nada que eu possa fazer para impedir". Meu futuro ficou embaralhado, como uma chuva que cai em uma aquarela inacabada.

Comecei a me sentir estranhamente calma. Senti como se estivesse flutuando para fora do carro, percebendo detalhes insignificantes, como o germinar de um botão, um gato subindo por uma cerca. Até que uma avalanche de emoções passou por mim. Luto, medo, culpa e memórias de Chiara entrelaçadas pela dor; seu pequenino corpo branco, sua pele doce e cheirosa, seu sorriso tão querido. Teria sido a morte dela culpa minha? Poderia eu ter feito algo para evitá-la? Chiara sempre fora mais pálida e menor do que o irmão. Parecia que metade dela já estava em outro mundo. Eu sempre tivera a impressão de que algo não estava certo com ela, mas os pediatras garantiam que ela estava bem.

Agora eu estava sentada no banco da frente do carro, segurando-a em meus braços e a envolvendo com a colcha que havia feito para ela. Sherab e Aloka, no banco de trás com o bebê Cos, choravam e chamavam por Chiara, que significa "claridade" em italiano. Do que eu mais precisava naquele momento era de clareza. Eu me sentia despedaçada.

O jovem médico que nos encontrou no hospital de Velletri tinha cabelos negros e fumava um cigarro. Ele nos levou até uma sala de exames e despreocupadamente disse: "*È morta*". Chiara morrera de Síndrome de Morte Súbita Infantil (SMSI), às vezes chamada de Síndrome de Morte Súbita de Lactantes (SMSL). Ele explicou que este tipo de morte era frequente, que várias crianças já haviam morrido ali nos últimos meses dessa mesma forma. Não havia uma causa específica conhecida. Simplesmente acontece: o maior medo de todas as mães.

Após a morte de Chiara, caí em uma espiral de depressão. Questionei tudo: meu casamento, o caminho que vinha percorrendo, todas as decisões que havia tomado até aquele momento da minha vida. Tudo era muito dolorido e eu me sentia perdida. Estava sendo flagelada por demônios da culpa, mesmo depois de me dizerem que eu não tinha culpa nenhuma. À medida que tateava em busca de uma escora, alguma esperança na escuridão, desenvolvi uma necessidade aguda de conhecer histórias de mulheres budistas. Toda a literatura budista que eu tinha estudado falava sobre homens iluminados, suas vidas e suas histórias. Como mãe de três filhos, afogada em um mar de tristezas, eu precisava de histórias de mulheres. O que *elas* haviam feito quando chegaram em encruzilhadas como esta em suas vidas? Eu sabia que a prática do Tchöd fora fundada por uma mulher, Machig Labdrön, mas não sabia muito sobre ela, então decidi pesquisar a respeito de sua vida e a vida de outras mulheres professoras do Tibete, com a esperança de encontrar algumas respostas para minha própria vida.

Naquele verão nós estávamos com Namkhai Norbu Rinpoche, um lama tibetano que vivia na Itália, sentados do lado de fora de casa em uma plataforma, enquanto ele nos conduzia na prática do Tchöd. Parte da prática consiste em visualizar Machig Labdrön como uma jovem *dakini* branca (a incorporação feminina da sabedoria). Normalmente, nós faríamos o Tchöd uma vez, mas naquela noite repetimos a prática várias e várias vezes. Já passava da meia-noite quando, em vez de ver uma jovem *dakini*, tive a visão de uma mulher idosa emergindo de um cemitério. Tinha cabelos grisalhos como que jorrando para fora da cabeça. Estava nua, os longos seios dependurados, e sua pele era de um marrom dourado escuro. Ela parou à minha frente e me fitou com um olhar ao mesmo tempo desafiador e compassivo. Permaneceu ali durante toda a evocação e, depois disso, senti uma mudança fundamental.

Naquela noite, tive um sonho em que estava tentando chegar a uma montanha sagrada no Nepal chamada Swayambhu, que significa "autorrealização". É o local de um templo e de uma estupa (estrutura similar a um domo branco, que contém muitas relíquias) muito conhecidos no vale de Katmandu, onde eu havia vivido logo que recebi os votos de monja. Tive então vários sonhos similares, com leves diferenças, todas as noites por uma semana. Sonhei que precisava ir para Swayambhu, mas que havia muitos obstáculos, inclusive guerras.

Depois desses sonhos, finalmente decidi viajar para o Nepal, em busca da história de lamas mulheres. Deixando meus filhos e meu marido para trás, fiz a longa viagem. Ao chegar, deixei as malas no hotel e caminhei vagarosamente pela longa escadaria até o topo da colina onde se localiza o templo de Swayambhu. Quando atingi o último degrau, ali estava Gyalwa, um monge que havia sido meu amigo querido durante minha primeira estadia no Nepal, aos dezenove anos, e meu melhor amigo quando vivi ali, em meu quartinho, como monja. Gyalwa se encontrava parado no topo da escada, como se estivesse à minha espera, e o sorriso que me deu fez as rugas dos cantos de seus olhos se aprofundarem. Ele me cumprimentou e me levou até seu quarto no monastério, por uma escada estreita respingada pelo chá amanteigado tibetano.

Gyawa me serviu chá com leite e me ofereceu *kapsi* fritos, uma espécie de biscoito amanhecido feito para o Ano-Novo tibetano. Ao mesmo tempo que eu tomava o chá em uma xícara de madeira, com o vapor ainda se formando no ar, e "roía" o *kapsi*, falava com ele em tibetano sobre a morte de Chiara e minha pesquisa sobre as histórias de grandes professoras tibetanas. Ele bateu o pé e seus olhos brilharam, então ele subiu em cima da cama e, da prateleira, pegou um texto bem grosso em tibetano e disse: "Esta é a biografia de Machig Labdrön". Fiquei com o braço todo arrepiado quando ele me entregou as folhas do texto envolvidas por um tecido laranja. Perguntei se poderíamos traduzir o texto juntos e ele disse: "Sim, volte daqui a alguns dias".

O nome do texto completo era *Clarificar o Significado do Tchöd: Uma Explanação sobre o Transformar dos Agregados em uma Oferenda de Alimento*. Os dois primeiros capítulos tinham o título "A Admirável Vida de Machig Labdrön" e haviam sido escritos por Namkha Gyaltsen, que viveu no século XIV. Enquanto me sentava com outro monge que sabia inglês e o lama residente do lugar, traduzindo a história de Machig dia após dia, página após página, eu tinha a sensação de que estava encontrando o fio que me levaria para fora da minha confusão. Aprendi que Machig nos ensinou que deveríamos alimentar nossos demônios, em vez de brigar com eles. Embora ainda não conseguisse compreender como isso poderia ser aplicado na minha vida, as sementes dos ensinamentos dela haviam sido plantadas.

Daquele momento em diante, Machig se tornou uma espécie de baliza em minha busca de sabedoria em um mundo tão desafiador, uma visão do potencial feminino. Sua história de vida e os ensinamentos do Tchöd eram a chave para me tirar do buraco e da escuridão em que eu tinha caído. Comecei a entender a natureza dos demônios e a necessidade de alimentá-los. Descobri que Machig havia sido uma criança-prodígio no Tibete no século XI, uma época de renascimento do budismo no país. Ela viveu como monja quando jovem, tendo se tornado famosa por ler o Sutra (os ensinamentos de Buda) do Aperfeiçoamento da Sabedoria — o Sutra Prajnaparamita — nas casas dos patronos de seus professores. Dizia-se que os sutras abençoavam os lares e traziam boa fortuna para a família.

Na adolescência, Machig recebeu ensinamentos de sábios indianos e tibetanos, e teve muitas experiências profundas, incluindo a ocasião em que ofereceu seu corpo como alimento para o exército de *nagas*. Quando tinha por volta de vinte anos, deixou a vida monástica e foi viver com um iogue indiano realizado, Topabhadra, com quem teve três filhos. Embora tivesse sido muito estimada, a certa altura começou a ser criticada por ser uma monja "decaída", e sua família teve de se mudar para outra região do Tibete. Depois de vários anos vivendo com Topabhara e de ter sido mãe, ela começou a sentir a necessidade de atender ao chamado de retornar aos seus professores e aprofundar sua prática. Então, deixou os filhos com o pai e retomou a vida de iogue errante. Durante um retiro em uma caverna na montanha, recebeu ensinamentos diretamente de Tara, uma manifestação feminina de Buda, e gradualmente desenvolveu seu próprio método de oferecer o corpo para alimentar os demônios. Isso resultou em seu ensinamento mais famoso: o Tchöd.

Quando ela completou quarenta anos, seus ensinamentos já tinham se espalhado por todo o Tibete e rumores sobre sua sabedoria chegaram à Índia. Ali, os patriarcas budistas ouviram dizer que uma mulher alegava ter recebido ensinamentos budistas que haviam sido originados no Tibete, e não na Índia. Isto era especialmente surpreendente porque, naquela época, a teologia budista derivava exclusivamente da Índia para o Tibete, não o contrário, o que gerou um certo estremecimento entre os figurões do budismo indiano. Eles enviaram uma delegação de eruditos ao Tibete para desafiá-la, mas ela emergiu vitoriosa desses debates e sua fama se espalhou ainda mais. Machig não só tinha grande erudição como demonstrava verdadeiros insights sobre a natureza da mente e também possuía a habilidade de curar. Seus filhos se tornaram seus discípulos e, juntamente com outros alunos, acabaram por se tornar detentores de sua linhagem. Os ensinamentos de Machig se tornaram a única linhagem do budismo tibetano originada por uma mulher.

A história de Machig e as biografias de cinco místicas tibetanas que encontrei subsequentemente tornaram-se o objeto do meu primeiro livro, *Women of Wisdom*. Em meio à minha confusão interior, que se seguiu à morte de Chiara, descobrir essas biografias foi como encontrar trilhas em uma paisagem coberta por densa neve. E, ao seguir tais trilhas, comecei a encontrar meu próprio caminho.

3 O que são Demônios?

Com uma mente amorosa, afague ainda mais
do que o faria com uma criança
os deuses e demônios hostis de existência aparente,
e deles se cerque ternamente.

Machig Labdrön (1055-1145)

Em 1985, doze anos depois de ter aprendido o Tchöd com Gegyen em Manali, algo aconteceu e fez com que, de repente, esta prática se tornasse relevante para minha vida pessoal. Eu já estava morando na Itália havia seis anos, cinco dos quais tinham se passado desde a morte de Chiara, e cheguei à conclusão de que meu casamento nunca iria funcionar devido às repetidas infidelidades de meu marido e a outras questões relacionadas às dependências dele. Durante a separação, que consequentemente conduziu ao divórcio, descobri o poder da prática do Tchöd de uma forma muito íntima. Com os procedimentos relativos ao divórcio, chegamos a um impasse quanto à guarda do nosso filho. De acordo com a lei italiana, Cos, o gêmeo que sobreviveu, poderia ficar na Itália, ou eu poderia ficar na Itália com ele, mas eu não poderia levá-lo para fora do país sem a permissão de seu pai, e este se recusou a concedê-la. Isso se tornou uma fonte de muita tensão entre nós e tudo indicava que não conseguiríamos encontrar uma solução. Nós estávamos prestes a recorrer à justiça quando pensei: "Eu simplesmente farei a prática do Tchöd com esta situação em mente".

Enquanto as crianças dormiam, peguei meu tambor e meu sino e comecei a cantar a antiga melodia da prática do Tchöd. Durante esta prática, você transforma seu próprio corpo em um néctar que alimenta todos os seres, começando pelos Budas e outros seres iluminados. Este néctar é oferecido com compaixão para muitos tipos de convidados, o que inclui até mesmo formas personificadas dos nossos demônios, como, por exemplo, nossos medos. Vi meu marido como um dos convidados e personifiquei meu medo em relação a ele. À medida que imaginava estar dissolvendo meu próprio corpo em um néctar de amor e aceitação, eu visualizava que meu marido era capaz de beber tudo o que precisava deste néctar. Ao fazer tal oferenda, temporariamente consegui me desprender da minha raiva e da minha vontade de me livrar do meu marido e ir embora com nosso filho, e ofereci a ele este elixir de compaixão. Era como se eu tivesse temporariamente soltado minha ponta do nosso cabo de guerra.

Alimentei também uma forma personificada do meu demônio do medo, que visualizei como uma figura azul assombrada, com uma careta horrível, cabelo todo espetado e mãos cheias de ventosas, como os tentáculos de um polvo. Ao alimentar com grande generosidade meu marido e o demônio do medo, consegui relaxar com relação ao meu conflito com eles. Depois que ambos estavam satisfeitos e completei o restante da prática, senti-me livre da tensão "eu contra você" e fui para a cama muito mais relaxada e em paz, como não vinha me sentindo havia meses.

No dia seguinte, meu marido me ligou do apartamento em que estava morando do outro lado de Roma e perguntou se podíamos conversar. Nunca me esqueci daquele encontro, nós dois sentados ali, no sofá de algodão bege que um dia havíamos compartilhado, as janelas abertas e o sol penetrando pela sala.

Ele disse: "Na noite passada algo mudou para mim e nesta manhã decidi que deveria deixar você voltar aos Estados Unidos com Cos. Compreendi que estava sendo injusto e que você sofreu muito. Eu confio que você vá facilitar minha relação com nosso filho e que me ajudará a fazer parte da vida dele tanto quanto possível".

Olhei para ele em choque e praticamente não acreditei. Aquela era uma reviravolta completa em relação ao seu ponto de vista anterior. O que havia acontecido? Então me lembrei da prática do Tchöd que tinha feito na noite anterior, na qual abandonara a batalha que vinha travando havia meses, alimentado meu marido com compaixão e meu próprio demônio do medo com amor. Era como se, ao soltar minha ponta no cabo de guerra, a tensão não estivesse mais ali também para meu marido, dando a ele mais espaço para mudar de ideia.

Com esta experiência bastante concreta, percebi, pela primeira vez, que a prática de alimentar os demônios era algo que estava específica e diretamente ligado à minha vida, aos meus conflitos como mulher ocidental e como mãe. Percebi que os demônios que eu estava alimentando no Tchöd eram, de fato, parte da minha própria vida diária, eram "minhas coisas", meus dilemas, meus medos, minha raiva. Eles não eram tibetanos, não eram uma exótica pintura asiática em pergaminho sem qualquer relação com minha vida cotidiana. Num piscar de olhos, esta prática se tornou completamente relevante ao se dirigir às minhas esperanças e aos meus medos.

Depois desta experiência, minha compreensão da prática do Tchöd mudou e comecei a personificar e alimentar meus demônios independentemente de serem emoções, doenças ou medos. Foi um pouco mais tarde, quando comecei a ensinar o Tchöd, que desenvolvi a versão do método dos cinco passos que você encontrará aqui, mas naquele momento se formou minha compreensão fundamental sobre os demônios como os conflitos internos da minha vida. O que quer que surgisse para mim, eu alimentava na prática do Tchöd. Era fácil encontrar os demônios. Eu os carregava comigo o tempo todo! Fosse qual fosse o demônio que eu convidasse para o banquete, o resultado era sempre a liberdade da tensão em que me encontrava.

Em 1989, três anos depois de ter voltado aos Estados Unidos, conheci meu atual marido, David. Ele era o professor de teatro e dança de minha filha. O fato de encontrá-lo provocou o surgimento de um grande demônio para mim, um demônio do abandono, que havia sido agravado pelas infidelidades de meu marido italiano. Como resultado deste demônio, eu às vezes destruía um relacionamento promissor ao querer compromisso cedo demais, ou provocava a traição, como uma espécie de profecia de eu tinha de cumprir.

Eu pensava: "Não quero ter absolutamente nada a ver com este medo do abandono, que é ridículo e humilhante. Se eu ignorá-lo, ele irá embora. Além do mais, tenho boas razões para sentir que serei abandonada". Mas o demônio do abandono não foi embora. Ficou mais forte e mais persistente, até que finalmente comecei a alimentá-lo com a prática do Tchöd, pois percebi que, se não o fizesse, isso iria acabar por transformar meu relacionamento com David em um inferno. Eu tinha lutado contra este demônio por anos, mas isso não queria dizer que eu realmente tivesse prestado atenção nele.

Decidi então fazer uma experiência e trabalhar com meu demônio do abandono intensamente — todos os dias durante um mês — e usar um diário para anotar o que acontecia. À medida que fazia o Tchöd, adotei uma abordagem da psicologia ocidental de incorporar e personificar meu demônio do abandono e me comunicar com ele, depois trocar de lugar e me transformar nele para, em seguida, oferecer-lhe o que quer que ele precisasse. Criei então uma versão simplificada dos cinco passos baseada nos princípios do Tchöd: dissolver meu corpo em um néctar e alimentar o demônio, até que ele se sentisse completamente satisfeito; neste ponto, ou ele se dissolvia, ou se transformava em uma figura positiva. Ao fim deste processo, descansei em uma atmosfera de clareza que se abriu depois de o demônio estar satisfeito e de ter se dissolvido.

Quando consegui situar meu demônio do abandono, ele era uma menininha de uns cinco anos, com um olhar patético e inconstante. Ela tinha os cabelos castanhos desgrenhados e olhos azuis bem grandes, mas seus dentes eram pontudos como os de um vampiro. Ela disse: "Ele vai abandoná-la. Preste atenção em mim, você sabe que estou certa. Você sabe que sempre chegará o ponto em que ficaremos só nós duas. Sou a única amiga que você tem. Estarei sempre aqui, dizendo a você a verdade sobre o que irá acontecer. Sou previsível, pelo menos você pode contar comigo". À medida que dizia isso, ela parecia ganhar mais força.

Conforme os dias se passaram, eu a alimentava frequentemente usando o Tchöd e o método que havia desenvolvido, e ela começou a mudar. Com o decorrer do processo, quando eu a chamava diante de mim para poder alimentá-la, ela já não era mais um vampiro. Simplesmente se mostrava triste, e até o fim daquele mês já parecia vulnerável e amorosa, grata pela atenção que eu estava lhe dando. O mais impressionante foi que, depois deste esforço conjunto, ela realmente parou de criar problemas em minha vida e não me aborreceu mais. Eu já tinha aceitado o fato de que ela estaria sempre comigo como uma "questão essencial", mas as coisas não aconteceram desta forma. Mesmo no nível prático, as coisas mudaram. Meu relacionamento com David melhorou e, ao longo do tempo, fomos construindo este casamento maravilhoso que temos hoje.

Por volta dessa época, encorajada por meu professor Namkhai Norbu Rinpoche, comecei a dirigir retiros de Tchöd e, ao fazê-lo, percebi que a prática de alimentar os demônios era de difícil compreensão para os ocidentais. Havia uma tendência de que ela ficasse apenas no nível conceitual. Então passei a ensinar a prática de visualização de incorporar e depois alimentar os demônios, que havia desenvolvido durante o mês em que alimentei meu demônio do abandono. Ensinei aos alunos como trabalhar dessa forma com demônios que eram questões reais na vida deles, e não apenas conceitos teóricos budistas.

Os demônios aos quais estou me referindo não são fantasmas, gnomos ou sequazes de Satã. Quando pediram a Machig que definisse demônio, ela respondeu da seguinte forma: "Aquilo que chamamos de demônio não é uma coisa preta enorme que assusta e aterroriza quem quer que olhe para eles. Um demônio é qualquer coisa que obstrui a conquista da liberdade".

Nossos demônios não são gárgulas do Tibete do século XI, eles são nossas preocupações atuais, os conflitos que vivemos em nossas vidas e que bloqueiam nossa experiência de liberdade. Nossos demônios podem ser os desentendimentos que temos com a pessoa amada, a ansiedade quando pegamos um avião ou o desconforto que sentimos quando nos olhamos no espelho. O medo de falhar pode ser seu demônio particular, ou a dependência em relação ao tabaco, ao álcool, às drogas, à pornografia ou ao dinheiro. Podemos ter um demônio que nos faz ter medo do abandono, ou que nos leva a machucar aqueles a quem amamos. Uma pessoa com distúrbio alimentar pode ter um demônio que exige quantidades enormes de doces ou de comidas gordurosas. O demônio da anorexia nos diz que teremos falhado caso comamos e que nunca seremos suficientemente magros. Um demônio do medo pode nos dizer que não podemos subir em edifícios altos ou caminhar no escuro.

Muito embora a maioria das pessoas possa dizer que não acredita em demônios, a palavra continua a ser usada com frequência e, quando nós a ouvimos, sabemos o que ela significa. Por exemplo, alguém pode falar sobre o comportamento possessivo que tem e chamá-lo de "demônio do ciúme", ou podemos usar a expressão "seus demônios voltaram para assombrá-lo". É comum falarmos que alguém está "lutando com seus demônios", ou que veteranos de guerra estão "se debatendo contra os demônios do estresse pós-traumático".

Demônios são, no fim das contas, parte da mente e, enquanto tal, não têm existência independente. Todavia, nós nos digladiamos com eles como se fossem reais e acreditamos em sua existência — pergunte a qualquer um que já tenha lutado contra o estresse pós-traumático, a dependência química ou a ansiedade. Os demônios se manifestam em nossas vidas, não importa se os provocamos ou não, se os queremos ou não. A mente percebe os demônios como reais, e então somos apanhados em luta contra eles. Frequentemente este hábito de lutar contra os problemas que percebemos dá força aos demônios, em vez de enfraquecê-los. Em sua realidade última, todos eles estão enraizados em nossa tendência de polarizar as coisas. Quando entendemos como trabalhar com esta tendência a tentar dominar o que percebemos como inimigos, ou a ver as coisas como "ou isso ou aquilo", conseguimos nos livrar dos demônios, por termos eliminado a própria fonte que os gera.

Também temos a tendência a projetar nossos demônios nos outros. Se olharmos para aquilo que mais desprezamos nos outros, geralmente veremos nossos próprios demônios refletidos de volta. Se olharmos para aqueles a quem criticamos ou tentamos controlar, encontraremos os demônios que estão ancorados em nós. Quando agimos como se não tivéssemos sombra, ficamos particularmente vulneráveis a sermos subjugados pelos nossos demônios. Pregadores e padres podem ter muita dificuldade com isso, pois espera-se que eles já tenham conseguido superar os próprios demônios, o que faz com que a tendência a lutar contra eles seja ainda mais exacerbada. Isso torna padres e pregadores suscetíveis à hipocrisia e à autodestruição, como é o caso daqueles que execram os males do sexo e ao mesmo tempo, em segredo, se envolvem nas mesmas práticas sexuais que recriminam publicamente.

O famoso pregador evangélico Ted Haggard, ministro da maior igreja evangélica de Colorado Springs, pregava contra o uso de drogas, a homossexualidade e o casamento gay, enquanto ele mesmo estava secretamente tendo encontros homossexuais com um prostituto em Denver. Casado e pai de cinco filhos, Haggard aparentava ser um homem de uma família heterossexual estrita. Seu amante o viu na televisão pregando contra o casamento gay e ficou tão enojado com aquela hipocrisia que decidiu ir a imprensa e revelar que ele era seu cliente regular havia três anos. O prostituto também disse que vendia drogas para o pregador. Depois de ter sido forçado a renunciar à igreja que ele mesmo fundara, Haggard passou a viver recluso, ainda determinado a "lutar" contra seus demônios dos desejos proibidos.

A questão aqui é que frequentemente tentamos ridicularizar ou criticar outras pessoas que incorporam algo que estamos tentando reprimir em nós mesmos. Decerto todos nós temos impulsos pelos quais não deveríamos nos deixar levar, como a violência, ou o desejo de roubar ou de maltratar alguém. Todavia, na maioria das vezes, a repressão não é a forma mais efetiva de lidar com impulsos inaceitáveis. Ao admitir sua existência, tirá-los do armário e nos ocuparmos deles conscientemente, tais impulsos se tornam menos perigosos do que quando os combatemos. Quando escondidos, eles apenas ganham força. Quanto mais tentamos prendê-los, mais traiçoeiros e perigosos se tornam.

Quando alimentamos nossos demônios usando os cinco passos descritos neste livro, estamos reintegrando partes reprimidas e negligenciadas de nós mesmos. Quando C. G. Jung estava em crise pessoal, ele percebeu que, ao personificar partes reprimidas de si mesmo, conseguia aliviar sua pressão interna. Depois de imaginar e convocar estes aspectos seus personificados, Jung os interrogou e descobriu que eles frequentemente produziam imagens, e a seguir o distúrbio desaparecia. De forma similar, quando alimentamos nossos demônios, nós personificamos partes de nós mesmos, interagimos com elas e as integramos ao dar-lhes o que precisam; desse modo, os demônios podem ser libertados.

OS DEMÔNIOS SÃO SEMPRE OBSTÁCULOS?

Na verdade, os demônios têm muito a nos oferecer. Apenas como um exemplo, eles podem servir como um chamado para nos acordar. Quando sofremos por uma explosão de raiva, de ansiedade ou de estresse, em vez de encarar isso como algo a ser suprimido, contra o que se deve lutar ou de que se deve ter vergonha, podemos ver essa reação como um demônio que está exigindo nossa atenção.

Quando Andrea, uma professora de 38 anos, veio trabalhar como voluntária em Tara Mandala, nada parecia dar certo para ela. A lenha estava úmida, a chaminé estava entupida, sua cabana estava lotada com suas coisas ainda empacotadas e sua mente estava tão bagunçada que ela se sentia incapaz de meditar. Recentemente Andrea tinha terminado um relacionamento de dez anos com o namorado. De repente, ela começou a sentir uma falta enorme dele e começou a se perguntar se terminar o namoro tinha sido uma boa ideia.

Andrea veio até mim e disse que sua sensação era de que o mundo estava conspirando contra ela. Queria organizar todas as suas coisas, para que enfim pudesse realmente começar a meditar. Achava que sua prática de meditação só poderia começar quando estivesse quietinha, sentada em sua almofada, em sua cabana já arrumada. Eu a encorajei a perceber que as situações externas não eram seu verdadeiro demônio, e que todos aqueles contratempos eram apenas um chamado para que ela acordasse, um presente. Ela começou a reconhecer tais obstáculos como suas esperanças e seus medos, e não como uma força externa que a minava. Sugeri que seus anseios, seus pesares e sua frustração não eram empecilhos demoníacos à sua prática espiritual, e sim um convite para que ela aplicasse o que estava aprendendo naquilo que *realmente* estava acontecendo, em vez de aplicar sobre aquilo que ela *gostaria* que estivesse acontecendo. Eu a guiei ao longo da prática de alimentar seus demônios e também a orientei sobre como fazê-lo sozinha.

Depois de ter alimentado seus demônios, Andrea foi capaz de mudar a maneira como estava encarando a situação. Mais do que ver os eventos como uma forma de conspiração contra ela, percebeu esses desafios como um convite e, desse modo, eles se tornaram aliados no seu desenvolvimento espiritual. Ela também conseguiu reconhecer o quanto estava presa ao culpar o mundo externo por seu estado interior. Nós todos tendemos a acreditar que a prática espiritual tem de ser calma, mas, com frequência, as situações mais confusas, os momentos mais humilhantes são os que geram as experiências mais fortes para nosso despertar.

Quando meu filho, Cos, tinha 25 anos e entrou em um retiro restrito de um ano, seu professor, Adzom Rinpoche, disse: "Lembre-se, é muito fácil praticar meditação quando as condições são favoráveis; o teste para o bom praticante é fazê-lo quando as circunstâncias são difíceis". Isso ajudou muito meu filho quando seus demônios surgiram durante o retiro. Fez com que ele tivesse determinação para lidar com a situação e os alimentasse, em vez de simplesmente se lastimar e se sentir oprimido por seus pensamentos e emoções.

Quando dificuldades surgem em nossas vidas, podemos tanto vê-las como obstáculos quanto como experiências proveitosas que têm o potencial de nos colocar mais perto do despertar. Sem esses desafios e sem reconhecer nossas falhas, desperdiçaríamos a vida à espera de condições ideais, em vez de genuinamente trabalharmos em nós mesmos. Na verdade, nossos "inimigos", aqueles que mais nos atormentam, são nossos maiores mestres, e, em vez de vê-los como demônios, podemos vê-los como presentes.

Medos, obsessões e dependências são partes de nós, que se tornaram "demoníacas" por terem sido separadas de nós, negligenciadas e por brigarmos contra elas. Quando tentamos nos esquivar de nossos demônios, eles nos perseguem. Ao combatê-los enquanto forças sem forma, aumentamos seu poder e podemos mesmo sucumbir completamente a eles. Por exemplo, uma pessoa que luta contra o alcoolismo, em vez de alimentar a raiz da causa que a leva à dependência, pode vir a morrer de cirrose. Alguém que luta contra a depressão, sem chegar a bons termos com a base do problema, pode vir a cometer suicídio. Precisamos reconhecer a inutilidade de lutar e de nos sentirmos perseguidos por circunstâncias externas, e perceber que isso não leva a lugar algum. Temos de dar forma aos nossos demônios e começar a dar voz àquelas partes em nós que parecem nos perseguir. Ao nos relacionarmos com essas partes, podemos chegar à fonte dos nossos comportamentos e transformar essa energia em um aliado. Isso não significa ser autocomplacente com ações destrutivas, mas sim que tomamos conhecimento das nossas necessidades subjacentes. A prática de alimentar os demônios torna esta transformação possível.

Embora ao longo deste livro eu utilize com frequência a palavra "demônio" para descrever aquilo que precisamos transformar, você também deve pensar sobre seus deuses, os anseios obsessivos. Perceba que nossas esperanças e nossos desejos podem ser tão problemáticos quanto nossos medos. Felizmente os deuses, assim como seus homólogos, os demônios, podem ser transformados em aliados por meio da mesma prática dos cinco passos.

Segunda Parte:
Alimentando seus Demônios

4 Como Alimentar seus Demônios

O palato do ódio se vai,
e a raiva assim que alimentada está morta;
é fazer com que ela passe fome, que a engorda.

Emily Dickinson

Quando estamos obcecados por comida, ansiando por um companheiro perfeito ou loucos por um cigarro, damos força aos nossos demônios, pois não estamos prestando atenção de fato à necessidade que está por trás dessa vontade. Quando realmente prestamos atenção e identificamos o chamado mais profundo por trás do desejo, podemos aprender a alimentar as verdadeiras necessidades deste demônio e não simplesmente tratá-lo com indulgência ou lutar contra ele. Ao se satisfazer, ele vai embora. Nossos demônios engordam quando lutamos contra eles ou os ignoramos (o que também é um processo ativo), pois se alimentam da energia da nossa batalha contra eles. Este é o princípio que subjaz à atitude de atendê-los e nutri-los completamente, em vez de ignorá-los ou combatê-los.

Se você alimentar sua filha com um DVD quando o que ela realmente necessita é amor, ela não ficará satisfeita. Se a ignorar, ou brigar com ela, ela ficará cada vez mais irritante, até que você realmente comece a lhe dar atenção. Mas sua atenção impaciente não vai satisfazê-la. Se *prestarmos atenção* em uma criança que está nos fazendo exigências e de fato lhe dermos o que ela *necessita*, não o que *quer*, ela pode relaxar e sossegar. Ao parar e descobrir o que ela necessita de verdade, em um certo sentido você está *pagando* com sua atenção. O caminho para mudarmos as coisas é nos dirigirmos ao que está subjacente ao problema, e alimentarmos os demônios com aquilo de que eles realmente precisam, e não com o que parecem querer. Se pudermos chegar até o nível da necessidade fundamental, para além do desejo superficial, com frequência esta necessidade envolve amor, compaixão e aceitação. Quando paramos de tentar descartar os demônios atirando-lhes um osso e *prestamos atenção neles* e lhes oferecemos nossa presença genuína, "o palato do ódio se vai".

Quando você bebe mais um copo de vinho, em vez de prestar atenção na sua depressão, ela não vai embora; na verdade, ela se torna mais forte. A depressão esgota, pois "se alimenta" em você tranquilamente, enquanto você está tentando se livrar dela. É como ter uma sanguessuga no corpo, sem que você saiba. Mas, se você conscientemente prestar atenção no seu demônio da depressão e alimentá-lo ao seguir os cinco passos descritos neste capítulo, isso mudará.

A PREPARAÇÃO DO CENÁRIO

Alimentar um demônio vai demorar de vinte minutos a meia hora. Escolha um lugar tranquilo, onde você se sinta confortável e seguro. Escolha um horário em que você não será interrompido. Pela manhã, antes de você começar suas atividades, é um bom momento, mas qualquer momento é bom se for calmo. Coloque duas cadeiras ou duas almofadas uma em frente à outra: uma é para você e a outra é para o demônio e aliado.

Uma vez que tudo já esteja arranjado, você vai querer manter os olhos fechados até o fim do passo 5; portanto, coloque os dois assentos (cadeiras ou almofadas) perto o suficiente um do outro, para que você possa sentir aquele que está à sua frente com os olhos fechados. Manter os olhos fechados irá ajudá-lo a se manter concentrado e presente, enquanto você imagina este encontro com seu demônio. No entanto, até que memorize os passos, você precisará consultar, de vez em quando, a versão concisa dos cinco passos (no Apêndice).

Sugiro que você mantenha um registro escrito do seu trabalho. O ideal é ter um diário dedicado apenas ao seu demônio, mas qualquer caderno que você use para se manter informado sobre ele já serve. Caso tenha espaço, mantenha os assentos um em frente ao outro em algum cantinho da sua casa, juntamente com o diário, prontos para a próxima meditação.

Nove respirações de relaxamento

Neste instante você esta sentado em uma das cadeiras (ou almofadas) que está em frente à outra. É agora que você deve fechar os olhos.

Comece por fazer nove respirações abdominais profundas, o que significa respirar profundamente até que você sinta o abdômen se expandir. Coloque as mãos na barriga e perceba-a encher e esvaziar. Isso garante que você está respirando profundamente, o que vai ajudá-lo a relaxar.

Durante as três primeiras respirações, ao inspirar imagine o ar percorrendo qualquer *tensão física* que você esteja sentindo no corpo, e então imagine que a exalação leva esta tensão embora.

Nas próximas três respirações, ao inspirar imagine o ar percorrendo qualquer *tensão emocional* que você esteja sentindo em seu corpo, e então imagine que a exalação leva esta tensão embora.

Nas últimas três respirações, ao inspirar imagine o ar percorrendo qualquer *tensão mental* que você tenha, como preocupações, pensamentos sobre o que está fazendo ou medo de que você não consiga ser bem-sucedido. Sinta a respiração onde você estiver sentindo esta tensão mental em seu corpo, e então liberte esta tensão com a exalação.

Gerando sua motivação

Depois das nove respirações, quando já estiver se sentindo estável e totalmente presente, relaxe por alguns instantes e se concentre na sua motivação para estar se dedicando a esta prática. Sugiro que você a faça para o benefício de todos os seres, gerando um desejo profundo e sincero de que você e todos os outros seres possam se liberar do sofrimento. Este tipo de motivação muda seu foco, que em geral está ligado às necessidades do ego, para a compaixão; isso amplia a dimensão das suas ações, saindo do mero interesse pessoal para um bem maior.

Gerar a motivação correta antes de fazermos qualquer coisa é muito importante. O grande mestre tibetano do século XIX Patrul Rinpoche, disse:

O que faz uma ação ser boa ou ruim?
Não é sua aparência, ou mesmo se ela é grande ou pequena,
Mas a motivação boa ou maligna que está por trás dela.

Quando paramos de ser apanhados por nossos demônios, podemos ajudar aos outros e a nós mesmos de forma mais efetiva. Antes de dar procedimento a esta prática, tente preencher o coração com uma motivação positiva e com a sensação de que não está fazendo isso só para si mesmo, mas para beneficiar também o mundo. Isso é conhecido no budismo como estabelecer uma intenção altruísta e traz um poder adicional à prática.

OS CINCO PASSOS PARA ALIMENTAR SEUS DEMÔNIOS

Depois das preliminares, você está pronto para dar início ao processo dos cinco passos. Nesta seção, vamos considerar cada uma das etapas em profundidade. Para uma visão geral dos cinco passos, consulte a versão concisa no Apêndice.

PASSO 1: ENCONTRAR O DEMÔNIO

Este passo tem três fases:

- Decidir com que demônio você quer trabalhar.
- Descobrir onde o demônio se localiza em seu corpo.
- Observar o demônio em seu corpo.

Decidir com que demônio você quer trabalhar

Uma boa forma para escolher em que trabalhar é fazer a si mesmo as seguintes perguntas:

- O que está dragando minha energia?
- O que está me colocando para baixo?
- O que está me "comendo"?
- Que incidente me incomodou recentemente?

Pode ser uma questão antiga que continua surgindo, talvez um medo persistente, uma dependência, uma dor, uma doença. Pode ser uma reação ou um sentimento em relação a outra pessoa, alguém por quem você está obcecado, alguém com quem você está em conflito, ou mesmo alguém que o assusta (mais do que se concentrar na pessoa em si, você vai trabalhar com o sentimento que surge em relação a ela). Você pode pensar em conflitos que teve com a pessoa amada ou com alguém no seu trabalho. Pode ser um demônio de medo, apego ou confusão. Nossos relacionamentos são, em geral, os maiores detonadores de demônios.

Geralmente, é uma boa ideia escolher a primeira coisa que lhe vier à mente quando você pensar: "Com qual demônio eu quero trabalhar?”. Às vezes, quando algo surge em sua mente, você pensa: “Não, por favor, isso não. Qualquer coisa menos isso”. Eu lhe recomendo que vá em frente e escolha exatamente isso que lhe veio a mente.

Você não precisa ter medo de que este demônio seja muito grande. De acordo com minha experiência, os demônios reprimidos (ou os demônios do “Não, por favor, isso não”) são muito mais potentes e destrutivos quando os evitamos do que quando ficamos conscientes deles. Quando um demônio grande é alimentado, muita energia é liberada para se tornar sua aliada ou uma energia protetora.

Outra boa indicação de um demônio a ser encontrado é uma emoção recorrente. Por exemplo, você pode se estar tendo ataques frequentes e inesperados de raiva, mesmo que não se veja como uma pessoa brava. Neste caso, pode escolher trabalhar com seu demônio da raiva. Outras boas possibilidades talvez estejam relacionadas com questões persistentes em sua vida, como depressão, relacionamentos fracassados ou problemas de dinheiro.

Estes são alguns exemplos que podem ajudá-lo a começar. Se nada lhe vier à mente, verifique seu corpo. Você tem alguma doença crônica ou deficiência física? Tem alguma dor ou tensão em algum lugar? Caso a resposta seja positiva, trabalhe com isso; com frequência alguma coisa é encontrada por trás de uma sensação física.

De qualquer forma, é mais provável que você encontre uma longa lista de demônios possíveis e talvez seja difícil decidir com qual deles trabalhar primeiro. Se for este o caso, lembre-se de que pode fazer esta prática quantas vezes quiser e com quantos demônios desejar; por isso, não se preocupe muito em escolher o “correto”. Comece com o que surgir mais rapidamente.

Ao se dedicar à prática, você provavelmente encontrará demônios que estão relacionados ou escondidos sob os primeiros que aparecerem. Demônios podem ser como bonecas russas, encaixadas umas dentro das outras. Por exemplo, você pode começar com uma compulsão por café e descobrir, por trás disso, um demônio que o escraviza e, por trás deste, um demônio do medo de falhar e, por trás deste outro, um demônio que diz que você é estúpido, e assim por diante. Simplesmente comece com o que se manifestar primeiro e, ao longo do seu processo de alimentar seus demônios, você gradualmente trabalhará com as diversas camadas que surgirem. Não tente encontrar o demônio fundamental ou trabalhar com mais de um demônio de cada vez.

Descobrir onde o demônio se localiza em seu corpo

Uma vez que tenha escolhido com que demônio irá trabalhar, use alguns instantes para entrar em harmonia com seu corpo. Centrar-se em suas sensações corporais é uma boa maneira de escapar das intelectualizações. Isso ajuda a tirar você "da sua cabeça", propiciando um acesso direto à sua sabedoria corporal.

Costumamos gastar tanto tempo com nossa cabeça que precisamos fazer um esforço para entrar em contato com nosso corpo. Pense sobre a questão ou o demônio com o qual decidiu trabalhar, então deixe que sua consciência esquadrinhe seu corpo da cabeça aos pés, sem qualquer julgamento, simplesmente estando ciente das sensações que estão presentes. Localize onde está armazenada esta energia por meio da seguinte identificação: para onde sua atenção se volta quando você pensa sobre esse assunto. Assim que experimentar este sentimento, intensifique-o, exagere-o.

Você também pode descobrir onde armazena o demônio em seu corpo ao gerar conscientemente a emoção com a qual está trabalhando. Por exemplo, se estiver trabalhando com a raiva, evoque a memória de algum momento em que ela surgiu de forma muito intensa e, a seguir, esquadrinhe seu corpo em busca de sensações conectadas com este demônio. Toda emoção se localiza em alguma parte do corpo.

Se seu demônio é a sensação de estar sendo pressionado — ou a pressão de ter de atingir alguma meta —, este demônio do estresse pode ser algo com que você convive constantemente, um demônio que o conduz desde que você acorda até a hora em que vai para a cama. Onde é que você guarda esta tensão em seu corpo? Nos ombros? No pescoço? Lembrar-se de uma situação em que você se sentiu particularmente estressado pode ajudar a localizar esta energia em seu corpo.

Observar o demônio em seu corpo

Após ter descoberto onde este demônio se localiza em seu corpo, você vai começar a explorá-lo. Este é um passo muito importante, pois uma das razões de os demônios nos dominarem é o fato de serem amorfos, e agora você está começando a ser tornar consciente dele. De olhos fechados, deixe a imaginação explorar a sensação que você localizou. Seguem algumas perguntas a serem feitas a você mesmo:

- Qual é a cor desta sensação?
- Qual é a forma desta sensação?
- Esta sensação tem uma textura?
- Qual é a temperatura desta sensação?
- Se esta sensação emitisse um som, qual seria?
- Se esta sensação tivesse um cheiro, qual seria?

PASSO 2: PERSONIFICAR O DEMÔNIO E PERGUNTAR O QUE ELE NECESSITA

Neste passo, você convida o demônio a se transformar de uma simples coleção de emoções, cores e texturas, que você identificou dentro do seu corpo, em uma entidade vida sentada bem à sua frente. Personificar o demônio dá forma àquilo que frequentemente é difícil distinguir e permite que nos comuniquemos com ele. Encoraje a sensação que localizou dentro de você a aparecer à sua frente personificada de alguma forma. Pode ser um animal, uma pessoa, um monstro ou qualquer outro ser que corporifique as características que você identificou. Não tente controlar ou decidir qual é o aspecto desta sensação; deixe que sua mente inconsciente produza a imagem. Personificar requer imaginação, pois você transforma a sensação de um sentimento em um ser. Se surgir algo que pareça tolo, como um lugar-comum ou um personagem de histórias em quadrinhos, não o descarte nem tente mudá-lo; trabalhe com o que quer que se manifeste, sem editar a imagem. Todavia, ajuda muito se o demônio tiver uma face, olhos e membros, pois isso facilitará a comunicação com ele. Se o demônio surgir como uma árvore ou um objeto inanimado, como uma pedra, você pode lhe fazer a seguinte pergunta: "Qual seria sua aparência, caso você fosse um ser animado?". Então veja o que acontece. Talvez uma árvore retorcida se torne uma mulher velha de costas curvadas e joelhos inchados. Confie na imagem que aparecer.

Personificar o demônio

Aqui vão algumas perguntas que você pode fazer a si mesmo, para ter uma sensação clara do seu demônio:

- Qual é o tamanho dele?
- Ele tem braços e pernas? Caso tenha, como são?
- Qual é a cor dele?
- Como é a superfície do corpo dele?
- O demônio tem uma idade específica?
- Ele tem sexo?
- Qual é o estado emocional dele?
- Como eu me sinto ao olhar para ele?

Estabeleça contato visual com o demônio e repare na expressão que ele tem nos olhos. Isso é importante para lhe dar vida e para fazer com que a conexão seja sentida.

Por fim, olhe para o demônio mais uma vez e veja se consegue perceber, agora, alguma coisa nele que você não viu antes.

Por exemplo, uma dor que você vem sentindo no ombro esquerdo é um demônio do estresse que toma a forma de um ser masculino magro, vermelho e frágil. Os pés são esqueléticos, os olhos são intensos e penetrantes, e demonstram fúria. Ele parece impaciente com você. O cabelo, espetado para cima, é muito rígido e fino. Ainda que vermelho, o ser é frio, e um pouquinho maior do que você. Ele é de meia-idade e intenso. A precisão ao personificar um demônio é importante, pois estas imagens são originadas na sua mente inconsciente. Se você observá-lo, ele será capaz de trazer muito mais informações do que algo vago como seu "demônio do medo". Seu intelecto pode tentar analisá-lo, ou uma série de imagens diferentes podem surgir, mas mantenha-se com o primeiro demônio que aparecer. Não fique tentando adivinhar seu aspecto uma segunda vez, geralmente o melhor é trabalhar com a imagem original.

Perguntar ao demônio o que ele necessita

A próxima fase deste passo é se comunicar diretamente com o demônio. Você lhe faz três perguntas, e cada uma delas traz um maior entendimento daquilo que será capaz de satisfazê-lo. Esta é sua oportunidade de se relacionar diretamente com o demônio e, assim que fizer as perguntas, você terá de trocar de lugar com ele. As três perguntas devem ser feitas em voz alta e na ordem em que estão listadas, porque elas gradualmente fazem com que você chegue ao tipo de néctar que será necessário para alimentar seu demônio:

- O que você quer de mim?
- O que você necessita de mim?
- Como você se sentiria caso recebesse o que necessita?

Então, uma vez feitas estas perguntas, não espere por uma resposta e troque de lugar com o demônio. Você precisa se transformar nele para saber as respostas.

PASSO 3: TORNAR-SE O DEMÔNIO

Ainda com os olhos fechados, sente-se na cadeira à sua frente e imagine que você é o demônio. Respire profundamente uma ou duas vezes e sinta que está se transformando nele. Lembre-se vividamente daquele ser que antes estava sentado à sua frente e imagine-se "na pele dele". Espere um pouco até se ajustar à sua nova identidade antes de começar a responder às três perguntas, e imagine também que você mesmo está sentado na cadeira agora vazia à sua frente.

Com frequência, acreditamos saber o que o demônio está sentindo ao olharmos para ele, mas, quando nós tomamos seu lugar, a sensação é bem diferente. Um demônio que parecia ameaçador pode, na verdade, estar com medo e simplesmente estar agindo de forma ameaçadora para se proteger. Este passo pode ser uma das partes mais surpreendentes do processo; portanto, faça realmente um esforço para trocar de lugar com o demônio, ainda que isso pareça tolo ou mesmo esquisito. Então, responda às três perguntas em voz alta e na primeira pessoa, a partir do ponto de vista do demônio:

- O que quero de você é...
- O que necessito de você é...
- Quando minha necessidade for suprida, eu me sentirei...

O demônio do estresse, descrito acima como um ser vermelho e de cabelo espetado, poderia responder à primeira pergunta da seguinte forma: "Eu quero que você se apresse e consiga realizar mais coisas, pois assim será mais bem-sucedida".

É muito importante que estas perguntas façam a distinção entre o querer e o necessitar, porque muitos demônios vão querer sua força vital, ou tudo que é bom na sua vida, ou controlar você, mas isso não é aquilo de que eles realmente precisam. Com frequência, o que eles necessitam é algo que está por trás do que eles querem, e este é o motivo pelo qual fazemos a segunda pergunta e sondamos a questão um pouco mais a fundo. O demônio do alcoolismo pode *querer* álcool, mas ele precisa de algo bem diferente, como segurança ou relaxamento. Até que cheguemos à necessidade que existe por trás do desejo, este irá prevalecer.

Em resposta à pergunta "O que você necessita?", o demônio do estresse poderia responder: "O que preciso é me sentir mais seguro".

Tendo entendido que, por trás do desejo do demônio do estresse de correr e de fazer mais esconde-se a necessidade de se sentir seguro, devemos descobrir como ele vai se sentir, caso consiga o que necessita. *Isso lhe dirá com o que alimentar o demônio*. Então, em resposta à pergunta "Como você se sentiria caso recebesse o que necessita?", o demônio do estresse poderia responder: "Eu sentiria que posso deixar as coisas fluírem e finalmente relaxar". Agora você sabe que deve alimentar este demônio com relaxamento.

No caso de uma doença como o câncer, o demônio poderia dizer: "Eu quero toda a sua força vital". E, ao responder à segunda pergunta, "O que você necessita?", ele poderia dizer: "Eu preciso de força". Então, você perguntaria: "Como você se sentiria caso recebesse o que necessita?" — neste caso, força —, e o demônio responderia: "Eu me sentiria poderoso". Mas certifique-se de que a resposta à terceira questão seja um sentimento. Por exemplo, um demônio como o do câncer pode dizer: "Eu me sentiria enorme". Mas, como grandeza não é um sentimento, você precisa saber como ele se *sentiria* ao obter o que necessita. O sentimento por trás da grandeza pode ser o de poder, como no caso aqui citado.

Podemos achar que alimentar com poder um demônio como o do câncer apenas fará com que ele cresça, mas o paradoxal neste caso é que, ao nos remetermos diretamente à necessidade subjacente do demônio, ele perde sua força. Isso é o oposto do que propõem algumas abordagens alternativas desta doença, nas quais você visualiza o câncer sendo atacado e destruído por exércitos de células brancas. A ideia aqui é que, se a necessidade do demônio for detectada e satisfeita por meio do néctar, o câncer no corpo regride.

A dependência do tabaco pode *querer* um cigarro e *necessitar* de segurança, e, se ela obtiver segurança, se sentirá em paz. Ao alimentar o demônio com a necessidade emocional que é subjacente ao desejo da substância, a questão central do problema é tratada, e não apenas seus sintomas. E, se o demônio do estresse que quer sucesso no fundo precisa é de relaxamento, alimentá-lo com descanso colocará um fim à sua atividade compulsiva.

PASSO 4: ALIMENTAR O DEMÔNIO E ENCONTRAR O ALIADO

Este passo tem duas fases: alimentar o demônio e encontrar o aliado. Se você se sentir satisfeito após ter alimentado o demônio completamente, pode, se quiser, ir direto de alimentar o demônio para o passo 5. Não é necessário encontrar o aliado para se obter o benefício terapêutico da prática dos cinco passos. Todavia, encontrá-lo pode ser uma parte muito gratificante do processo.

Alimentar o demônio

Agora atingimos o momento crucial, quando finalmente alimentamos o demônio. Volte ao seu lugar original e encare o demônio. Reserve alguns instantes para se acostumar novamente com a sensação de estar em seu próprio corpo, antes de visualizar o demônio à sua frente.

Em primeiro lugar, separe sua consciência do corpo até ter a sensação de que ela está fora dele e sua cognição é um mero observador deste processo. Então, imagine que seu corpo se dissolve em um néctar, constituído daquilo que, uma vez recebido pelo seu demônio, o fará se sentir completamente satisfeito. À medida que sua imaginação confere forma ao néctar, livre-se do apego que você tem ao seu corpo. Imagine sua consciência deixando o corpo. Na forma tradicional da prática do Tchöd, a consciência sai pelo topo da cabeça e se junta a uma forma visualizada de Troma, a aterradora mãe da sabedoria, uma deusa de cor azul-negra que supervisiona a transformação do corpo em néctar. Você pode imaginar isso, ou pode simplesmente trazer sua consciência para compartilhar a experiência do seu corpo ao se transformar em néctar. De qualquer maneira, deixe que seu corpo se dissolva. Você pode, por exemplo, sentir que os pés começam a se dissolver primeiro, até o processo chegar gradualmente à cabeça. Você também pode ir se dissolvendo a partir das duas extremidades, até finalizar a dissolução na altura do coração. Ou pode, ainda, se dissolver por completo em apenas um segundo, espontaneamente.

O néctar em geral é líquido, mas também pode surgir na forma da uma substância gasosa, ou qualquer coisa que surja em sua imaginação. Algumas pessoas o visualizam como um rio ou uma fumaça, outras, como algo cremoso ou mesmo um sorvete pastoso! Repare na cor desta substância, assim como na maneira como vai oferecê-la ao demônio. A substância vem em um recipiente no qual o demônio bebe ou se banha nela, ou é apenas como um rio, uma correnteza de líquido, que se escoa através do demônio? Este néctar é uma destilação daquilo que o demônio descreveu em resposta à terceira pergunta, isto é, sua *sensação* ao ter suas necessidades saciadas. Por exemplo, ele pode ter dito que se sentiria poderoso, ou amado, ou aceito quando recebesse o que necessita; então, a essência do néctar deveria ser poder, amor ou aceitação.

Dê asas à imaginação quando fantasiar como o néctar será absorvido pelo demônio. Veja-o beber sua oferenda de néctar através da boca, pelos poros da pele, inalando-o ou tomando--o de qualquer outra forma. Seja o que for que você imagine, tente ver claramente e em detalhes. Continue a visualizar o néctar penetrando o demônio e imagine que existe uma reserva infinita deste néctar, e que você o está oferecendo com um sentimento de generosidade ilimitada. Ele parece diferente de algum modo? Por acaso se metamorfoseia completamente de uma única vez?

O que acontece quando o demônio está completamente satisfeito? No momento em que é saciado, em geral ele se transforma de maneira significativa. Torna-se algo novo, ou então desaparece em forma de fumaça ou de uma névoa. Não há nada que "deva" ser feito a esta altura, então apenas observe o que acontece, deixe que os eventos se desdobrem sem tentar criar um final determinado. O que quer que se desenvolva acontecerá espontaneamente quando o demônio for alimentado e estiver plenamente satisfeito. A oferenda não deve ser parcial ou condicional. Se seu demônio parecer insaciável, imagine como seria seu aspecto caso ele tivesse suas necessidades completamente satisfeitas.

Certa vez uma mulher de Los Angeles, com um histórico de abuso físico e verbal, se submeteu ao processo dos cinco passos. Ela havia internalizado o abuso como um demônio de autorrepugnância. Quando lhe falei sobre o passo 4, ela disse: "Olhe, não acredito que isso irá funcionar para mim. Eu tenho uma voz odiosa dentro de mim que nunca me deixa sozinha, nem sequer por um minuto". Ela estava aos prantos, sem qualquer esperança.

Quando chegou ao passo 4 com os olhos fechados, a mulher de repente começou a rir. Assim que a prática terminou e demos prosseguimento ao processo, ela disse: "Eu não acredito. Depois que o alimentei, meu demônio virou as costas e saiu da sala fechando a porta atrás de si. Quando olhei para a porta, havia uma placa pendurada que dizia: 'Saí para pescar'". Ela não conseguia parar de rir e, pela primeira vez em anos, sentiu-se livre do seu demônio de autorrepugnância.

Encontrar o aliado

Você deve se lembrar da história de Machig e dos espíritos da água que relatei no primeiro capítulo: uma vez que Machig oferece a si mesma como alimento para os *nagas* que a atacam, estes se transformam em aliados e juram protegê-la, bem como a seus seguidores. A mesma verdade serve para nós: quando nos oferecemos como néctar aos demônios, a energia negativa deles se transforma em uma força positiva. Agora, enquanto o demônio se dissolve ao ter sido saciado, temos a oportunidade de encontrar esta força em uma forma personificada, e ver exatamente como esta energia transformada pode ser uma presença positiva e protetora em nossas vidas.

Um demônio satisfeito pode se metamorfosear diretamente em uma figura benevolente, que pode ser o aliado. Este aliado pode ser um animal, um pássaro, um ser humano, um deus mítico ou um bodisatva,[3] uma criança ou alguém familiar. Se houver uma figura presente depois que o demônio estiver totalmente satisfeito, pergunte-lhe se ela é o aliado. Caso não seja, você pode deixá-la ali e convidar um aliado para aparecer ao lado dela. O demônio pode ter virado fumaça, derretido em uma poça ou simplesmente se desintegrado. Se ele tiver desaparecido e não houver nenhuma figura presente, você ainda pode encontrar o aliado ao convidar um protetor a aparecer à sua frente. Independentemente da forma que o aliado assumir, observe os detalhes de seu aspecto. Repare no olhar que ele tem, seu tamanho, a cor, como está vestido. Caso ele seja um objeto inanimado ou uma planta, convide-o a se tornar um ser personificado.

Novamente em voz alta, faça ao aliado uma ou todas as perguntas abaixo:

- Como você me ajudará?
- Como você me protegerá?
- Que juramento ou compromisso você estabelecerá comigo?
- Como posso ter acesso a você?

3 - Palavra originária do sânscrito, que, de forma extremamente sucinta, se refere a seres de sabedoria e realização espiritual elevadas. (N. T.)

Então troque de lugar imediatamente e se transforme no aliado, da mesma forma como fez no passo 3, quando se transformou no demônio. Tendo se tornado o aliado, reserve alguns instantes para incorporar completamente este novo ser. Sinta como é ser este guardião protetor. Então, enquanto aliado, responda às questões acima, tentando ser o mais específico possível.

- Eu o ajudarei da seguinte forma...
- Eu o protegerei da seguinte forma...
- Meu juramento será...
- Você pode ter acesso a mim da seguinte forma...

Depois que o aliado tiver dito como o servirá e protegerá, e como você pode convocá-lo, retorne ao seu lugar original. Reserve alguns instantes para voltar a ser você mesmo e ver o aliado à sua frente. Então, imagine que está recebendo a ajuda e o compromisso que ele jurou dar a você. Sinta esta energia de apoio penetrar você e fazer efeito. Permita-se desfrutar por algum tempo da corrente de energia positiva proveniente do aliado.

Por fim, imagine o aliado se dissolver em você e sinta sua essência nutritiva se integrar a você. Repare em como se sente depois de o aliado ter se dissolvido e entenda que ele é uma parte inseparável de você. Assim, permita-se dissolver na vacuidade, o que de fato o leva ao passo 5.

Quanto mais intenso e pavoroso for o demônio, maior será o poder do aliado, já que é a intensidade do primeiro que se torna a fonte de poder do segundo. Para transferir o poder do aliado para nosso dia a dia, precisamos chamar o aliado. Às vezes, basta manter na mente a imagem ou as palavras dele. Você também pode manter uma representação do aliado em um lugar onde possa vê-la com frequência.

Caso a figura que inicialmente permaneceu ao final do processo de alimentar o demônio não seja o aliado, ela deve se manter ao lado do aliado. Assim, depois de haver feito as perguntas ao aliado e ter recebido sua energia, integre em você ambas as energias, a do aliado e a da figura remanescente, e vá para o passo 5. Certa vez vi uma menininha ao fim do passo 4, e ela me disse que não era minha aliada; momentos depois, uma figura alta como uma Madona negra apareceu junto à menininha. Enquanto eu dialogava com esta figura similar à Madona, a menina ficou à espera. Então dissolvi as duas em mim e comecei o passo 5.

Outro exemplo sobre o poder do aliado vem de Frances, uma psicoterapeuta de 53 anos. Ela estava trabalhando com um sentimento em seu peito que a assustava havia muito tempo. Era como se um funil estivesse sugando sua força vital por ali. O demônio que ela viu ao chegar ao passo 2 era muito grande e negro, uma criatura parecida com um lobo que ficava em pé apenas com as patas posteriores apoiadas no chão. Tinha um focinho enorme, dentes afiados e olhos vermelhos que olhavam fixamente para ela. Sua pele crepitava com eletricidade e, de vez em quando, soltava rajadas de faíscas brancas. Ele tinha longas garras, que eram como lâminas.

Quando tomou o lugar do demônio, Frances se sentiu enorme e poderosa, embora fosse muito pequena. O demônio queria que a forma normal dela o servisse, fazendo única e exclusivamente o que ele desejava que ela fizesse. Disse então que, ao atingir esta meta, ele se sentiria grande e poderoso.

Frances visualizou seu corpo derretendo e se transformando em um néctar de poder e força, e ofereceu esta substância ao demônio voraz. Ele bebeu até se fartar e, conforme o fazia, seu pelo foi clareando até se tornar quase branco, enquanto os olhos ficaram azuis. Por fim, ele assumiu o aspecto de um husky muito grande, que olhava para ela cheio de devoção e lhe disse ser seu aliado.

Quando ela perguntou como ele iria servi-la, o aliado respondeu que gostaria de lhe dar sabedoria, qualidade que ela poderia acessar ao olhar nos olhos dele. Frances ficou profundamente tocada pela devoção que o husky demonstrou ter por ela quando ele se deitou com a cabeça em seu colo.

Depois de ter descansado no espaço aberto ao fim do passo 5, Frances descobriu que a sensação de ter um funil no peito havia desaparecido. O husky de olhos azuis que havia se tornado seu aliado começou a acompanhá-la por toda parte daquele dia em diante e, quando Frances voltou a trabalhar, ela se sentiu protegida. O enorme cão de pelagem clara a acompanha até hoje. Quando ela se sente solitária ou insegura, ele se deita ao seu lado. E, quando ela olha nos olhos dele, é como se estivesse olhando para o céu, os olhos dele simplesmente refletem sabedoria.

O aliado pode desempenhar um papel de apoio por muito tempo depois de terminada a sessão em que você alimenta seu demônio. Aprenda a usá-lo, quem sabe desenhando-o e colocando sua imagem em um lugar para o qual você olhe com frequência. Certifique-se também de perguntar como pode ter acesso a ele. O aliado de uma mulher que precisava ser mais centrada lhe disse que, para evocá-lo, ela precisaria tocar as contas de madeira que sempre usava no pulso. Algumas pessoas compram animais empalhados ou estátuas, para se lembrarem de seus aliados. Tais lembretes de seus recursos naturais internos podem ser bastante úteis.

Depois de encontrar seu aliado, você pode escolher convocá-lo para uma sessão à parte, dedicada exclusivamente a criar um diálogo com ele. Depois de ter feito as nove respirações de relaxamento, convide-o a aparecer. Então, você pode lhe fazer uma pergunta, trocar de lugar com ele, dar a resposta e voltar para seu lugar original. Caso queira fazer mais uma pergunta, faça-a, troque de lugar de novo e assim sucessivamente, até você se sentir satisfeito. Isso lhe permitirá criar um relacionamento mais profundo com seu aliado.

PASSO 5: DESCANSAR NO ESTADO DESPERTO

Quando alimenta seu demônio até a completa satisfação e seu aliado é integrado, você e o aliado se dissolvem em vacuidade e, então, você simplesmente descansa no estado desperto que está presente. Quando a mente para um pouco, nem que seja por alguns segundos, uma espécie de consciência relaxada toma o lugar do fluxo contínuo de pensamentos. É preciso deixar que isso aconteça, sem tentar preencher este espaço com algo mais; simplesmente deixe a coisa acontecer, relaxe. Não existe "eu" e não há "demônio"; aqui, transcendemos o ego e suas fixações. Você pode vivenciar essa experiência como relaxamento ou paz, mas não tente forçá-la nesse sentido ou lhe dar um nome. Simplesmente se permita ficar tranquilo. Você pode estender este estado meditativo por quanto tempo quiser, talvez retornando algumas vezes à sensação e à consciência imediata que surgiram primeiro, quando você se dissolveu em vacuidade. Mas não force muito esta situação, apenas descanse neste estado de relaxamento e termine a prática quando sua mente se movimentar para outra coisa. Muito embora, em um certo sentido, "nada aconteça", na verdade o passo 5 é o momento mais importante no processo de alimentar os demônios.

Há dois benefícios principais que fluem da prática de alimentar seus demônios. Um deles é transformá-los em aliados, para que possamos passar da situação em que somos dominados por conflitos internos e externos a um estado em que somos capazes de ter acesso à energia aprisionada pelo conflito. O outro benefício é muito mais sutil, porém um fruto ainda mais importante da prática: a abertura que surge no passo 5, uma janela para um estado livre da tagarelice do subconsciente, das distrações emocionais e das fixações que criamos no cotidiano. Não é diferente do que acontece depois de você ter feito um esforço físico muito grande e se atirar no chão exausto, a não ser pelo fato de que o primeiro é um estatelar mental, enquanto o segundo é físico.

Algumas pessoas descrevem isso como paz, outras como relaxamento e outras, ainda, como uma grande vastidão. Eu gosto de chamar esta experiência de "o intervalo", ou o espaço entre pensamentos. Em geral, quando vivenciamos o intervalo, temos o hábito de tentar preenchê-lo imediatamente — mais ou menos como o que acontece quando chegamos do trabalho e, se não houver ninguém em casa, ligamos a televisão, damos um telefonema ou entrarmos na internet. Ficamos incomodados com o espaço vazio. No passo 5, mais do que tentar preencher este espaço, nós descansamos nele. Mesmo que esta consciência ampla dure apenas alguns instantes, é um começo para entendermos nossa verdadeira natureza. Ao nos familiarizarmos com este estado não referencial, começamos a nos libertar dos nossos apegos habituais. Em geral, estamos tão bitolados por nossas dificuldades e pensamentos que não conseguimos vivenciar este estado; relaxar nele é como se nos permitíssemos boiar no oceano e ser embalados por ele, em vez de nos deixarmos dominar pelo medo de nos afogar e lutar com as águas.

Neste capítulo, vimos como proceder na prática dos cinco passos ao longo dos quais você alimenta seu demônio, encontra seu aliado e descansa no estado desperto. Ao usar o método, tente não deixar nada de fora. Cada um dos passos contribui de maneira importante para que o processo seja bem-sucedido, desde a respiração de relaxamento no inicial até a meditação do final. Seguir os cinco passos do modo como estão descritos trará muito mais benefícios do que se você pular alguma parte. Por exemplo, ao presumir que já sabe o que o demônio quer, em vez de trocar de lugar com ele e realmente vivenciar seu ponto de vista, você perde a experiência de se transformar no demônio.

Agora vamos dar uma olhada em um exemplo de uma prática dos cinco passos, juntamente com alguns direcionamentos e sugestões adicionais.

5 Os Cinco Passos em Ação

Uma pessoa não se torna iluminada por imaginar figuras de luz, mas por tornar a escuridão consciente.

Carl G. Jung

No capítulo anterior, vimos como proceder em cada um dos cinco passos. Este capítulo começa com o exemplo de alguém que realiza a prática e, a seguir, aborda várias maneiras de desenvolvê-la, para torná-la ainda mais efetiva.

A HISTÓRIA DE KATE

Kate tinha pais muito críticos, que, de forma indireta, estavam sempre dizendo que ela não era digna de ser amada. Como era de esperar, ela começou a odiar a si mesma. Embora tenha se casado, seu marido acabou por deixá-la. Kate era incapaz de se manter em um emprego. Sentia-se profundamente indigna de amor e agia de forma autodestrutiva.

A voz interior de Kate dizia sempre que ela não era boa o suficiente, que era um perdedora e que simplesmente deveria abandonar a vida. Este era o demônio do seu ódio contra si mesma, que corria de forma desenfreada. Embora ela fosse inconsciente da influência deste demônio, ele a atrapalhava em tudo. No entanto, essa voz era capaz de provê-la de uma espécie de segurança negativa, uma familiaridade tóxica. Em suma, era assim que Kate lidava com o demônio do ódio contra si mesma.

Passo 1: Encontrar o demônio

Depois de ter feito as nove respirações de relaxamento e gerado a motivação altruísta para sua prática, Kate fecha os olhos e mergulha na sabedoria de seu corpo, na tentativa de localizar o sentimento de ser indigna e de autorrepugnância. Ela se recorda de um intenso ataque de negatividade, que desencadeou sua autorrepugnância. Depois de ter sido demitida de um emprego bastante promissor, ela ligou para a mãe em busca de consolo, mas esta, em vez de lhe dar apoio, culpou-a por ter perdido o emprego. Cheia de raiva e de ódio contra si mesma, Kate cortou os braços pela primeira vez. Ao relembrar este fato, ela de repente experimenta uma sensação muito forte no coração. Ela vivencia a sensação como fria, roxo-azulada e dilacerante, como o estilhaço de um vidro espatifado, perfurante e doloroso. Seu coração dela dói.

Passo 2: Personificar o demônio e perguntar o que ele necessita

Kate agora imagina a corporificação deste sentimento, que toma a forma de uma figura masculina magra e alta. É azul-gelo e seu antebraço termina com garras. Ele olha para ela com desdém. Seus dentes são pontudos e amarelos, e sua boca se abre como se fosse mordê-la. Os olhos são pequenos e furiosos. Quando Kate olha para ele com mais atenção, percebe que sua pele é coberta por espinhos afiados.

Kate pergunta em voz alta:

"O que você quer de mim?"

"O que você necessita de mim?"

"Como você se sentiria caso recebesse o que necessita?"

Passo 3: Tornar-se o demônio

Kate troca de lugar, ocupando a cadeira à sua frente, para se transformar no demônio. Por alguns instantes, ela procura sentir como é estar na pele dele, para vivenciar o que ele está sentindo antes de dar as respostas. Dentro do corpo do demônio, ela percebe que ele é incrivelmente amargurado e que se sente ameaçado e exausto. À pergunta "O que você quer de mim?", ele responde: "Eu quero que você sofra, pois você é desprezível e estúpida".

À pergunta "O que você necessita de mim?", ele responde: "Preciso que fique comigo e pare de tentar escapar de mim. Preciso que você me aceite e me ame".

À pergunta "Como você se sentiria caso recebesse o que necessita?", ele responde: "Eu serei capaz de relaxar. Vou me sentir amado".

Passo 4: Alimentar o demônio e encontrar o aliado

Depois de voltar ao seu lugar, Kate vê o demônio do ódio contra si mesma à sua frente. Agora ela sabe que deve alimentá-lo com amor. Ela visualiza seu corpo se dissolvendo em um oceano infinito de néctar de amor e, então, imagina que o demônio toma este néctar através de cada poro do corpo, de uma só vez.

À medida que o demônio absorve o néctar, sua aparência muda, o corpo fica mais maleável e a cor esmaece. Depois de algum tempo, ele se transforma em um cavalo cinza com narinas flexíveis e olhos escuros e gentis.

Kate lhe pergunta se ele é o aliado. Quando o cavalo balança a cabeça nobre dizendo que sim, ela lhe pergunta como ele irá ajudá-la no futuro, como irá protegê-la e que juramento lhe fará. E, então, troca de lugar e se transforma no cavalo cinza. Kate ouve a resposta: "Eu a levarei a lugares em que jamais esteve, aonde não pode ir sozinha. Vou lhe emprestar minha força para que você possa atuar no mundo. Quando as coisas ficarem complicadas, venha me encontrar e descanse a cabeça em meu pescoço. Eu a protegerei ao lhe dar forças próprias".

Kate volta ao seu lugar e, olhando fixamente para o cavalo à sua frente, recebe o juramento que ele lhe fez. Conforme isso a penetra, ela sente a alegria brotar de seu coração. Por fim, o cavalo se dissolve completamente nela e Kate sente uma onda de força enorme dentro de si. Então, tanto ela quanto o aliado se dissolvem em vacuidade.

Passo 5: Descansar no estado desperto

Kate se sente em paz. Descansa, permitindo-se relaxar neste estado de consciência ampla. Ela não precisa praticar o passo 5, ele já está presente. Este não é um estado em que ela tem de pensar em entrar, é uma abertura natural que surge da dissolução do demônio e da integração do aliado.

MANTER UM DIÁRIO SOBRE O DEMÔNIO

No capítulo anterior, recomendei que você mantenha um registro por escrito, o mais detalhado possível, da sua experiência com o método dos cinco passos. Quando estiver escrevendo, insights ou associações poderão vir à tona, e convém que você também os anote. Se estiver trabalhando com um demônio em particular, de vez em quando dê uma olhada no diário para avaliar seu progresso. Lembre-se, ainda, de fazer anotações a respeito de qualquer efeito que surgir como resultado da prática. Você poderá notar diferenças em sua saúde, em seu comportamento ou em seu estado emocional, e deve prestar atenção especial a este último. Escrever sobre alimentar seus demônios pode ajudar a estabilizar e também a reforçar o processo, à medida que este se desenvolve.

Se quiser, desenhe uma imagem do demônio e do aliado, como um complemento ao registro escrito de sua experiência. Não pense que é preciso ter talento artístico para fazer isso, é simplesmente algo para ser trabalhando no processo de alimentar o demônio. Algumas pessoas compram um caderno grande, sem pauta, para desenhar seus demônios e aliados com caneta hidrográfica, giz de cera ou lápis de cor (para explorações adicionais do uso da arte com o processo de alimentar os demônios, ver capítulo 7). Você decide que tipo de registro quer manter — todo ilustrado, com textos extremamente detalhados ou composto de simples anotações. Mas faça o possível para registrar os cinco passos da forma mais detalhada que conseguir, juntamente com pensamentos, associações ou mesmo memórias que forem acionadas pelo demônio.

Seguem abaixo algumas questões que você pode indagar a si mesmo quando escrever:

- Qual é o demônio com o qual estou trabalhando?
- Onde no meu corpo ele ficou armazenado e que cor, textura e temperatura tinha?
- Qual era a aparência do meu demônio?
- Que tipo de olhar ele tinha?
- Como foi ter me transformado em meu demônio? Foi diferente do que eu esperava quando apenas olhava para ele?
- O que meu demônio queria?
- O que meu demônio necessitava?
- Que tipo de sentimento ele estava buscando ao receber o que necessitava?
- Com o que alimentei meu demônio?
- Como sua aparência mudou quando ele foi alimentado?
- O que restou quando ele se sentiu completamente satisfeito?
- Como era a aparência do meu aliado?
- Qual foi o juramento que ele fez para mim?
- Como ele me protegerá?
- Como me senti quando o aliado se dissolveu em mim?
- Como foi a fase do descanso no passo 5?
- Como posso aplicar esta experiência em meu cotidiano?
- Que tipo de mudanças quero fazer como resultado de ter alimentado este demônio?
- O que posso fazer para conseguir ter acesso ao meu aliado?

A atividade de escrever, por si mesma, pode desencadear uma reação em cadeia de insights. Por exemplo, quando Clarissa, uma fisioterapeuta de quarenta anos, relatava por escrito a experiência com seu demônio da insegurança a respeito de sua aparência, ela se lembrou de que a mãe, que havia sido pobre na infância, sempre tivera vergonha das próprias roupas. Não é de estranhar que ela constantemente criticasse a aparência de Clarisse. A memória de uma fotografia de sua mãe aos cinco anos, vestida de forma desajeitada, lampejou em sua mente enquanto ela escrevia. Ela começou a perceber conexões entre os demônios de sua mãe e os seus próprios. Ela sempre tivera uma relação difícil com a mãe, mas, por meio do processo de escrever sobre o demônio, a compaixão que tinha por ela foi aumentando, o que abriu um espaço para que ambas pudessem se aproximar. Se ela não tivesse reservado um tempo para escrever sobre o processo, tal insight poderia nunca ter vindo à tona.

LIDAR COM A RESISTÊNCIA

Quando alimentamos nossos demônios, podemos nos deparar com vários tipos de resistências. Ao trabalharmos com questões existentes há muito tempo ou com problemas físicos, pode ser difícil conseguir superar o trauma e deixar que o demônio obtenha satisfação completa. Nossos problemas podem se tornar parte da nossa identidade, a tal ponto que, inconscientemente — e por vezes até conscientemente —, nos apegamos a eles. Ao atingir um certo nível da prática, podemos nos perguntar: “Que seria de mim sem meu problema?”. Muito embora talvez não queiramos admitir, ficamos apegados às nossas “besteiras”, às nossas “questões”. Elas se tornam quase que um trabalho de tempo integral. Uma vez que grande parte da nossa energia pode estar aprisionada pelo fato de nos sentirmos vítimas, sofrermos de uma dependência ou agirmos como pessoas nervosas e donas da verdade, temos medo do espaço que tende a se abrir caso nosso problema se dissolva. Inconscientemente, podemos nos apegar aos nossos demônios e fazer com que eles não se sintam completamente satisfeitos no passo 4. Em casos mais graves, podemos ficar dependentes da energia deste demônio. Alguém com um demônio raivoso pode, por exemplo, ter prazer em explodir com as pessoas ou mesmo intimidá-las.

A forma mais efetiva de trabalhar com esta resistência é imaginar que aspecto o demônio *teria* caso ele *estivesse* completamente satisfeito depois de ter sido alimentado no passo 4. Costumo indicar esta tentativa de trabalhar com a resistência usando o condicional "se", pois isso pode efetivamente trespassar a tendência de nos apegarmos ao demônio carente. Descobri que imaginar em detalhes como ele se sentiria caso tivesse ficado completamente satisfeito nos dá livre acesso à liberdade do passo 5, ainda que, em um certo sentido, tenhamos enganado o demônio.

Outro tipo de resistência que pode surgir é o ressentimento em relação ao demônio, o que faz com que você tenha dificuldade de se mostrar generoso. Caso isso aconteça, lembre-se de que brigar com o demônio não funcionava e que pode ser válido tentar outra abordagem. Então, veja se consegue alimentar o demônio, ainda que só um pouquinho. Isso cria uma abertura para que você gradualmente consiga se livrar do ressentimento e venha a alimentá-lo até a completa satisfação.

Caso encontre resistência em obter respostas do demônio quando o interrogar sobre o que ele quer, ou o que necessita, tente perguntar: "Por que você está aí zanzando, o que está querendo?". Se tiver dificuldade de ver claramente a personificação do demônio, volte até a sensação física do passo 1 e espere até que ela fique totalmente clara antes de tentar a visualização dele.

Se estiver vivenciando resistências, certifique-se de que está seguindo fielmente as instruções de cada passo da prática.

Se não estiver, tente de novo. Estes passos foram organizados minuciosamente e expressos de forma a fazer com que seu processo seja bem-sucedido.

PEDIR AJUDA

É bastante comum que muitas emoções venham à tona quando você começa a se dedicar à prática dos cinco passos. Você pode se flagrar chorando ou triste. Ainda assim, eu o encorajaria a prosseguir com o processo, a não ser que você realmente sinta que não quer fazê-lo. Tenha certeza de que é muito natural que você sinta emoções intensas, quando enfim resolve encarar coisas que até então vinha evitando. Ao dar continuidade à prática sem se importar com essas emoções, você provavelmente virá a se sentir aliviado e liberto. Por vezes, como vimos, temos de superar a raiva em relação ao nosso demônio para conseguir alimentá-lo com compaixão, ou superar nossos medos para poder alimentá-lo com amor. Mas, quando nos permitimos tentar alimentar o demônio, algo sempre muda.

Se começar a se sentir sobrecarregado quando tiver de encarar um demônio muito grande, pergunte a si mesmo: quem poderia me ajudar a ter forças para fazer esta oferenda? Eu quero a assistência de quem? Então imagine-se convidando um ser de sabedoria, um amigo querido ou um mestre espiritual para testemunhar o processo e provê-lo de assistência e apoio moral.

Talvez você já tenha um guia espiritual a quem recorre em tempos de necessidade, ou um amigo ou um professor em quem confia. Se for este o caso, imagine que ele está no céu, acima do demônio que está à sua frente, ajudando você a abandonar o medo, ou raiva, para que possa alimentar este demônio. Este ser de apoio atua como seu ajudante compassivo enquanto você alimenta o demônio.

ALIMENTANDO SEU DEMÔNIO COM UM PARCEIRO

Alimentar seu demônio com um parceiro pode ser efetivo quando você sente que poderia usar algum apoio durante a prática. Quando ela é realizada em dupla, um parceiro assume o papel ativo e o outro o de testemunha, e depois eles trocam de posição.

Os preparativos

Ao começar, pegue três cadeiras (ou almofadas), uma para a testemunha e as outras duas para o parceiro ativo e para o demônio. Os assentos para o demônio e para o parceiro ativo devem ficar frente a frente. A testemunha senta-se perpendicularmente ao parceiro ativo e ao demônio, longe o suficiente para ver os dois facilmente, mas perto o bastante para fazer o demônio se sentir intimidado.

Confidencialidade

Antes de começar a alimentar seu demônio com um parceiro, é essencial entrar em um acordo sobre as normas de confidencialidade. Você deve estabelecer que o que acontecer durante a sessão não será discutido com mais ninguém, a não ser que haja uma permissão específica. Então, certifique-se de que manterá este acordo, sem nenhuma possibilidade de reinterpretação, sem mesmo fazer uma única piadinha. Nem sequer permita que as coisas que se passaram durante a sessão surjam em alguma conversa entre vocês, a não ser que o parceiro ativo queira falar a respeito. Sele a prática com confidencialidade e respeite esta fronteira.

A testemunha

A testemunha serve como um apoio e não deve fazer julgamentos de espécie alguma. Seu papel é servir como uma presença compreensiva para facilitar o processo. Ela não está ali para atuar como terapeuta, ou para dar consultoria ou forma à experiência do parceiro, mas simplesmente para manter uma atmosfera para o trabalho e fazer com que o parceiro não se desvie dos cinco passos. A testemunha deve ter uma cópia deles (consulte a versão concisa no Apêndice).

Quando a prática estiver em andamento, a testemunha deve escutar bem de perto e prestar total atenção em cada umas das nuances expressivas do parceiro ativo, assim como na sua linguagem corporal, para poder estar completamente sintonizado com o que ele está experimentando. Por exemplo, um sorriso sutil poderá aparecer quando o demônio estiver completamente satisfeito, indicando a necessidade de um descanso, quando o parceiro ativo pode sentar-se em paz.

Se você estiver servindo como testemunha e seu parceiro começar a chorar durante o processo, recomendo-lhe que continue com os cinco passos. Muitas vezes vi lágrimas de medo surgirem no começo da prática, mas, ao fim, elas cessaram e algo bastante significativo mudou. Todavia, se seu parceiro estiver muito atormentado, você pode perguntar se ele não gostaria de dar continuidade a este encontro com o demônio em outro momento. A testemunha jamais deve sugerir que o parceiro não foi a fundo o suficiente ou que ele escolheu o demônio errado, ou mesmo ser crítica a respeito de qualquer aspecto do processo.

A testemunha pode desempenhar outra função bastante valiosa ao agir como escrevente, anotando o que se passou durante os cinco passos; mas, se achar que não é o caso, apenas guie seu parceiro verbalmente. Uma testemunha com menos experiência pode simplesmente atuar como um guia usando os cinco passos, mantendo à mão uma cópia da versão concisa do Apêndice, embora o ideal seja que a testemunha memorize os cinco passos e possa guiar o parceiro sem hesitação. É fundamental que a prática não degenere em uma conversa entre o parceiro ativo e a testemunha, em vez de ocorrer entre o parceiro ativo e o demônio.

A prática

Antes de iniciar a prática, a testemunha pode perguntar: "Você já sabe com que demônio gostaria de trabalhar?". O parceiro ativo então descreverá a questão ou o demônio com o qual gostaria de trabalhar. Se ele não tiver certeza, não há problema em conversar sobre a escolha do demônio, ou deus, até que se chegue a uma conclusão.

A testemunha guia seu parceiro durante as nove respirações. Então, sugere que façam juntos a meditação para o benefício de todos os seres e que gerem uma motivação altruísta. O parceiro ativo mantém os olhos fechados, enquanto a testemunha mantém os seus abertos e olha seu parceiro.

Presumindo que o parceiro ativo não conheça a prática de memória, a testemunha o guia durante os passos. Quando o parceiro ativo chegar ao passo 4, o de efetivamente alimentar o demônio, a testemunha pode perguntar, de tempos em tempos: "O que está acontecendo agora? O que mudou?".

A testemunha pode perguntar, depois de algum tempo: "Seu demônio está completamente satisfeito?". Se o demônio estiver demonstrando resistência em se satisfazer, a testemunha pode sugerir que o parceiro ativo imagine qual seria o aspecto do demônio (ou deus), caso ele estivesse completamente satisfeito. Então a testemunha pode dizer ao parceiro ativo para balançar a cabeça quando o demônio der sinais de estar totalmente satisfeito.

Quando o demônio estiver satisfeito, ou pelo menos aparentar isso, a testemunha pergunta se o parceiro ativo gostaria de encontrar o aliado e dar continuidade ao passo 4. Lembre-se, é somente o parceiro ativo quem dialoga com o demônio ou com o aliado, não a testemunha. Continue até o fim do passo 4, com o parceiro descrevendo o que está experimentando como o aliado, até que os dois tenham se dissolvido em vacuidade. Neste momento, tanto a testemunha quanto o parceiro entram em meditação e permanecem em silêncio (passo 5). Quando o parceiro ativo der sinais de que o processo terminou, os dois trocam de posição: o parceiro ativo se torna testemunha, e vice-versa. É melhor que não haja nenhuma conversa entre os turnos; caso queiram, vocês podem conversar depois, quando ambos já tiverem passado pelo processo.

Lembre-se de que, durante a prática, o parceiro ativo estará se expressando o tempo todo na primeira pessoa. Se estiver no lugar do demônio, por exemplo, ele dirá: "Eu preciso parar de correr de um lado para o outro e começar a ouvir a mim mesmo". Isto é muito mais efetivo e imediato do que se ele se reportar à testemunha, como neste exemplo: "O demônio disse que precisa parar de andar de um lado para o outro e começar a se ouvir".

Também é uma boa ideia vocês combinarem um horário fixo para as sessões da prática. Isto faz com que ela tenha continuidade sem a necessidade de consultar calendários e negociar um novo horário a cada semana, o que facilita as coisas para ambos.

FAZENDO OS CINCO PASSOS COM UM TERAPEUTA

Se estiver interessado em se dedicar a esta prática com ajuda de um psicoterapeuta, tente encontrar profissional que seja licenciado e que tenha experiência em trabalhar com o imaginário. Tanto terapeutas com formação em Gestalt como analistas junguianos preenchem este pré-requisito, assim como praticantes de outros tipos de psicoterapias que personificam partes de psique. Se você mostrar ao seu terapeuta os cinco passos e explicar os princípios por trás da prática de alimentar seus demônios, pode ser que ele se disponha a agir como a testemunha.

No caso de um consultor que trabalhe com dependências ou distúrbios alimentares, o demônio é óbvio e cada sessão será focada nele. Todavia, em todas as sessões, o terapeuta deve começar pelo início, guiando o cliente pelos passos 1 e 2; não se deve presumir que o demônio irá aparecer de forma idêntica todas as vezes. Mesmo quando a questão tratada lhe for familiar, os passos 1 e 2 devem ser refeitos a cada sessão. O terapeuta age como a testemunha da maneira descrita aqui, mas também pode, depois, discutir a experiência com o cliente, dentro do contexto de relacionamento terapêutico que foi estabelecido.

USANDO OS CINCO PASSOS COM OUTRAS PRÁTICAS DE MEDITAÇÃO

A prática de alimentar os demônios foi combinada, de forma muito bem-sucedida, com vários tipos de práticas meditativas. Mestres e ministros de várias tradições consideraram o método bastante útil quando alguém que eles estão tentando orientar se encontra estagnado ou vivenciando reviravoltas profundas de alguma espécie. Se você trabalha com um professor de meditação ou um pastor, eles podem, se quiserem, funcionar como a testemunha, de maneira similar ao que foi dito em relação a um terapeuta.

Caso você esteja meditando sozinho, sem o professor, pode começar a sessão de meditação com os cinco passos e simplesmente estender o passo 5 à sua prática meditativa. Por exemplo, alguns professores de meditação sugerem que os alunos façam os cinco passos no início da meditação e então voltem para a prática usual depois do passo 5. Isto pode ser particularmente útil quando você quer meditar, mas algo está o impedindo de se concentrar. Alimentar este demônio pode aliviar o bloqueio, liberando a continuidade da prática meditativa. Um estudante pode também fazer os cinco passos separadamente, sem precisar conectá-los às suas práticas meditativas.

MANUTENÇÃO

Meu lema é: "Um demônio por dia faz com que você não precise mais de um médico". Mas, na verdade, é você quem vai decidir com que frequência deve alimentar seus demônios. Se estiver trabalhando com uma situação aguda, como é o caso de uma dependência ou uma crise emocional, sugiro que alimente seu demônio pelo menos uma vez por dia. Você pode também encontrar camadas de demônios que requerem sessões separadas. Por exemplo, posso começar com uma dor em meu ombro e então descobrir que tenho um demônio que é *workaholic*, e que por baixo deste há um outro, que tem medo de não ser bom o suficiente. Aprender a alimentar seu demônio é uma prática e, como qualquer prática que valha a pena, precisa ser repetida muitas vezes. Se sua necessidade não for tão grande, você pode sempre alimentar seu demônio "de acordo com a necessidade"; todavia, praticar apenas em momentos de crise não é uma forma tão efetiva quanto fazê-lo regularmente.

É possível transformar até mesmo um demônio profundamente enraizado. Às vezes, um demônio pode ser reativado depois de um longo tempo, caso surjam circunstâncias que o façam se manifestar; mas às vezes somos bem-sucedidos ao nos libertarmos permanentemente de um demônio. Se você tem um demônio muito entranhado, é uma boa ideia verificá-lo periodicamente, pensando sobre ele e escrutinando seu corpo em busca de qualquer sensação ou "depósitos do demônio". Caso encontre alguma coisa, alimente-o novamente por meio dos cinco passos.

Se você quiser realmente desenvolver esta prática, sugiro que alimente seu demônio pelo menos cem vezes e que mantenha um diário. Cultive alguns parceiros com os quais possa se encontrar regularmente. Permita que, aos poucos, o passo 5 se torne cada vez mais longo e se transforme em uma porta para a meditação. Não pule nenhuma parte do processo, acreditando que já sabe como ela funciona. Se não tiver opção melhor, você pode praticar os cinco passos deitado na cama, sentado em um banco de praça ou em qualquer outro lugar. Não é a situação ideal, mas é muito melhor do que simplesmente não praticar.

Em situações atípicas como essas, se ficar muito esquisito ou desconfortável trocar de lugar, você pode se transformar no demônio ou no aliado sem precisar passar por esta parte. Já conduzi pessoas pelo processo desta forma em palestras, e também já fiz isso, eu mesma, durante a noite, quando estava deitada e acordada. No entanto, sempre que possível, recomendo que você passe pelo processo de forma integral: faz muita diferença. Não existe um substituto para o ato de sentar-se de fato no lugar do demônio e olhar para o mundo estando na pele dele.

6
Hidras: Demônios Complexos

Tirar proveito de situações não favoráveis
foi ensinado pela venerável Machig.
Considerar adversidades como amigos
é a instrução do Tchöd.

Machig Labdrön

Eu chamo um demônio complexo de Hidra, porque é um entrelaçamento de muitas cabeças de deuses e demônios inter-relacionados. Você se lembra da história sobre a batalha entre Hércules e a Hidra, um espírito maligno aquático descrito no primeiro capítulo? Ela tinha muitas pernas e nove cabeças, e uma das cabeças era imortal. Quando Hércules contava uma delas, duas novas surgiam no lugar da decepada. Trabalhar com Hidra vai, gradualmente, nos levar à questão central do complexo, mas até que consigamos chegar à cabeça imortal e alimentá-la, o complexo pode sempre gerar novos membros e cabeças. Umas das características de se trabalhar com uma Hidra é a surpresa de se descobrir demônios interconectados, os quais você jamais havia levado em consideração antes.

Melissa teve uma experiência similar a esta quando ela começou a trabalhar com seu demônio de ansiedade sobre comida. Melissa é uma mulher de negócios com seus cinquenta anos de idade, tem uma empresa que faz entregas por correio, dez empregados e é muito bem sucedida. Ela também sofre de excesso de peso e desenvolveu problemas de saúde devido à obesidade. Ela lutou contra ansiedade e com questões alimentares por quase toda a vida, comer demais como uma tentativa de encontrar conforto. Comida é uma maneira que ela encontrou para controlar as emoções. Quando ela come demais, mal consegue sentir o gosto do alimento.

Antes de aprender a alimentar seu demônio, Melissa achava muito difícil ter prazer em estar com pessoas. Ela estava gradualmente se isolando e, quanto mais gorda ficava, mais vergonha tinha do seu corpo e se isolava ainda mais. Quando comia massa, ela não parava, comia um prato atrás do outro; sorvete, devorava quase meio pote de cada vez.

Cedo em sua vida, Melissa tivera problemas com nicotina e álcool, e foi quando abandonou estes hábitos que ela começou a comer demais. Ela costumava beber sozinha e, agora, em vez de beber, ela come sozinha. Ela frequentemente tem a sensação de ter feito algo errado e pede desculpas quando não há a menor necessidade. Sempre ansiou por “amor materno” e nunca soube por que esta ânsia era tão cheia de pesares. Ela tem uma constelação complexa de demônios entrelaçados — uma Hidra.

Na primeira vez em que Melissa tentou alimentar seu demônio da ansiedade, quando ela o personificou no passo 2, ela desapareceu antes que ela pudesse lhe fazer as três perguntas e realmente trabalhar com ele. Ao retornar a sensação em seu corpo e se concentrar nisso, ela conseguiu trazê-lo de volta, mas sentiu tantas ondas emocionais que achou muito difícil conseguir se manter atenta. Ela “viajava” o tempo todo. Seu demônio era uma figura cinzenta similar a um polvo, e tinha olhos tristes e embriagados. Quando Melissa finalmente conseguiu fazer as três perguntas e trocar de lugar com o demônio, ela ficou surpresa com as respostas que ele lhe deu.

"O que eu quero", disse ele, "é sexo." Melissa não esperava que o demônio fosse dizer isso, ela nunca tinha se dado conta de que sua ansiedade pudesse ter qualquer relação com sexo. Foi um momento de descoberta para ela, quando as peças do quebra-cabeças começaram a se encaixar.

Melissa percebeu que havia uma conexão entre o abuso sexual que ela havia sofrido quando criança e sua compulsão por comida. Ela fora molestada por um tio quando jovem, e quando sua mãe descobriu reagiu de uma forma que fez com que Melissa se sentisse profundamente envergonhada. Então a menina reagiu psicologicamente de forma defensiva e distorcida, fazendo jogos sexuais com o irmãzinho, o que a mãe também descobriu. De novo ela fez com que Melissa se sentisse envergonhada, e o fez sem qualquer afeto. Melissa estava apenas repetindo o que havia lhe acontecido, uma reação natural, mas agora ela carregava o duplo trauma de abuso sexual por parte do tio e de perda de afeto por parte da mãe. Esta era a cabeça imortal, o cerne do complexo de Hidra de Melissa, a fonte de sua ansiedade; as pernas da Hidra eram: compulsão, vergonha, culpa, insegurança e anseio pelo amor materno.

"O que eu necessito", continuou o demônio, "é afeição e amor. Se conseguisse o que preciso, eu me sentiria totalmente nutrido, sentiria que alguém cuida de mim, que sou querido e amado, da mesma forma que um bebê." Isso pareceu importante para Melissa, pois ela se deu conta de que esta era a maneira como ela se sentia, até o momento em que o abuso sexual começou. Ela escreveu em seu diário que esta sensação era a de ser "completa e satisfeita sem qualquer medo".

Quando Melissa alimentou seu demônio, ele se tornou um bebê feliz, mas não se transformou no aliado. Depois de ser estimulada por sua parceira de trabalho com o demônio, Melissa foi capaz de convidar o aliado a aparecer. O aliado, uma figura maternal sabia de cabelos negros compridos, jurou que manteria Melissa segura, e que sempre apareceria quando ela necessitasse dele. Com o tempo, Melissa continuou a alimentar várias partes de sua Hidra e a trabalhar com seu problema central de vergonha e anseio por afeição. Desde que ela começou a alimentar sua Hidra, ela parou de comer demais e perdeu peso. Ela continua a cozinhar maravilhosamente, mas agora ela come apenas um prato e já se sente satisfeita. Ela está rapidamente ganhando autoconfiança e não duvida mais de si mesma o tempo todo; está também desenvolvendo amizades e conexões com pessoas de uma comunidade budista.

O trabalho que Melissa fez com seu demônio da ansiedade a levou a entender que, o abuso sexual que tinha sofrido no começo de sua vida e a reação de sua mãe a isso, eram a raiz da constelação dos seus problemas, a essência de sua Hidra de múltiplas cabeças.

Peggy também tinha um demônio Hidra, que descobriu apenas recentemente. Mais de trinta anos antes, quando era adolescente, Peggy tivera um relacionamento e ficara grávida. Ela veio a descobrir então que, durante os oito meses de gravidez, o namorado mantivera um outro relacionamento afetivo com uma mulher que morava em uma cidade distante dali.

Quando a outra mulher ficou sabendo da gravidez, ela não terminou o relacionamento com o homem com o qual ambas estavam envolvidas; em vez disso, ela deixou o emprego e foi até a cidade onde Peggy vivia com este homem. Quando chegou lá, o homem imediatamente abandonou Peggy ainda grávida. Ela se lembra até hoje, de forma muito vívida, da dor que a tragou naquela época.

Muito preocupados com o que os outros iriam pensar, os pais de Peggy a chamaram para dizer que não havia a menor possibilidade de ela ficar com aquela criança. O bebê era ilegítimo e, por este motivo, eles iriam tomar providências que para fosse adotado. Peggy tinha uma amiga que havia se disposto a ajudá-la a manter o bebê, mas os pais de Peggy abafaram esta oferta. Com medo de ser repudiada caso lhes desobedecesse, ela permitiu que o filho fosse adotado ao nascer, e a maior parte da sua família nunca chegou a saber que ela tivera um bebê.

Nos anos que se seguiram, Peggy sofreu de depressão e de baixa autoestima. Também manifestou um comportamento destrutivo. Ao mesmo tempo, continuou a procurar formas de se curar e tentou vários caminhos espirituais. Devido à sua tendência a um comportamento introspectivo, Peggy não se sentia à vontade para pedir ajuda ou procurar apoio. Ela não acreditava facilmente nas pessoas e tampouco tinha confiança para estabelecer uma relação com um mentor espiritual.

Peggy mudou muitas vezes de cidade e trabalhava como cozinheira. Quando conseguia compartilhar qualquer coisa sobre seu passado sofrido, era geralmente com um terapeuta pago. Quando dizia às amigas que havia entregue seu bebê para adoção, normalmente elas ficavam mudas em resposta. Isso contribuiu ainda mais para seu isolamento e, por fim, ela acabou reprimindo suas memórias e seu sofrimento.

Quando tinha por volta de sessenta anos, Peggy decidiu procurar o filho. Ela rapidamente encontrou o nome dele na internet e, alguns meses depois, já tinha sido capaz de confirmar a identidade dele e de estabelecer contato. Depois disso, eles começaram a se corresponder, mas ainda não tinham se encontrado pessoalmente. Nessa época, Peggy leu muito sobre adoção e também histórias de outras mulheres na mesma situação. Estas histórias facilitaram seu processo de cura.

Ainda assim, e apesar da terapia, Peggy não conseguia vivenciar a cura profunda que ela buscava encontrar. Ela continuava a sofrer por se sentir isolada, rejeitada. Tinha um sintomas de depressão, sentia vergonha e estava vivendo uma relação de codependência totalmente insatisfatória com um homem. Ela decidiu tentar meditar e começou e procurar por retiros, até que uma amiga lhe indicou que fosse ao Kapala Training, no centro de retiros Tara Mandala.

Peggy começou a trabalhar com seus demônios do isolamento e da rejeição e disse: "Como um milagre, eu imediatamente me senti aliviada". Ela prosseguiu com o processo e fez a conexão entre ter dado o filho para adoção e seus vários problemas emocionais. Era esta sua cabeça imortal de Hidra, a ferida fundamental causada pela perda de seu filho, a traição do pai da criança e o fato de ter sido envergonhada pelos pais; e tudo isso aconteceu quase que simultaneamente. O alívio e a cura que Peggy experimentou ao alimentar este demônio Hidra, deu a ela muita esperança de ser capaz de ter uma vida emocional e espiritual saudáveis.

Muitos pessoas têm Hidras e descobrem conexões surpreendentes quando começam a alimentar seus demônios. O primeiro demônio com o qual começamos a trabalhar pode ser apenas uma das cabeças de um demônio com muitas delas. Se você descobrir que tem o complexo de Hidra, pode ser de grande ajuda tentar fazer um mapa dele. Ao fazer este tipo de mapa, você cria um desenho no qual você vê a questão fundamental ao centro, como por exemplo, abuso sexual e, então, você desenha outras cabeças e pernas saindo da central e as nomeia: "demônio do alcoolismo", "demônio da baixa autoestima", "demônio do suicídio", "demônio do distúrbio alimentar", "demônio do controle", e assim por diante. O sentido de se fazer este desenho é que você consegue costurar juntos demônios que poderiam parecer desconectados entre si e, assim, será capaz de os inter-relacionar. À medida que você começa a trabalhar com novos demônios emergentes conectados a este complexo, você pode adicioná-los ao desenho. O próximo capítulo oferece mais ideias de como criar desenhos, esculturas ou "mapas" dos nossos demônios.

7 Trabalhando com os seus Demônios por meio da Arte e dos Mapas

O mal na psique humana provém de uma falha em juntar, em reconciliar os pedaços da nossa experiência. Quando conseguimos abraçar tudo o que somos, até o mal, ele é transformado.

Andrew Bard Schmookler

Ao pintarmos com aquarela, esculpirmos com argila, ou desenharmos com lápis, caneta ou giz, podemos representar nossos demônios e usar as imagens no processo de alimentá-los. Criar uma série de imagens do nosso demônio ao longo do tempo pode prover insights sobre a natureza, e também sobre a evolução dele. A arte cria uma presença tangível para alguma coisa que, de outra forma, ficaria apenas na mente. Ela ajuda a articular conteúdos inconscientes que se manifestam por meio da imaginação e os traz a consciência. É importante tentar não criar algo para que outros vejam, e sim deixar-se penetrar sem distração pela criação da imagem. Muitas pessoas têm "demônios artísticos" que podem ser despertados por este processo — como, por exemplo, o medo de que os demônios não sejam artisticamente desenhados ou de que você simplesmente não saiba desenhar. Justamente por isso é importante enfatizar que esta arte serve unicamente para ajudar nosso próprio processo.

Trabalhar com arte ao alimentar nossos demônios pode ser recompensador, uma vez que partes do demônio irão se revelar mais claramente do que no caso de serem somente visualizadas. Além disso, criar uma representação do aliado e colocá-la em um local em que você a verá com frequência, é um lembrete significativo de que você pode sempre chamar seu aliado para apoiá-lo.

Antes de começar, prepare os matérias que serão necessários, estes podem ser tão simples quanto canetinhas e um caderno, ou tão elaborados quanto aquarelas, papel de aquarela, telas com tintas acrílicas ou óleo. Caso esteja trabalhando com argila, prepare a porção de material com que você vai trabalhar e coloque-a ao seu lado.

FAZER OS CINCO PASSOS COM DESENHOS OU PINTURAS

Uma vez que você tenha terminado o passo 1 (encontrar o demônio em seu corpo) e o passo 2 (vê-lo personificado à sua frente), e já tenha visualizado todos os detalhes do demônio ou deus à sua frente, comece seu trabalho artístico. Por exemplo, se você tiver imaginado uma criatura grande, similar a um lagarto, com olhos puxados amarelos e pele toda pontuda, rapidamente pegue o diário ou um papel e faça um esboço o mais detalhado possível com o que conseguir se lembrar. Feche os olhos e convoque novamente o demônio, se achar que isso ajuda. Quando o trabalho de arte estiver terminado, troque de lugar, transforme-se no demônio e deixe-o falar (passo 3), enquanto segura a imagem feita virada para o outro lado, olhando para o lugar onde você estava sentando quando era "você mesmo".

Laurel, uma arquiteta que trabalha em San Francisco, tinha um demônio da ansiedade em relação a dinheiro. Tinha o hábito crônico de gastar mais do que ganha, ultrapassava o limite do cartão de crédito e vivia sob estresse financeiro. Quando gastava dinheiro, sentia tanto vertigem quanto ansiedade. Laurel localizou este demônio no tronco do corpo. Ele era alaranjado e amorfo, e a impressão era de que ele criava ondas dentro dela, criando uma sensação de náusea. Quando ela personificou o demônio, ele se tornou uma enorme figura feminina, de olhar ganancioso, com mãos e pés muito grandes. Ela olhou para Laurel com uma expressão de teimosia.

Laurel havia preparado suas aquarelas, pincéis e papel antes de começar o processo. Quando ela viu o demônio claramente, percebendo cada um dos detalhes, começou a pintar. Manteve a imagem na mente enquanto pintava, mas não se preocupou excessivamente em fazer uma reprodução exata e desenhou até sentir que havia terminado; depois segurou o desenho à sua frente enquanto fazia as três perguntas ao demônio: O que você quer de mim? O que você necessita de mim? Como você se sentiria se recebesse o que necessita?

Ao trocar de lugar, Laurel apoiou a pintura no colo, olhando para o lugar onde estivera sentada (enquanto era "ela mesma") e imaginou que a figura da pintura estava respondendo. A figura disse: "Eu quero controlar você. Quero mais coisas, quero consumir". À segunda pergunta, a enorme figura feminina respondeu: "Preciso me sentir plena". À terceira, ela disse: "Se estivesse plena, eu me sentiria satisfeita e forte".

Quando o processo terminou, Laurel voltou ao seu assento original e dissolveu seu corpo em um néctar de poder. Então, segurou a pintura à sua frente e, com os olhos fechados, imaginou o néctar alimentando seu demônio. Depois que o demônio estava totalmente satisfeito e o aliado apareceu, Laurel pintou o aliado e conversou com ele da forma descrita no passo 4. Quando ela terminou de trabalhar com o aliado e completou o passo 5, ela tinha duas pinturas, que foram posteriormente penduradas por ela na parede, para lembrá-la do processo.

TRABALHAR COM ARGILA

Este mesmo processo pode ser feito com argila. Uma vantagem de se trabalhar com este material é que você pode fazê-lo de olhos fechados, permitindo que a forma seja moldada ao mesmo tempo que você imagina o demônio e, depois, você pode realmente transformar o demônio de argila no aliado de argila. Eu gosto do simbolismo de transformar a mesma substância que uma vez foi o demônio no aliado. Para trabalhar com argila, você pode comprar tanto a argila padrão feita de terra, como outras variedades sintéticas. Coloque o material na sua frente em uma mesa e, em seguida, faça as nove respirações de relaxamento e gere a motivação. Quando chegar ao passo 2 e conseguir ver o demônio à sua frente, mantenha os olhos fechados e comece a trabalhar com a argila na forma do demônio ou do deus. Quando acabar, prossiga com o passo 3. Quando se transformar no demônio, segure a figura de argila e olhe ligeiramente para baixo na direção dela ao responder às três perguntas. Depois de ter voltado para seu assento original, deixe a figura de argila no assento do demônio. Então, depois de ter alimentado o demônio e visualizado o aliado, pegue a argila e, literalmente, transforme o demônio no seu aliado. Prossiga com os outros passos. Ao final, você terá a figura do aliado para se lembrar dele.

Desenhar, pintar e trabalhar com argila pode ajudar muito em articulações futuras e em trazer o demônio da mente inconsciente. Isso literalmente trás os demônios à luz, e também nos provê de uma lembrança visual do processo.

MAPAS DOS DEMÔNIOS

Fazer um mapa dos demônios pode ser útil para quebrar os núcleos viciosos de demônios que passam de geração a geração em uma família. Muitas pessoas conseguem rastrear demônios que vêm de gerações anteriores, mas podem não ter consciência de como eles afetam suas relações atuais, seu ambiente de trabalho, seus filhos e até seus netos. Geralmente é mais fácil ver os demônios que recebemos do que aqueles que passamos adiante.

Para fazer um mapa do demônio, use uma folha grande de papel sem pauta; pode ser de papel jornal, mas qualquer pedaço de papel serve. Comece por escrever seu próprio nome no meio da folha. A seguir, no meio da porção esquerda superior do papel, escreva o nome da sua mãe e, em volta dele, os nomes dos seus avós maternos e dos seus tios, depois resgate o máximo que lembrar de outros antepassados da sua mãe. Faça a mesma coisa do lado direito da folha, desta vez escrevendo os nomes dos antepassados de seu pai.

Em volta do seu próprio nome, escreva os nomes das pessoas que são importantes para você: professores, filhos, irmãos, pessoas com as quais você teve relacionamentos íntimos, maridos, esposas, amigos próximos, mentores, colegas de trabalho, patrões — quem quer que você sinta que está na sua rede de relacionamentos, mas note que devem ser apenas relações significativas.

Agora comece por anotar seus demônios em volta do seu nome, os demônios dos seus pais em torno dos nomes deles, e assim por diante; preencha a folha com o maior número de demônios que conseguir. Quando acabar, passe algum tempo olhando para o mapa e, com um lápis colorido, desenhe um círculo em volta do demônio onde ele apareceu pela primeira vez — por exemplo, com um dos avós. Então trace linhas coloridas através das gerações até chegar a você e, deste ponto, para seus filhos ou seus empregados, ou ainda outras pessoas que você tenha "infectado" com seus demônios. Use uma cor diferente para cada demônio. Às vezes, o demônio se transforma ao longo da transferência — por exemplo, a violência oriunda do seu pai se transforma em baixa auto-estima em você e em um problema de comportamento em sua filha; neste caso, você resgata toda esta linhagem com a mesma cor. Imagine que estas conexões são linhas elétricas que criam faíscas quando se conectam. Você provavelmente vai ver uma rede complexa de conexões explosivas. Pegue o diário e escreva o que lhe vier a cabeça enquanto olha para esta rede de demônios interpessoais.

Mapas de Hidras

Quando estiver trabalhando com um demônio Hidra em particular, pode ser útil fazer um mapa do demônio exclusivo só para este demônio. Novamente, comece com as linhagens maternas e paternas, e assim por diante. Então preencha demônios que pareçam estar conectados à sua Hidra próximo aos nomes das pessoas relacionadas. Quando tiver acabado de preencher o mapa, trace linhas entre os demônios e anote por escrito o que quer que venha à sua mente.

Digamos que você esteja criando o mapa de uma Hidra do abuso. Comece por colocar seu nome no centro da página e, então, escreva o nome do abusador (ou abusadores) acima do seu, e o daqueles que foram afetados, de alguma forma, como resultado deste abuso. Em seguida, desenhe linhas (ou pernas) ao lado do seu nome, na extremidade das quais você escreverá os nomes dos demônios que vieram deste abuso. Por exemplo, acima do seu nome pode esta o nome do parente, professor, pastor ou terapeuta que perpetuou o abuso; abaixo do seu nome estarão os nomes dos filhos, amigos ou pessoas queridas que foram afetadas. Nas linhas laterais pode haver demônios como o do alcoolismo, da depressão, de um distúrbio alimentare, da tendência suicida, da falta de autoetima, e assim por diante. Registre o que quer que lhe venha à mente, mesmo que as conexões não pareçam diretamente relacionadas com o mapa.

Depois de ter feito um mapa da Hidra, use algum tempo com cada um dos demônios que aparecerem, alimentando-os individualmente com a prática dos cinco passos. Quando você fizer isso, outros demônios poderão surgir, e você deve colocá-los no mapa. Criar um diário separado para este processo, que inclua desenhos dos demônios e dos aliados, pode ser útil.

Mapas de relacionamento

Mapas também podem ser valiosos se você estiver passando por problemas em um relacionamento. Escreva seu nome e o da pessoa com a qual você está se relacionando, um ao lado do outro. Faça então o diagrama da família de ambos, e veja como os demônios de ambos têm ligação. Alguém que é muito crítico, com um demônio do ódio contra si mesmo, por exemplo, com frequência se relaciona com uma pessoa que é crítica. Uma pessoa cujo pai é alcoólatra tende a se unir a um parceiro amoroso que tem alguma dependência. Alguém com o demônio do abandono é mais propenso a se relacionar com alguém que é infiel. Fazer um mapa do demônio do relacionamento pode nos ajudar a ver claramente os padrões cuja inconsciência nos mantém estagnados. Apenas quando identificarmos estes padrões, tornando-os conscientes, é que paramos de "fisgar demônios". Quando acabar de fazer o mapa, pare e contemple o que vê ali, e a seguir trace linhas entre os demônios similares. Depois, escreva o que quer que lhe venha à mente.

Criar um mapa do demônio com seu terapeuta pode ser útil. Os mapas não são uma parte essencial do processo de alimentar os demônios, mas podem oferecer um contexto mais abrangente para que você consiga entender seus demônios, e como eles se conectam com suas relações atuais e com as do passado. Você também pode descobrir demônios coletivos como o racismo, ou o sexismo, que estão subjacentes aos demônios do mapa. Nós todos existimos em uma rede interdependente e de muitas gerações. Ver isso representado de forma gráfica pode ser útil para nos acordar em relação aos nossos próprios padrões.

Fazer um mapa do demônio é um complemento significativo à prática de alimentar os demônios. Coloca-os em um contexto mais amplo e clarifica a origem de demônios que, de outra forma, aparentemente surgem apenas para nós. Nossa linhagem hereditária nos traz muitos presentes, mas também carrega suas próprias sombras. Fazer uma mapa do demônio pode ser útil em nos libertar de aspectos da nossa própria história que podem estar escondidos; e também ajuda a evitar que passemos estes demônios para a geração vindoura. Fazer mapas de demônios não tem o objetivo de culpar nenhuma outra pessoa pelos nossos problemas, mas permite identificar padrões, o que leva a uma maior compaixão e uma comunicação mais aberta entre as gerações.

MAPAS DO CORPO

Outra ideia útil para articular seus demônios é desenhar um mapa dos demônios no corpo. Aqui você vai trabalhar com os registros de alimentar seus demônios que fez no diário. Comece por desenhar um esboço do seu corpo em uma folha de papel. Então, consulte os registros dos seus demônios e onde você os armazena em seu corpo, e em seguida escreva nos nomes de cada um deles no local em que você os encontrou no passo 1 da prática. Você também pode escrever as cores e tentar desenhar as texturas que eles têm. Por exemplo, Nancy tinha um demônio de excesso de trabalho e as costas dela com frequência ficavam "quebradas", o que causava visitas constantes ao quiroprático; ela desenhou uma série de formas azuis afiadas e escreveu "viciada em trabalho" ao lado delas.

Preencha seu mapa com o maior número de nomes e cores que conseguir; isso inclui tanto demônios emocionais quanto os de doenças e dores físicas. Quando acabar, olhe para o mapa do seu corpo, veja se ele lhe desperta alguns insights e então anote-os no diário. Você pode também fazer o desenho de uma parte específica do seu corpo. Nancy fez uma mapa específico do seu osso sacro e da parte inferior das costas, e localizou muitos demônios na ampliação daquela parte do corpo.

A próxima parte deste livro traz os tipos de demônios categorizados por Machig Labdrön e contém considerações sobre os vários demônios específicos e como eles podem se manifestar em nossas vidas. Inclui histórias de muitas pessoas que vêm usando o método de alimentar os demônios e que encontraram seus aliados, mostrando também como a prática as influenciou.

Terceira Parte:

Tipos de Demônios

8 Os quatro demônios, os deuses e os deuses-demônios de Maching

Enquanto houver ego, haverá demônios.
Quando não mais houver ego,
tampouco haverá demônios!

Machig Labdrön

Na noite em que o futuro Buda, príncipe Sidarta, abandonou seu palácio, rastejando para fora em busca das respostas para suas indagações espirituais, deixando para trás a esposa, seu bebê que acabara de nascer e a vida de rei, ele primeiramente encontrou Mara, a incorporação das forças que, dentro do próprio príncipe, poderiam bloquear seu caminho. Ele havia chegado até o topo da colina e, ao olhar para trás, ainda era capaz de ver seu palácio à luz do luar com as lamparinas a óleo cintilando nas janelas. Sidarta estava totalmente determinado a deixar aquela vida para trás e buscar a iluminação, mas, nesse momento, Mara apareceu.

Pairando no espaço em frente a Sidarta, Mara disse: "Não vá nenhum passo mais longe. Você deve retornar ao palácio e, em sete dias, se tornará um monarca universal, o rei de todo o mundo".

O príncipe Sidarta respondeu: "*Mara, eu o conheço*. Tornar-me o rei deste mundo não é o que procuro. Eu busco a iluminação e um caminho para o fim do sofrimento universal".

Ao *reconhecer* Mara, o príncipe foi capaz de superá-lo, e ele desapareceu furtivamente nas trevas. Assim, Sidarta deu continuidade ao seu caminho. Mas Mara aparecia repetidamente ao longo da vida de Buda, tendo se manifestado de forma ainda mais intensa na noite em que Buda atingiu a iluminação.

Acho que a afirmação de Sidarta, "Mara, eu o conheço", é uma chave particularmente importante na compreensão da importância de reconhecermos nossos demônios. Na história de Buda, Mara de fato aparece em uma forma personificada, como uma figura masculina sombria. Mas, posteriormente, com o desenvolvimento do budismo, os *maras* foram identificados como bloqueios internos como transtornos emocionais e orgulho, que impedem o completo despertar. Ser capaz de identificar os Maras (demônios) quando eles se manifestam é o primeiro passo no trabalho com eles; se não formos capazes de identificá-los, eles tomaram posse de nós sem que percebamos. Machig Labdrön, que viveu um milênio e meio depois de Buda, tinha sua própria categorização de maras, baseada nos ensinamentos do budismo Mahayana. Estas quatro categorias nos ajudam a entender como as forças que bloqueiam nosso despertar podem aparecer para nós.

Acho bastante útil observar como Machig categorizou os demônios, assim como o que ela denominou deuses e deuses-demônios, pois desse modo nós também poderemos dizer: "Mara, eu o conheço", quando nosso demônio aparecer. Machig identificou quatro categorias principais de demônios: demônios externos, demônios internos, demônios da exaltação e demônios do egocentrismo. Geralmente, estas quatro categorias nos fornecem uma maneira de ver os demônios — e de trabalhar com eles — de forma progressiva, e cada uma delas nos leva mais e mais fundo dentro da nossa própria mente. Embora as categorias dos quatro demônios de Machig sigam uma direção que nos leva dos demônios externos até os demônios cada vez mais sutis, quando estamos trabalhando com eles as coisas não caminham necessariamente desta forma. Você pode começar com um demônio interno como a vergonha ou a depressão e descobrir demônios externos, como uma dependência, ligados a estes demônios internos.

Estas quatro categorias não foram elaboradas com a intenção de nos guiar para enxergarmos nossos demônios em uma ordem particular, mas, sim, para nos dar uma ideia de como nossos demônios podem ser vistos — de manifestações externas, em que culpamos os outros ou reagimos a situações, até níveis internos mais sutis, culminando no demônio do egocentrismo, que é a essência escondida de todos eles.

Cada uma das categorias é mais sutil do que a outra, então os demônios externos são os mais óbvios. Eles parecem vir do mundo exterior e incluem doenças, medos específicos, compulsões, relacionamentos e demônios familiares. Nós damos mais um passo quando caminhamos dos demônios externos para os internos, e começamos a trabalhar no nível da mente. Demônios internos da raiva, da ansiedade, da vergonha ou da depressão podem atuar sem qualquer estímulo exterior.

Uma vez que tenhamos visto os demônios externos e identificado os demônios internos, corremos o risco de nos tornarmos convencidos por causa de nosso sucesso espiritual. A terceira categoria, os demônios da exaltação, se mostra como um aviso sobre as possíveis ciladas que nos esperam quando estamos em busca do sucesso, seja ele espiritual ou mundano. O orgulho de nossas conquistas e a inflação do ego que podem acompanhar este sucesso são os demônios da exaltação.

Por fim, chegamos à categoria de demônios que é a fonte de todos eles, a fundação da nossa experiência neste mundo. Este demônio consiste na nossa ideia profundamente enraizada de que somos, de alguma forma, separados daquilo que denominamos e vivenciamos como sendo o "outro". Este é o berço de todo o nosso isolamento, alienação e conflitos; sem o demônio do egocentrismo, nenhum outro demônio surgiria. Se não houvesse demônios, com quem iríamos brigar? Quando nos referimos a este demônio, começamos a ver através da nuvens do sofrimento diário e somos capazes de enxergar que, para além das nuvens, ou mesmo no espaço entre elas, existe um céu azul infinito e claro.

DEMÔNIOS EXTERNOS

No dia 11 de setembro de 2001, os Estados Unidos assistiram em choque e horrorizados aos ataques ao World Trade Center. Ainda que cada um tenha reagido de uma forma, como resultado deste ataque o medo foi um estado de espírito comum a todos nas semanas, meses e até mesmo anos que se seguiram. Em certo sentido, todo o país ficou em um estado de estresse pós-traumático, um demônio originado deste evento, ainda que para alguns tenha sido mais agudo do que para outros.

Quando esperanças, medos ou algum outro sentimento provêm de um fenômeno externo, tanto em relação a uma pessoa como a um acontecimento, nós temos o que é chamado de um demônio externo. O termo tibetano para os demônios externos, traduzido literalmente, é "demônios tangíveis". Às vezes também chamados demônios que bloqueiam, surgem quando nos sentimos atraídos ou temos aversão a coisas que percebemos por meio dos sentidos e nos fixamos nesta atração ou aversão. Demônios externos são criados em ligação direta com a visão, audição, olfato, paladar, pessoas, animais, objetos e eventos, assim como substâncias como drogas, álcool ou mesmo doenças. A forma mais precisa para descrever um demônio externo é chamá-lo de demônio que se manifesta por meio dos sentidos. Demônios externos podem ser reações a ameaças literais, como o terrorismo, alguém que nos persegue, estupradores ou companheiros que perpetram abuso doméstico; eles podem surgir de eventos naturais como tornados, furacões, ou tsunamis; podem ser doenças ou dor, tanto geradas internamente, como transmitidas por infecção; são todos demônios externos. Demônios externos são também conectados aos demônios coletivos como o preconceito, o racismo e a homofobia.

Quando alimentarmos um demônio externo de apego a um relacionamento, pode ser útil imaginar que se está alimentando a pessoa, tanto quanto se está alimentando o demônio criado pela nossa reação a ela. Quando alimentei meu demônio do medo de perder meu filho devido ao divórcio, também alimentei uma forma imaginada do meu marido. Se você imaginar a pessoa com a qual está tendo dificuldades tal qual ela é e alimentá-la por meio deste processo, você pode criar empatia pela maneira como esta pessoa se sente.

DEMÔNIOS INTERNOS

Os demônios externos são o nível mais óbvio de demônios; à medida que nos tornamos mais introspectivos, notamos que há também demônios que se manifestam da mente sem qualquer estímulo externo. Estes demônios intangíveis — nossos demônios internos — são demônios que surgem da mente. Eles são às vezes chamados de demônios que ficam e ficam, devido ao fluxo de pensamentos ininterrupto da mente. Diferentemente dos demônios externos, os internos não são dependentes de estímulos sensoriais, mas incluem emoções, fantasias, memórias e pensamentos — tanto nossos pensamentos conscientes quanto um constante fluxo de fofocas subconscientes com o qual nos sintonizamos de vez em quando, mas que, na maior parte do tempo, fica ruminando ali sem nos darmos conta. Demônios internos podem ser produtos da imaginação ou podem tomar a forma de uma neurose, como a paranoia. A depressão é um demônio interno, assim como a ansiedade flutuante (que surge sem uma razão específica). A raiva também pode ser um demônio interno, caso surja sem nenhum fator externo que a provoque.

Jen, por exemplo, tinha um demônio da depressão, um demônio interno que a seguia por toda parte. Ela saiu de férias e foi para uma ilha linda no Caribe, mas foi flagelada por sua depressão durante todo o tempo. Ela tinha este demônio independentemente das circunstâncias em que estivesse. Um demônio externo tende a ser mais específico, como, por exemplo, o medo de voar. Um demônio interno de inadequação pode se tornar um demônio do abandono, do ciúme, ou da insegurança relacionado a circunstâncias externas. Assim como a cabeça imortal da Hidra permaneceu depois de todas as outras cabeças terem sido decepadas, um demônio interno vai permanecer mesmo que todos os demônios externos tenham desaparecido.

DEMÔNIOS DA EXALTAÇÃO

A terceira categoria de demônios de Machig são os demônios da exaltação. Eles surgem da proeminência, da conquista ou do sucesso que leva à inflação do ego. Outras causas incluem fama e reputação, e o poder e a atenção que delas se originam. Quando estas experiências se misturam com o apego ao ego, elas produzem o demônio da exaltação. Este demônio aparece tanto no contexto mundano, quanto no espiritual. Por exemplo, demônios da exaltação espiritual são o apego às experiências que desenvolvemos com a meditação.

Quando um demônio da exaltação se conecta a experiências espirituais, nosso desenvolvimento espiritual fica bloqueado. O demônio da exaltação não é causado pelos sinais positivos em si, e sim pela inflação do ego que pode surgir ao nos tornarmos *apegados* a tais experiências. Também no sentido mundano, se você se tornar bem-sucedido e estiver rodeado por pessoas que o reverenciam e o bajulam, corre o risco de desenvolver este tipo de demônio.

DEMÔNIO DO EGOCENTRISMO

O quarto demônio, que é a base para todos os outros, é o demônio do egocentrismo. Ainda que nós lutemos contra objetos, estados mentais, ou a inflação do ego, é a crença na nossa própria importância que está na raiz de todos os nossos problemas. Na formulação feita por Machig dos quatro demônios, o demônio do ego é a fonte dos outros três, uma vez que é o ego que cria a divisão entre o eu e o outro que gera os outros três demônios.

DEUSES E DEUSES-DEMÔNIOS

Conforme citado no terceiro capítulo, Machig não somente falou sobre demônios, mas também do que ela denominou como deuses ou deuses-demônios. Nossas esperanças são nossos deuses. Deuses criam conflitos similares às batalhas que travamos com os demônios, com a diferença de que eles querem ganhar alguma coisa, e não se livrar de alguma coisa. Deuses estão envolvidos não com os embates da aversão, mas os do desejo e do anseio. É importante distinguir entre a inspiração, que nos dá acesso a energias positivas e otimismo sem muitos apegos ou tensões envolvidas, e os deuses, que estão conectados com anseios por alguma coisa ou obcecados por um determinado resultado.

Por exemplo, você pode realmente querer um determinado emprego que oferece um salário muito maior do que o seu. Você pode começar a imaginar a mobília nova que comprará e as férias que irá tirar. Você se candidata ao emprego e espera que lhe telefonem. Cria muitas expectativas relacionadas a este emprego, e muitas tensão são geradas como fator resultante disso. Você pula para atender o telefone cada vez que ele toca, e ondas de desapontamento surgem quando não é o departamento de recursos humanos da empresa, ligando para dizer que o emprego é seu. Este tipo de emoção baseada em esperanças é um deus em oposição a um demônio.

Em geral, é mais fácil ver um demônio como problemático do que um deus. Na nossa cultura, somos ensinados que esperanças são boas, mas, na verdade, nossas esperanças são frequentemente baseadas em medos. Pare um instante e reflita sobre sua maior esperança. O que você realmente anseia? Agora pense sobre qual é seu maior medo. Não são eles duas faces da mesma moeda, sendo que ambos criam tensão? Tenho a esperança de ser amado e tenho medo de ficar sozinho. Anseio por sucesso e tenho medo da pobreza. Quero elogios e tenho medo de ser criticado.

Ao descrever deuses e demônios, Machig uniu os dois em uma única palavra, deuses-demônios, indicando que deuses e demônios são dois lados de uma mesma moeda, que nossas esperanças e medos não podem ser dissociados, eles estão intricados, amarrados juntos. Um deus, neste contexto, parece que vai acrescentar algo ao ego; um demônio parece algo que vai ameaçar este ego. O que Machig queria ao unir ambos era mostrar que a divisão de todas as nossas experiências em boas e más, o estresse causado pelas expectativas e os medos estão amarrados juntos em um ciclo de sofrimento.

Quando eu morava na Itália e estava escrevendo meu primeiro livro, precisei retornar ao Nepal para fazer mais pesquisas. Meu tempo era muito reduzido e eu estava estressada por ter de fazer tudo aquilo. Para completar, eu tinha de deixar meus filhos em um momento que não era o mais adequado. Além disso, tudo deu errado naquela viagem, do começo ao fim. Eu estava em vias de deixar Roma, quando percebi que havia esquecido o passaporte na hora de sair para o aeroporto, e tive de voltar correndo, pegar o passaporte e voltar novamente para o aeroporto, a uma velocidade que aterrorizou até os motoristas italianos. No Nepal, houve um desencontro das pessoas que eu precisava ver por algumas horas. Também cheguei lá sem o material de que necessitava. À medida que as coisas davam errado, a pressão aumentava. Como eu iria dar conta do trabalho a que me propusera? Fui ficando mais e mais estressada e, ao fim, consegui fazer muito pouco.

Quando finalmente voltei para casa, fui ao encontro do meu professor.

Ele perguntou: "Como foi a viagem?".

Eu respondi: "Terrível! Tudo aconteceu de forma errada do começo ao fim. Foi excruciante, e nem sequer consegui fazer o que precisava ter feito. O que você acha que pode estar acontecendo?".

Ele olhou para mim e disse, calmamente: "Quem sabe muitas esperanças e muitos medos?".

Às vezes, podemos ser apanhados em um ciclo de deuses--demônios mesmo em uma situação como férias. Se tivermos muitas esperanças e medos ligados a esta situação, até algo de deveria ser relaxante pode se tornar um pesadelo. Quando tentamos controlar cada movimento e fazer reservas para ficar no hotel perfeito ou jantar em um restaurante bem cotado e nada funciona, acabamos nos frustrando. Em outras ocasiões, quando estamos mais ao sabor do vento, deixando as coisas acontecerem de maneira espontânea, a magia pode se manifestar até nas coisas mais simples, e uma coisa flui belamente para outra, sem qualquer esforço ou manipulação.

Deuses podem facilmente se transformar em demônios e vice-versa. Por exemplo, nosso parceiro amoroso pode se transformar de deus em demônio e voltar a ser deus novamente. Quando ele está fazendo o que queremos, vivenciamos um deus. Quando ele nos causa medos, vemos o demônio. Em um relacionamento disfuncional, nós nos agarramos a expectativas de um deus, ainda que seja um demônio com o que realmente estamos nos confrontando.

Um *workaholic* também oscila entre deuses e demônios, apegando-se aos elogios e à energia que ganha por meio do trabalho em um momento, e à exaustão que atinge devido ao excesso de trabalho em outro. Podemos ter um medo de doenças aprisionado ao desejo de saúde, deixando-nos levar sempre por uma balança que pende de um lado para o outro, entre a esperança e o medo.

A dependência química é um bom exemplo de um deus se tornando um demônio. Quando usamos uma substância como a cocaína, ela parece deixar tudo melhor: nosso desempenho no trabalho, nossas experiências sexuais, nossos relacionamentos, tudo parece ficar melhor. Investimos muita esperança nisso, uma vez que é um deus. Esta substância é a resposta! Se eu tivesse o suficiente disso, tudo seria maravilhoso.

Mas logo o deus começa a fazer exigências e parece que nunca há o suficiente daquela droga. Ela começa a ter um efeito negativo no corpo, nossos nervos começam a fritar, e ela também começa a nos punir, nos fazendo roubar para poder alimentá-la. A moeda mudou de lado: o deus agora é o demônio. Ao uni-los, Machig no mostra que lutar contra um demônio ou perseguir um deus são duas partes de uma mesma dinâmica.

Muitos aspectos de nossas vidas são motivados por deuses--demônios: o desejo sexual (esperança de se satisfazer/medo de falhar na performance); a compulsão pelo trabalho (desejo compulsivo de realização/medo de falhar); a obsessão com a beleza (ânsia por beleza/medo de envelhecer). Você sempre pode reconhecer quando um deus está presente, pois ele está inevitavelmente acompanhado por estresse e tensão. Pense em sua vida. Onde é que você encontra esperança e medo ao mesmo tempo? Este é um deus-demônio.

Mas, se decidíssemos sair desta dinâmica de esperança e medo, não terminaríamos por ficar acomodamos e sem fazer nada? Na verdade, o que acontece é o contrário: aliviar as tensões causadas pelo nosso deus-demônio libera energia, pois não estamos mais atados às esperanças e aos medos. Por exemplo, depois de fazer as pazes com um deus-demônio da compulsão pelo trabalho, podemos continuar a trabalhar em uma atmosfera corporativa, mas sem a tensão.

Existe uma expressão que achei bastante útil para liberar o deus-demônio: "abrace-o com suavidade". Não interessa quanta responsabilidade nós temos e não importa se uma coisa terrível ou importante está acontecendo em nossa vida, se pudermos "abraçá-la com suavidade" internamente, cria-se espaço na situação e não somos apanhados pelo deus-demônio. Talvez você possa pensar em ocasiões em que foi capaz de pensar sem muito apego ao resultado e venha a perceber o quanto estas situações foram muito melhores, e também quão mais prazerosas elas foram.

Agora vamos olhar mais de perto cada uma das categorias dos demônios e, também, dar alguns exemplos de como algumas pessoas lidaram com eles utilizando a prática dos cinco passos.

9 Os Demônios da Doença

Desta forma tornou-se conhecido por todos que mãe Labdrön tinha um ensinamento especial chamado Mahamudra Tchöd, *capaz de prevenir 404 tipos de doenças e 8 mil tipos de obstruções — um ensinamento extraordinário que podia estabilizar todos na natureza búdica.*

Sarah Harding,
Completa Explanação sobre Machig: Clarificação do Significado do Tchöd

Uma das aplicações tradicionais do Tchöd no Tibete era trabalhar com os demônios de doenças e epidemias em outras pessoas. Os praticantes davam forma a eles ao realizar o ritual em lugares assustadores onde existiam corpos contaminados, como cemitérios e outras terras onde havia sepulturas. Uma vez que sentissem a presença dos terríveis demônios, em vez de assustá-los os praticantes imaginavam que seus próprios corpos eram transformados em um néctar que alimentava os demônios, até que estes estivessem completamente fartos.

Havia algumas escolas espirituais no Tibete dirigidas prioritariamente à prática do Tchöd. Os alunos estudavam a tradição de Machig Labdrön em profundidade por muito rempo e, passados muitos anos, começavam a frequentar sozinhos alguns desses lugares tenebrosos. Havia também uma tradição, iniciada por Machig, de uma peregrinação de Tchöd a 108 lugares assustadores, para que o estudante pudesse ser treinado. Por fim, os alunos se tornavam hábeis o suficiente para começar a trabalhar com epidemias e doenças, como pode ser observado no relato sobre o monastério de Apho Rinpoche, onde monges e monjas fizeram a prática para o trabalhador de rua. Nem todos os que se tornaram proficientes no Tchöd frequentaram estas escolas, mas esta era uma opção em várias tradições.

Um dos resultados marcantes de um praticante habilidoso do Tchöd é que ele se torna imune às doenças infecciosas, e há muitos relatos sobre a efetividade da prática no Tibete. Quando surgia alguma epidemia de varíola ou de cólera, seus praticantes eram chamados para interromper a disseminação da doença. Os grandes praticantes não só eram capazes de dar assistência aos aflitos e cuidar dos mortos sem ser infectados como também eram frequentemente capazes de acabar com uma epidemia, ao alimentar o demônio externo do moribundo causador da epidemia.

De acordo com o conhecimento médico e científico, doenças são referidas como "entidades específicas da doença". Entidades contagiosas da doença estão à procura de uma maneira de sobreviver; então, elas precisam "comer". Normalmente elas vigoram graças a um corpo. Cada vez que infectam alguém, elas se tornam ainda mais fortes. Grande parte da medicina está envolvida com o ataque às doenças. Mas o princípio de cura por trás do Tchöd é que, quando uma doença é alimentada, ela não precisa consumir a pessoa, ou o animal, em que se hospeda; a prática oferece às entidades da doença outro lugar para almoçar e jantar! É por isso que, no Tibete, epidemias de varíola e de cólera podiam ser estancadas pela prática do Tchöd. A entidade da doença era alimentada pela transformação do corpo em néctar e, por este motivo, não havia a necessidade de consumir a pessoa ou o animal.

Embora isso possa soar impossível ou milagroso, existe uma lógica real para a cura feita pelos praticantes do Tchöd. Se formos capazes de mudar nossa compreensão convencional sobre as doenças e enxergá-las como formas de energia, seremos capazes de entender este tipo de cura. Tive um vislumbre de como isso pode funcionar no Ocidente com a experiência que vivi com Fred.

A HISTÓRIA DE FRED

Conheci Fred quando morava na ilha de Vashon, perto de Seattle, depois de ter voltado da Índia em meados dos anos 1970. Eu estava grávida da minha primeira filha, Sherab, e me reajustava à vida leiga, depois de ter sido monja budista por vários anos e entregado os votos recentemente. Meu marido e eu costumávamos passear pelos campos de corinto, e descíamos pela velha trilha feita de toras por entre a floresta úmida e gotejante de sequoias e cedros, até chegarmos à praia onde Fred vivia com seu companheiro. Eles plantavam verduras e legumes, faziam peças de cerâmica e tinham uma vaca leiteira. Nós comprávamos leite deles e subíamos novamente pela colina até nossa pequena casa, onde tínhamos um grupo de meditação que se encontrava nas manhãs de domingo. Gradativamente, por meio desta conexão, Fred foi se interessando pelo budismo e começou a participar do grupo. Ao longo dos anos, nós nos tornamos amigos próximos, mas perdemos contato quando me mudei para Boulder e depois para a Itália; muitos anos depois, no começo dos anos 1990, Fred conseguiu me encontrar e me telefonou.

Depois de termos conversado por algum tempo como velhos amigos, comentando sobre o que estávamos fazendo da vida, ele tocou no ponto: "Estou com AIDS. Fiz o teste em 1987 e descobri que era HIV positivo. Naquela época meus linfócitos T auxiliares estavam muito elevados".

"Isso é normal?", perguntei.

"O normal é entre oitocentos e 1 100, e os meus estavam em 1 100 na época, mas agora estão decrescendo regularmente e chegaram a 477. Isso significa que minha AIDS está totalmente aflorada e fico assustado a maior parte do tempo. Não tenho conseguido meditar e minha mente não para. Administro um bar e as horas que passo lá são terríveis, é uma atmosfera muito estressante. Eu me tornei voluntário de um estudo duplo-cego em um hospital VA[4] de San Francisco. É um estudo com AZT e um placebo. A cada três meses meu sangue é testado, meus linfócitos T são contados e sou examinado para o caso de qualquer tipo de problema relacionado com a AIDS. Espero que eu esteja recebendo o AZT, mas não sei. O pior de tudo é o medo. Já vi tantos amigos meus morrerem e é um processo horrível. Cada vez que pego um resfriado eu me pergunto: É isso? Acabou? Eu me preocupo com o fato de não estar dormindo o suficiente, e não faço muita coisa porque tenho medo de ficar cansado. Preciso trabalhar, mas o estresse do trabalho também é um motivo de preocupação para mim."

O medo na voz de Fred era palpável. Por acaso, em algumas semanas, eu estaria a caminho da Califórnia para ensinar o Tchöd e sugeri que ele fosse ao retiro. Não imaginei de forma alguma que a prática poderia reverter uma doença fatal como a AIDS, mas tinha certeza de que ela seria útil para ajudar Fred a lidar com o medo que sentia.

Fred decidiu ir ao retiro e, quando nos encontramos na primeira noite, vi que seus longos cabelos loiros haviam sido cortados e estavam acinzentados. Mas as rugas dos seus olhos e o senso de humor eram os mesmos. Depois de começarmos o retiro e eu ter ensinado o processo de alimentar nossos

4 - VA: Veterans Administration, "Administração de Veteranos", criado nos Estados Unidos em 1778, em Pittsburgh. Eram hospitais federais e militares que tratavam de pacientes das Forças Armadas.

demônios, ele perguntou se poderíamos trabalhar juntos como parceiros na prática de alimentar os demônios. Concordei, uma vez que tinha estado ocupada durante todo o retiro e queria muito poder ficar sozinha frente a frente com ele.

Quando nos sentamos um na frente do outro, perguntei se ele já havia trabalhado com o demônio HIV. Ele riu e disse: "Não, ele é muito grande. Eu não consigo fazer isso. Sinto que ele está por toda parte. Tenho medo de ser esmagado por ele".

Eu disse: "Fred, os que são muito grandes ficam ainda maiores por não serem encarados. É muito mais opressivo quando você não lida com ele do que quando você o faz".

Eu o encorajei a trabalhar com o demônio do HIV e ele finalmente concordou. O que se seguiu a isso é a história abaixo, contada com as próprias palavras dele.

Quando encontrei aquilo em meu corpo, tudo estava acabado, era uma espécie de limo verde que estava me sugando. Quando o coloquei à minha frente e dei-lhe forma, o demônio do HIV era gigantesco. Ele tinha a forma de uma ameba esverdeada que ia ficando mais amarela no centro, onde havia uma boca enorme. Ele estava bem perto e cobria toda a minha visão periférica. Eu senti muito desconforto em trazer este demônio, e também muita raiva e ressentimento por tê-lo em minha vida.

Quando lhe perguntei o que queria, ele disse: "Tudo, inclusive sua vida. Quero você todo, mas quero sua vida bem devagarzinho. Quero ver você ficar cada vez mais magro, doente e fraco, até que esteja debilitado e fique feio, quando finalmente vou querer sua morte".

De repente me dei conta de que o demônio queria que eu sentisse medo dele. Ele queria me consumir, ao mesmo tempo que me deixava amedrontado. Entendi que ele precisava sentir o poder que obtinha com meu medo. Em resposta, ofereci a este demônio poder na forma do meu próprio corpo, uma parte de cada vez: minha força, minha habilidade em tomar conta de mim mesmo e do meu trabalho, meu sangue, minha pele, meu cabelo, minha visão, minha mente e assim por diante. À medida que fazia cada uma das oferendas, fui percebendo que, se eu desse minha visão, por exemplo, eu não era minha visão. O que me define então? Quem é Fred? O que é este eu? Ao dar poder ao demônio, percebi a vacuidade deste corpo pelo qual eu tenho tanto apego. Naquele processo de oferecer as coisas e deixar que elas se fossem sem qualquer apego, tive lampejos de uma clareza luminosa. Um vazio desperto. Até o momento em que o demônio terminou seu jantar e desapareceu, fazendo com que eu me desse conta de que ele também era vazio. Descansei então no espaço de "não eu, não demônio". No começou eu alimentava este demônio diariamente, agora o faço de vez em quando, e notei que, se eu alimentá-lo regularmente, quando eu o chamo ele está menor, mas se eu esperar muito entre as "refeições" ele fica grande novamente.

Depois de dois anos e meio alimentando este demônio do HIV, ele se tornou menor e mais fraco. Não penso mais sobre o HIV e fico com medo. Nem sequer penso no HIV todos os dias, a não ser quando o chamo para ser alimentado. Eu não tenho muito medo dele. Agora tenho outros demônios que requerem minha atenção. O HIV não é o único demônio do pedaço, como eu havia almejado no princípio!

Um ano e meio depois de ter começado como voluntário no estudo da Administração de Veteranos, Fred descobriu que estava tomando placebo e não AZT. Ele não tomava nenhum antiviral e não mantinha nenhuma dieta especial. Mas, depois de ter começado a alimentar seu demônio do HIV, as enfermeiras e os médicos que monitoravam as análises clínicas notaram que o número de seus linfócitos T auxiliares havia rapidamente aumentado. Na maioria dos casos, quando estas células diminuem em quantidade, podem ficar estáveis, mas são muito raros os casos em que o número delas volta a aumentar. Mas isso aconteceu no caso de Fred, e suas células T permaneceram dentro do limite normal mínimo por todos estes anos. Quando as enfermeiras e os médicos perguntaram o que ele vinha fazendo, ele respondeu: "Bem, apenas um pouco de meditação". E eles responderam: "O que quer que seja, continue fazendo isso!". Ele fez, e hoje em dia vive em um centro de retiros na Califórnia.

Vi a prática dos cinco passos ajudar muita gente com doenças sérias como câncer, distúrbios alimentares, alergias, dores crônicas, fribromialgia, úlceras e pressão alta, só para nomear alguns dos demônios que encontrei em mim mesma e em outras pessoas. Depois de Fred ter alimentado seu demônio da AIDS, toda a energia que estava estagnada pelo medo que ele tinha da AIDS se tornou acessível a ele. Ele não está mais obcecado pelo medo, que era a parte que mais o debilitava da doença. A energia aprisionada pelo medo da AIDS está agora sendo dirigida para a prática espiritual dele e também é utilizada para gerar compaixão para todos os seres.

ALIMENTAR A MENSAGEM CORPORAL DA DOENÇA

Como vimos com a história de Fred, alimentar os demônios de uma doença pode ter resultados notáveis e concretos. Convencionalmente, visualizar a entidade da doença da AIDS como um ser e alimentá-la até a completa satisfação poderia ser considerado inútil, mas Fred provou que isso pode ser muito efetivo. Normalmente, nós brigamos com os demônios da doença; por exemplo, assim que pegamos um resfriado, nós pensamos em defesas como a vitamina C, drogas que aceleram o sistema imunológico ou medicamentos para a gripe. Ainda que tomar estes medicamentos não seja má ideia, entender a mensagem da doença, alimentá-la e encontrar o aliado pode ser um importante suplemento às indicações médicas tradicionais e complementares. Nós podemos pensar na doença como uma mensagem do corpo, e os cinco passos nos auxiliam a deixá-lo falar conosco.

Se sempre tratarmos os sintomas tentando reprimi-los e nunca chegarmos a entender o que a doença quer nos dizer, podemos perder informações importantes que o corpo está tentando nos comunicar. O cérebro e o sistema imunológico estão constantemente se comunicando entre si, muitas vezes através do mesmo caminho, o que pode explicar o porquê de as visualizações serem capazes de influenciar a saúde. Quando você pensa sobre isso, as doenças que invadem o corpo também têm uma certa personalidade. Bactérias e vírus têm qualidades identificáveis e formas que podem ser vistas através de um microscópio. Um certo tipo de câncer é "agressivo", enquanto outro pode se "mover vagarosamente".

Na língua tibetana, um demônio que causa doenças é chamado de *gonpo*. Quando ficamos doentes, podemos sentir a invasão deste *gonpo*. Eu me lembro de estar deitada em minha cama recentemente quando comecei a adoecer e, literalmente, senti os vírus invadindo meu corpo. Para que nós possamos "pegar" uma doença, ela tem de encontrar em nós um ambiente receptivo, como uma chave que se encaixa em uma fechadura. Profissionais da área de saúde chamam isso de um "sistema imunológico desgastado" ou de "tendências genéticas". O medo de adoecer também pode criar uma fechadura para que a doença se encaixe. Estresse, fadiga, alimentação pobre em nutrientes, predisposições genéticas e falta de exercícios também colaboram para criar um ambiente favorável à invasão do demônio da doença.

Candace Pert, professora de pesquisas no Departamento de Fisiologia e Biofísica da Escola de Medicina na Universidade de Georgetown, é especializada em imunologia e pesquisou intensamente a ligação entre corpo e mente. Ela descobriu que estabelecer uma intenção ou criar uma visualização de forma consciente pode afetar a substância cinzenta periaquedutal, também conhecida como substância cinzenta, localizada entre o terceiro e quarto ventrículos do cérebro, região que é preenchida por receptores opiáceos (que são um tipo de proteína) e que é uma área de controle da dor. A doutora Pert explica o fenômeno da seguinte maneira: "Enquanto a maior parte da atividade corporal, de acordo com os novos modelos de informação, é automática, funciona em um nível inconsciente, o que faz este modelo ser tão diferente é que ele pode explicar como é possível para nossa mente consciente penetrar na rede e atuar de forma deliberada". A visão dela não é que a mente tem poder sobre o corpo, mas que corpo e mente são um só; o modelo apropriado não é o de um rei que governa seus súditos, e sim o de uma inteligência democraticamente distribuída por todo o corpo. Tanto o sistema nervoso central quanto o sistema imunológico possuem elementos "sensórios" — ambos são capazes de receber informações do meio ambiente e de outras partes do corpo — e também elementos "motores", que conduzem a uma resposta adequada.

Um exemplo disso pode ser encontrado no sistema digestivo, que é revestido com células nervosas e por outras células que contêm neuropeptídeos e receptores (pode ser este o motivo de nós termos "sentimentos viscerais" e também o fato de a indigestão afetar nosso humor). Vírus usam o mesmo receptor dos neuropeptídeos para entrar dentro das células. Então, se os receptores estiverem sendo ocupados por, digamos, noradrenalina, um neurotransmissor que deve fluir quando a pessoa está contente, existirão poucos receptores disponíveis para que o vírus pudesse penetrar na célula.

Se pensarmos nesta dinâmica e aplicarmos a ela a prática dos cinco passos, poderíamos dizer que, ao oferecer néctar ao demônio ou ao vírus, estamos criando uma forma alternativa para que ele se alimente; quando um vírus está sendo alimentado por meio da prática dos cinco passos, ele não tem a necessidade de se apegar ao receptor das células e penetrar o corpo. Mais uma vez, se pensarmos em doenças como "seres" com personalidades e necessidades, estaremos fornecendo uma maneira alternativa para que elas possam suprir suas necessidades. A entidade da doença será redirecionada para outra fonte de alimento e ficará satisfeita, e consequentemente terá sua "intenção", de se alimentar no corpo, desviada.

Nos anos 1980, Lydia Temoshok, psicóloga da Universidade da Califórnia em San Francisco, provou que pacientes com câncer que suprimiam emoções como a raiva tinham uma recuperação muito mais lenta do que aqueles que expressavam as emoções imediatamente. Ela também descobriu que o sistema imunológico era mais forte e que tumores eram menores em pacientes que expressavam as emoções.

Todos nós temos tumores cancerígenos crescendo em nossos corpos em um determinado momento e, quando estamos saudáveis, todos temos células naturalmente assassinas que mantêm estes tumores sob controle. Estas células que matam são controladas por peptídeos no corpo e no cérebro, cuja circulação está ligada à expressão emocional. Se uma emoção não for expressa, então os peptídeos necessários para coordenar as células assassinas que controlam o crescimento do câncer poderão não circular de forma satisfatória para realizar seu trabalho. David Spiegel, da Universidade Stanford, demonstrou que ser capaz de expressar emoções como a dor e a raiva pode afetar significativamente a capacidade de sobrevivência dos pacientes de câncer.

Ao alimentarmos nossos demônios, fazemos com que a energia se mova de forma mais consciente do que simplesmente expressando nossas emoções. Caixinhas de emoções bloqueadas ou retidas são convidadas a falar, o que as movimenta de uma forma mais intencional. Se conscientemente dermos forma aos sinais que estamos recebendo do nosso corpo como resultado de uma dor, de uma doença ou de emoções, então o protetor natural das células fluirá mais facilmente. Esta é a ativação do aliado no processo de cura.

Considerando toda estas fontes que ajudam a explicar como o processo de alimentar os demônios pode ser efetivo com as doenças, vemos que, quando estes demônios são deixados no inconsciente ou são suprimidos, o corpo é incapaz de passar a mensagem adiante, o que resulta em distúrbios cada vez mais potentes. Estresse constante leva a um colapso do sistema imunológico. No começo, as mensagens do corpo podem se restringir a resfriados frequentes, mas, quando não lhe damos atenção, este colapso pode levar a problemas cardíacos ou outros tipos de doenças sérias ligadas ao estresse. Alimentar os demônios nos provê com uma ferramenta para escutar e nutrir as necessidades do nosso corpo inteligente, antes que venhamos a descobrir que estamos com uma doença irreversível.

Alimentar os demônios também pode ser aplicado às dores crônicas. Vejamos o caso de Linda, uma chefe de cozinha de 37 anos, que se irritava com qualquer coisa e, por este motivo, havia feito terapia por dois anos. Linda provocava discussões com as pessoas e, portanto, tinha de mudar de emprego o tempo todo. Ela começou a sentir uma dor nas costas, mas ignorou o fato. Então, quando estava de férias na praia com a mãe e a filha, a dor que nas costas ficou ainda pior.

Depois destas férias, a terapeuta de Linda, que havia sido treinada no processo dos cinco passos, sugeriu a ela que alimentasse o demônio daquela dor e ela concordou em tentar. A dor que ela sentia em seu corpo era negra, viscosa e fria. O demônio era um polvo com muitos braços, que queria sugar sua cabeça. Tinha olhos vermelhos e não queria olhar para ela. Ao se pôr no lugar dele, Linda percebeu que ele queria se sentir mais relaxado e livre. Ela percebeu que não era capaz de lhe oferecer isso, porque queria manter a pouca liberdade que tinha para si mesma, mas foi capaz de dar compaixão e amor. O demônio se tornou mais amigável e parou de sugá-la. A dor se transformou em uma sensação de formigamento.

Alguns dias depois, a dor retornou e, novamente, Linda imaginou o demônio e lhe ofereceu amor; desta vez ela foi ainda mais generosa e, após alguns dias, a dor havia desaparecido. Ela também decidiu começar a dar importância à falta de relaxamento e de recreação que sentia em sua vida, passando a frequentar aulas de ioga e a reservar algum tempo para estar em contato com a natureza. Linda fez de sua saúde uma prioridade e parou de ficar se esforçando de forma tão dura. Quando sua dor nas costas voltava, ela escutava e alimentava seu demônio. A raiva decresceu e ela era capaz de perceber quando o ódio surgia e trabalhar com ele, em vez de se entregar a esse sentimento.

DEMÔNIOS DE DOENÇAS QUE SE ALIMENTAM DE CARNE

Podemos achar que a categoria que foi denominada por Machig de demônios que se alimentam de carne seja uma superstição primitiva, mas pense sobre anorexia, tuberculose, hanseníase e câncer: não são estas doenças que se alimentam de carne? É claro que não existem demônios que se alimentam de carne no sentido mórbido do termo, mas existem enfermidades que quase que literalmente consomem a carne, e que certamente podem ser vivenciadas como demônios invasivos. Alimentar os demônios destas doenças pode esclarecer fatores e mostrar necessidades que tratamentos comuns jamais abordariam. Vejamos dois destes "demônios que se alimentam de carne".

DEMÔNIO DA ANOREXIA

Este distúrbio alimentar está se tornando uma epidemia entre jovens meninas colegiais e universitárias e, cada vez mais, começa a afetar também garotos. A anorexia com frequência começa com dietas e gangorras alimentares, em que ou não se come nada ou se come demais (a bulimia), depois evolui para uma completa falta de alimentos, exercícios em excesso e o uso de laxantes. Em casos extremos que, infelizmente, não são tão raros, o corpo quase que literalmente começa a comer a si mesmo, primeiro a gordura, depois os músculos e finalmente os órgãos. Na anorexia, a *causa mortis* mais comum é a falência congestiva do coração, que ocorre quando ele é consumido até o ponto em que não tem mais condições de funcionar.

Não existem estatísticas confiáveis relacionadas a distúrbios alimentares, pois muitas pessoas têm vergonha de falar a respeito e médicos frequentemente tratam doenças que estão ligadas ao problema sem reconhecer este elo. Mas sabemos que a anorexia está se manifestando em um número cada vez maior de pessoas, e existem relatos de meninas de cinco anos de idade já com a doença. Estatisticamente, 20% das pessoas diagnosticadas com algum distúrbio alimentar irão morrer devido a este problema. O demônio da anorexia frequentemente está ligado ao desejo de controle e de perfeccionismo, assim como a pressão cultural para que as meninas sejam excessivamente magras. A anorexia também pode surgir com o despertar da puberdade, como uma forma de controlar as mudanças desconfortáveis que acontecem no corpo em desenvolvimento.

Jamie era a mais velha de três filhos e sempre foi com ela que a mãe pôde contar quando as coisas ficavam difíceis, o que acontecia com relativa frequência com o padrasto de Jamie. A mãe podia confiar nela de tal forma que, por vezes, Jamie sentia que desempenhava o papel dos pais e não de filha. Ela começou a fazer dietas aos onze anos, quando o padrasto fez um comentário sobre seus seios, que estavam começando a crescer. Humilhada pela forma como ele a olhou quando ela entrava na puberdade, Jamie teve medo de adquirir a forma de uma mulher completa. Dotada de muita força de vontade, ela descobriu que tinha sucesso em fazer dietas, o que lhe deu alguma estabilidade dentro da atmosfera instável e assustadora em que vivia.

Jamie começou a propositalmente passar fome e foi perdendo cada vez mais peso até que, quando chegou aos 42 quilos, foi enfim hospitalizada pela mãe. Ela tentou se recuperar de várias formas, mas nada funcionou por muito tempo. Ela sempre voltava a parar de comer. Quando tinha vinte anos, havia saído de casa e ingressara na faculdade; ela ouviu falar sobre a prática de alimentar os demônios por intermédio de uma amiga, que lhe recomendou assistir a uma palestra que eu iria dar na Califórnia. Ela foi à palestra e decidiu ficar para o retiro.

Pesando apenas 45 quilos e prestes a abandonar a faculdade, Jamie apresentava todos os sinais de quem não se alimenta e sofre de anorexia. Sua pele estava coberta por uma espécie leve de felpa, um dos sinais do distúrbio. Os olhos eram vidrados e brilhantes. Ainda assim, ela conseguiu reunir forças para confrontar seu demônio da anorexia.

O demônio de Jamie era parecido com a bruxa da história de Hansel e Gretel — era magra, raivosa e cruel. A bruxa olhou para Jamie com um olhar imperioso e exigente. Quando ela se transformou em seu demônio, a bruxa, ele lhe disse que ela não deveria se alimentar e, também, que ele queria controlá-la. Mas, ao contrário do que Jamie esperava, o demônio parecia inseguro e não se sentia poderoso. Ele acrescentou que o que ele desejava era controle, mas, ao ser questionado, admitiu que o que realmente necessitava era restabelecer sua própria confiança e se sentir seguro.

Quando Jamie começou a alimentar seu demônio personificado na bruxa, esta começou a parecer mais completa. Seu rosto enrugado foi se tornando mais suave e gradualmente seu corpo ficou modelado e curvilíneo; com seus cabelos longos, belos e naturais, ela ganhou a aparência de uma deusa grega. Esta deusa era o aliado. Ela disse a Jamie que, como aliada, iria ajudá-la a aceitar o próprio corpo e a parar de se controlar demais, o que permitiria que Jamie conseguisse relaxar. Ela também a ajudaria a parar de tentar ser perfeita. Mais tarde, Jamie percebeu que, quando sua mãe se envolveu com o padrasto e o mundo delas começou a ficar fora de controle, a comida era a única coisa que ela conseguia controlar, ao mesmo tempo que não comer protegia seu corpo de se desenvolver e se transformar em um objeto de desejo para o padrasto.

Jamie fez um desenho de sua deusa e começou a lhe obedecer conscientemente, em vez de se comportar sempre de maneira hiper-responsável e controlada. Ela começou a entender que algumas coisas estavam fora de seu controle e que outras não eram de sua responsabilidade.

Ela começou a dançar só para se divertir e passou a ir com mais frequência à floresta e ao mar próximos ao seu apartamento, no sul da Califórnia. Isso a trouxe de volta ao seu próprio corpo e a fez mais feliz. Ela continua a trabalhar com o demônio da anorexia com sua terapeuta e, aos poucos, está deixando de ser tão perfeccionista. Também começou a confiar mais e a desfrutar do seu corpo feminino. Ela ganhou peso e, embora sua bruxa continue a aparecer de vez em quando, Jamie sabe como lidar com ela; não obedece aos comandos da bruxa, mas a alimenta e pede ajuda à sua aliada.

DEMÔNIO DO CÂNCER

O câncer é um demônio que afeta milhares de pessoas. Existem muitos tipos de câncer e alimentar estes demônios pode contribuir muito com o processo de cura. Rose, uma profissional do setor de saúde que diariamente aconselha outras pessoas sobre questões desta área, ficou chocada quando recebeu o diagnóstico de que tinha câncer de mama. Ela optou por quimioterapia e radioterapia, e começou um programa intenso de tratamentos. Apesar disso, o câncer começou a se alastrar. Ela já havia feito a prática de alimentar seus demônios anteriormente, mas não havia pensado em utilizar o método novamente, até que se deu conta de que a quimioterapia não estava funcionando.

Quando Rose começou a dirigir a atenção para seu corpo e, mais especificamente, para o seio afetado, ela encontrou uma viscosidade quente e vermelha. Quando convocou a presença daquilo à sua frente, encontrou uma garotinha furiosa. Ela lhe fez as três perguntas e mudou de lugar. A garotinha estava colérica e, ao responder à primeira questão, disse: "Eu quero que você pare e me escute. Por que você tem sido tão negligente comigo? Sua idiota estúpida, você continua a me esconder. Eu vou pegar você! Você não sabe que sou mais forte do que você?".

Ao responder à segunda questão, sobre sua verdadeira necessidade, a garotinha disse: "Pare de fingir que o abuso não aconteceu! Eu odeio o jeito como você me ignora. Eu te odeio!".

Uma onda de vergonha percorreu Rose. Ela se lembrou de que quando era menina havia sido molestada pelo tio, mas imaginou que já tivesse superado tudo isso e nunca trouxera o assunto à tona com a família, pois se sentia constrangida e culpada. O tio também a ameaçara, dizendo que, se ela contasse a alguém, ele diria que ela o havia seduzido. Ela então decidiu esquecer o fato, não contar a ninguém e reprimir as memórias que surgiram. Quando a garotinha vermelha apareceu, era como se a ficha finalmente tivesse caído e ela compreendeu tudo.

A menininha continuou: "Eu preciso ter voz, preciso me comunicar. Eu não quero permanecer calada. Eu não permanecerei calada. Eu a farei sofrer se você continuar a me silenciar".

Quando respondeu à terceira pergunta, sobre como iria se sentir caso fosse ouvida, ela disse: "Eu me sentiria amada".

Rose sentiu ânsia de vômito, não somente pelos efeitos colaterais da quimioterapia que estava fazendo, mas também pelo que sabia ser verdade. Aquela noite, quando fazia os cinco passos, ela alimentou a menininha vermelha com amor e atenção. Pegou suas aquarelas e tintas e fez uma pintura do seu demônio. Era assustador, mas ela se sentiu melhor ao terminar. Ver a imagem à sua frente ajudou-a a se conectar com o demônio e a interagir com ele, a partir de uma forma e uma voz ancoradas à imagem. Ela também pintou seu aliado, a figura da deusa grega Afrodite.

Rose decidiu fazer o processo dos cinco passos e elaborar uma pintura nova todos os dias, para depois pendurar estas imagens em sua parede. Ela deixou as tintas à mão, para que fosse mais fácil desenhar as figuras, e descobriu que pintar era tão relaxante quanto elucidativo. Nas semanas seguintes, a menininha vermelha foi ficando menos raivosa e menos triste, por fim se transformou em uma garotinha sensível que usava um vestido vermelho e segurava um coelho de pelúcia similar ao que Rose tivera quando criança. Rose também pintou seu aliado, que aparecia de várias formas.

Depois de alguns meses persistindo neste processo, Rose se submeteu a uma tomografia axial computadorizada e lhe disseram que seu câncer estava em processo de remissão completa. Ela deixou algumas pinturas de seu demônio e seu aliado na parede como lembrança, e continua a alimentar o demônio cada vez que o medo em relação à remissão (ou não) do câncer se manifesta. Ela também continua a fazer quimioterapia e tratamentos com radiação. Além disso, começou a fazer psicoterapia para tratar da questão do abuso sexual que sofreu.

Ao observarmos os demônios das doenças, percebemos como alimentá-los em vez de lutar com eles pode ser efetivo. Até mesmo em situações menos dramáticas, quando você sente que vai apanhar um resfriado ou uma gripe, por exemplo, tente alimentar seus demônios. Às vezes, dar voz a questões emocionais pode interromper o desenvolvimento de uma doença. Em casos como estes, você pode ter de trabalhar com demônios múltiplos.

Ainda que você opte por lutar contra sua doença por meio de medicamentos, soluções tradicionais ou com a medicina convencional, descobrir as necessidades subjacentes do seu demônio da doença pode ajudar no estímulo de insights; e o aliado que você encontrar no passo 4 poderá ser útil ao lhe dar apoio durante o tratamento.

10 Os Demônios do Medo

Confesse todas as suas falhas escondidas!
Aproxime-se daquilo que você considera repulsivo!
Quem quer que você ache que não consegue ajudar, ajude-o!
Tudo aquilo pelo que você tem apego, deixe para lá!
Vá a lugares que a assustam, como cemitérios!
Os seres sencientes são tão ilimitados quanto o firmamento,
esteja alerta!

Dampa Sangye (1045-1117) para Machig Labdrön

Algumas formas de medos são comuns à maioria das pessoas. Pode ser uma fobia paralisante, uma síndrome de estresse pós-traumático ou algo menos dramático, mas a maioria de nós tem algum tipo de demônio do medo. Estatisticamente, uma em cada dez pessoas nos Estados Unidos tem medos irracionais específicos. Existem muitos demônios do medo que nos fazem evitar certas circunstâncias ou objetos: o medo de falar em público, o medo do escuro, o medo de cachorro (ou gato, ou aranha), o medo de altura, o medo de água, o medo de voar, o medo de dirigir em estradas, o medo de ser contaminado, o medo de ser abandonado, o medo da morte, o medo da pobreza, o medo de ser violentado, o medo do câncer, o medo de sangue ou de injeções, o medo de falhar, apenas para citar alguns. A agorafobia, o medo de ficar em espaços abertos ou em qualquer lugar onde pode ser difícil de se escapar ou de obter ajuda, é um outro medo comum que afeta mais de 3 milhões de pessoas nos Estados Unidos.

Todos estes medos são baseados na percepção de que algum evento externo está "acontecendo para nós", que algo externo está chegando para nos machucar ou nos matar, isso demonstra que estes são demônios externos. Mas aquilo que desencadeia algo a partir do externo é dependente do indivíduo. Quando um grupo está exposto a uma mesma experiência, uma pessoa deste grupo pode reagir com medo, enquanto outra não tem medo algum. O medo pode vir de um trauma, pode ser herdado dos pais ou pode ser gerado por uma perda, mas, geralmente, as pessoas não conseguem rastrear a origem de um medo específico. Mesmo que você se dê conta de que um detrminado medo não faz nenhum sentido e é exagerado, ainda assim você pode não ser capaz de controlá-lo.

Evitar situações que provocam medo pode interferir no seu trabalho e na sua vida social. Os medos também podem se manifestar do nada e, de repente, "atacar" você. Felizmente, alimentar o demônio do medo pode ser muito eficaz. Os medos podem criar aversão e eles com frequência vivem no escuro, em lugares inacessíveis a nós. Ao lhes dar formas, descobrir as necessidades subjacentes eles e alimentarmos estas necessidades, podemos liberar fobias persistentes e medos específicos. A seguir, alguns exemplos de vários tipos de medos e de como as pessoas trabalharam com estes demônios.

DEMÔNIOS DE FOBIAS SOCIAIS

Um tipo comum e paralisante de medo é a fobia social, que afeta mais de 5 milhões de adultos nos Estados Unidos. A fobia social geralmente começa na infância ou na adolescência, e envolve o medo de ser acusado por engano, de ser injustiçado ou criticado; isso pode levar ao medo de comer ou de beber quando se está sendo observado, ao medo de ir a banheiros públicos e à relutância em participar de situações sociais.

Douglas, um operador da bolsa de valores de 38 anos, tem um demônio de baixa autoestima e fobia social, que passou de uma geração para a outra. Seus pais, que sofreram abusos tanto físicos quanto emocionais, passaram para o filho seus sentimentos de baixa autoestima. Douglas compensou de forma excessiva este sentimento de inferioridade e de fraqueza gerando sentimentos de superioridade e de arrogância, na tentativa de se sentir seguro. Sua mãe também sofria de depressão e, pelo fato de Douglas se sentir responsável pela felicidade dela quando criança, nunca quis dividir suas experiências negativas com ela, com medo de entristecê-la. Como consequência disso, ele nunca aprendeu e administrar emoções negativas.

Douglas sente desconforto ao conhecer gente nova, falar em público e ao ser confinado em espaços com outras pessoas, onde não há uma via de escape. Ele tenta esconder este medo e esta ansiedade, para que os outros não percebam o que ele está sentindo, o que demonstra que a vergonha também está envolvida no problema. Quando este demônio o acerta, ele tem ataques de pânico, não consegue respirar direito, começa a transpirar profusamente, perde a voz e é invadido por um sentimento intenso de uma desgraça iminente. Esta fobia social afetou sua vida, levando-o a evitar situações que ativem estes sintomas. Ele tenta controlar todas as ocasiões sociais para evitar ter um ataque, e também abusou das drogas e do álcool para ser capaz de relaxar nessas situações. Como resultado da fobia, Douglas sentiu muita raiva e frustração por muitos anos.

Ele sabe que uma forma segura de passar pela fobia social é se obrigar a conviver com situações difíceis e aprender que, uma vez que o pânico diminua, tudo está bem. Isso o ajuda a entender que, desde o começo, não há nada a temer realmente. Como parte do seu esforço em trabalhar com a fobia social, ele decidiu abandonar o emprego e ir passar algum tempo como voluntário em Tara Mandala, onde o processo de alimentar os demônios é ensinado. Como existem muitos grupos de retiro em Tara Mandala, as pessoas circulam o tempo todo e ele era obrigado a encontrar novos grupos de pessoas a cada retiro; mas ele sabia que isso o forçaria a lidar com sua fobia social e, ao mesmo tempo, tinha conhecimento de que estaria em um ambiente onde seria muito apoiado.

O fato de simplesmente chegar em Tara Mandala despertou seu demônio de forma muito intensa, pois ele não conhecia ninguém ali; isso lhe causou uma ansiedade extrema. Mas, em vez de usar o álcool para lidar com a situação, ele imediatamente encontrou um parceiro de prática e foi guiado no método de alimentar os demônios. Isso o ajudou a "encontrar" o medo dentro de um ambiente seguro, o que lhe deu ainda mais coragem para enfrentar situações sociais difíceis. Depois de ter alimentado um demônio ligado a uma pessoa específica, ele agora é capaz de falar com esta mesma pessoa sobre seu medo quando esta sensação se manifesta. Sua aliada também lhe dá apoio para enfrentar estas confrontações diretas, e imaginá-la ao seu lado ajuda Douglas a se sentir menos solitário. Ele sabe que vai demorar algum tempo para transformar totalmente estas ansiedades tão enraizadas, mas, enquanto isso, está muito feliz em conseguir enfrentar constantemente situações amedrontadoras sem o uso de drogas ou do álcool, e também por saber que sua condição está melhorando gradualmente. Há alguns anos, enfrentar estes medos estava totalmente fora de questão para ele; mas, ao aplicar a prática dos cinco passos, ele foi treinado a enfrentar seus medos de forma direta.

MEDO DA PERDA

Miriam sofre pelo medo da morte e da perda. Ela é mãe de três crianças e rabina praticante, e trabalha em muitos hospitais como capelã. Seu pai dela era um alcoólatra que se debatia contra a depressão. Ele tentava demonstrar aos filhos que os amava, mas, ainda assim, estava sempre bravo, ainda que afetuoso. O pai dele também tinha sido alcoólatra e batia nos filhos, enquanto a mãe era tida como uma pessoa distante e nada afetuosa com os filhos.

Miram, é claro, está muito ciente das tragédias que acossaram os judeus ao longo dos séculos. Quando seu irmão morreu de forma repentina aos treze anos de idade, ela absorveu dos pais o medo quase patológico de perder um filho, imbricado ao medo judeu coletivo da perda e da morte.

Quando ela começou o processo de alimentar seus demônios, localizou a sensação de medo no centro do coração. Este era um sentimento que incluía tensões terríveis e era abrasador, laranja, inescrupuloso e incessante. No passo 2, ela vislumbrou aquela sensação como uma figura nazista eriçada, enorme, que usava uma boina de oficial da SS. Ele era pruriginoso e tinha um corpo laranja brilhante. Com seus muitos braços, ele segurava revólveres e outras armas. Seu rosto era raivoso, com olhos negros penetrantes que, metaforicamente, soltavam fechas para todos os lados. Ele parecia um ser psicopata e completamente irracional. Queria comer e destruir todas as crianças. Mas, quando lhe perguntou o que estava por baixo daquele desejo, ela descobriu, para seu grande espanto, que ele necessitava de segurança, de um lar e dos pais, e que isso iria fazê-lo se sentir seguro e nutrido.

Ao receber esta informação, Miriam transformou seu corpo em um néctar grosso, doce e leitoso de segurança e cuidado, e derramou-o por todo o demônio, banhando-o com o néctar repetidamente. Aos poucos o demônio foi ficando cada vez menor, até se transformar em um menino, depois em uma criancinha, frágil, suave, rosada e rechonchuda. Devagar, ele ficou ainda menor, até que finalmente se dissolveu em pura luz dourada.

Quando Miriam convidou o aliado para aparecer, ele surgiu como uma figura angelical alada. Por algum motivo, ela sabia que era Shekina, o aspecto feminino de Deus no judaísmo, a "respiração de Deus". Ela tinha a altura de Miriam, cabelos negros longos e naturais, um olhar penetrante e amoroso, pele macia, enormes asas brancas e luminescentes como as de uma borboleta, e estava vestida de branco. Ela prometeu ficar sempre com Miriam, nunca deixá-la sozinha e protegê-la ao dar-lhe forças, sabedoria e recursos. Jurou também cuidar sempre dos filhos de Miriam, dando-lhes proteção e coragem.

Às vezes, nossos medos de perda estão relacionados ao futuro, mais do que com alguma coisa que nos dê conforto no momento; nós nos projetamos em um cenário imaginário, que pode nunca vir a acontecer; com anos de antecedência, ficamos apavorados com um evento que pode ou não vir a se manifestar. A mãe de Dana, Georgia, puxou a própria mãe, uma mulher muito inteligente, vibrante e bem-sucedida. Dana também herdou estas características. É professora doutora em história, mãe de dois filhos e muito ativa dentro de sua comunidade. Mas ela tem um medo completamente descabido de envelhecer. Sua mãe, Georgia, começou a ter problemas de memória aos setenta anos e, agora, perto dos oitenta, foi diagnosticada com o mal de Alzheimer. Ela tem dificuldade em conversar, não consegue se lembrar do que leu e passou por muitas mudanças de personalidade. Dana, que mora a mais de 3 mil quilômetros de distância, visita a mãe várias vezes por ano e tem medo não só das mudanças que observa nela, mas também dos possíveis prognósticos para si mesma.

Dana decidiu trabalhar com seus medos de envelhecer e de ter Alzheimer, e os encontrou no buraco do estômago, sob a forma de uma pesada bola de boliche feita de gelo que irradiava uma luz fria, apesar de morta, e isso quase a fez vomitar. Quando Dana personificou o demônio, ele se tornou um gigante de cerca de dois metros e meio de altura, azul-esbranquiçado, frio e muito estúpido. Ele tinha olhos entorpecidos, e um corpo grosso e pesado. Era como um aldeão ignorante, solitário e triste, que se movia vagarosamente sem qualquer objetivo.

Ao se pôr no lugar do demônio, Dana olhou atordoada para si mesma. O demônio só queria se sentir normal. Ele precisava de companhia e de amor e, se conseguisse isso, ele próprio daria carinho e afeto para os outros.

Quando tentou alimentá-lo, Dana teve dificuldades, mas, mesmo assim, perseverou. O demônio queria ser embrulhado em um xale branco de amor, então ela fez isso, e o alimentou com um néctar de amor e carinho de consistência grossa. Ele levantou a cabeça e bebeu lentamente. Então, pouco a pouco foi se tornando menor, ainda envolto pelo xale branco, até que se metamorfoseou em uma jovem mulher e, por fim, em um campo de margaridas, de onde surgiu uma menininha alegre e saltitante a colher flores. Dana lhe perguntou se ela era o aliado e ela respondeu que não. Então, uma ave branca gigante apareceu — esta, sim, era o aliado. O pássaro prometeu ajudar Dana com o problema de sua mãe, tranquilizando-a e lembrando-lhe de que todos nós vamos morrer e que tudo vai ficar bem. Ela sentiu que alimentar seu demônio do medo havia sido muito útil e nunca mais teve medo de envelhecer.

DEMÔNIOS DO TRANSTORNO DE ESTRESSE PÓS-TRAUMÁTICO

No final de 1999, eu acabara de participar de um retiro de um mês no Butão e, graças a compromissos marcados anteriormente, tive de sair imediatamente após o termino do retiro, ainda que o restante do grupo fosse continuar viajando por mais alguns dias. Butão, o reino dos Himalaias, tem apenas uma estrada principal de leste a oeste, que é extremamente sinuosa, com o precipício de um lado e o pé da montanha do outro. Saí do leste do Butão para o aeroporto às quatro e meia da manhã com um guia e um motorista. Fazer o percurso em um dia era quase impossível e, para completar, assim que saímos, o guia me disse que o motorista passara a noite toda em claro celebrando o final do nosso retiro com as pessoas nativas daquela vila. Depois de pouco mais de uma hora, o motorista parou para lavar o rosto em uma cachoeira na montanha. Olhei para ele e percebi que estava exausto.

Um pouco depois, quando fazíamos o contorno por uma curva muito acentuada, percebi que não estávamos acompanhando a estrada e, sim, indo direto em direção ao abismo. Olhei para o motorista e percebi que ele estava dormindo, berrei, mas já era muito tarde, nós já estávamos no ar. O jipe rolou pelo declive, um barranco arborizado, rodando de novo e de novo, batendo em árvores ao longo do caminho. A colisão foi inacreditável, pontuada por estrondos terríveis e o barulhos dos vidros se quebrando.

Quando o jipe finalmente parou, tudo estava escuro e eu não conseguia descobrir onde estávamos, até que descobri que o jipe estava de cabeça para baixo. Tentei mover os braços e também as pernas, e descobri que não estava seriamente machucada. Encontrei a porta e consegui sair, e a seguir ajudei o motorista e o guia que me acompanhava. Eles tinham cortes profundos e o guia estava com o ombro deslocado, mas conseguimos rastejar pelo barranco até a estrada. Depois de algum tempo, fomos resgatados pelo nosso grupo e levados até um hospital a quatro horas de distância dali; fizemos exames e depois fomos liberados. Depois desta experiência traumática, sempre que estava em uma estrada sinuosa com declives íngremes eu me sentia enjoada, segurava com força na alça de segurança da porta, olhava apenas para o chão e, às vezes, tinha de sair do carro e caminhar um pouco.

Eu venho alimentando este demônio do medo e sinto que gradualmente estou me curando. Quando trabalho com ele, ele assume formas diferentes, então sigo com aquilo que aparece. Uma vez ele surgiu como uma figura masculina coberta por espinhos de ferro e dentes afiados, alto e negro. Ele precisava que eu o ouvisse; precisava se sentir ouvido e também me controlar; se ele pudesse ser ouvido, se sentiria poderoso, então o alimentei com poder. Quando estava alimentado e totalmente satisfeito, ele se dissolveu em uma poça de água negra e espelhada, e eu descansei no espaço que havia permanecido.

O demônio do transtorno do estresse pós-traumático é um tipo específico de demônio do medo, produzido no despertar de uma ou em uma série de experiências traumáticas. O transtorno de estresse pós-traumático (TEPT) atinge 5,2 milhões de pessoas adultas nos Estados Unidos, e praticamente um terço delas são veteranos de guerra. O número de pessoas com TEPT está aumentando com a recente irrupção do terrorismo e das guerras, e também com os padrões climáticos anômalos que estão induzindo eventos terríveis como furacões e maremotos.

Os sintomas do TEPT variam de indivíduo para indivíduo. Eles incluem pesadelos, *flashbacks* do evento traumático ou tendência a revivê-lo, torpor emocional, predisposição para se assustar, irritabilidade, agressividade, apatia, intenso sentimento de culpa, dores de cabeça, queixas gastrointestinais, sistema imunológico enfraquecido, tontura e insônia. O TEPT é um estado em que a pessoa fica debilitada e que pode afetar sua habilidade em se relacionar com as pessoas das quais já foi próxima.

Rebeca, uma professora de ioga australiana de 45 anos, estava de férias com o marido em Sri Lanka em dezembro de 2004, quando a ilha foi atingida pelo tsunami. Ela e o marido estavam sentados na praia naquela manhã, quando a água foi puxada da costa marítima. Um pescador que estava por perto começou a gritar a dizer-lhes que deveriam correr. Eles correram em direção ao hotel em que estavam hospedados próximo à praia, mas a água vinha logo atrás deles e uma motocicleta bloqueava a entrada da porta do quarto. Rebeca conseguiu entrar em um quarto vizinho, mas este começou a se encher de água em turbilhão. Seu marido conseguira entrar no quarto em que eles estavam hospedados e foi capaz de ir rastejando pela janela dos fundos até uma colina próxima. No último minuto, já com água pela cintura, Rebeca conseguiu se arrastar e sair pela janela também, e foi ao encontro do marido para cima da colina. Eles conseguiram ir para um lugar ainda mais alto e assistiram com horror a pessoas, casas, carros e motocicletas serem varridos pelas águas.

Toda aquela área foi devastada. Pessoas que eles conheciam haviam morrido ou perdido membros da família. Depois de ficarem lá por mais algum tempo para ajudar a organizar as coisas, eles voltaram para a Austrália, ambos seguidos pelo transtorno de estresse pós-traumático. Rebeca já havia estudado comigo antes do tsunami, por isso, ainda dominada pelo trauma, foi ao retiro de Kapala Training na Suíça.

Quando Rebeca decidiu trabalhar com seu demônio do TEPT, ela sentia o demônio do seu medo do tsunami como uma tensão muito forte em todo o corpo, como se ela estivesse aprisionada. Ela encontrou o âmago deste sentimento no coração e mais algumas partes dele espalhadas pela parte inferior das costas. Ele era preto, frio e escorregadio.

O demônio que surgiu à sua frente era um gigante escamoso de tom cinza escuro, que tinha mãos enormes, braços extremamente compridos e pés deformados. Ele era agressivo, pesado e desajeitado, e tinha os olhos raivosos e tristes. O demônio precisava de ternura, necessitava ser afagado e acariciado. Para se sentir seguro, queria que seu coração fosse assoprado de forma calorosa. Rebeca ofereceu-lhe então um néctar de segurança cheio de ternura. Depois de ser alimentado, ele se transformou em um urso de pele dourada e adormeceu. Quando Rebeca quis saber se ele era seu aliado, ele ainda estaca dormindo, e assim ela simplesmente descansou em paz no passo 5.

Como o medo que ela sentia era muito forte, Rebeca repetiu o processo por várias vezes. Da segunda vez, o demônio do TEPT apareceu como um cavaleiro de armadura, com olhos negros e unhas afiadas. Depois de ter sido alimentado, sua armadura caiu no chão e surgiu uma pequena bailarina. Esta ofereceu a Rebeca vivacidade e agilidade física e mental. Embora o demônio do tsunami ainda apareça, Rebeca tem hoje o método dos cinco passos para lidar com ele. Ela o utiliza com regularidade, e isso sempre a deixa em um estado de paz. Gradualmente, suas ondas de medos foram se tornando cada vez menos frequentes.

Maura não somente sofre de TEPT, mas também, como assistente social, vê que muitos dos seus clientes são assolados pelo mesmo mal. Ela vive sozinha em uma casa que se encontra em um "lugar bem elevado" em New Orleans. Por ter sentido na pele a passagem do Katrina, ela tem um medo conectado a furacões, de que a natureza está fora de controle. Embora esteja preparada para desastres naturais, existe uma profunda convicção dentro dela de que tudo o que ela ama será destruído mais cedo ou mais tarde; pode acontecer no próximo verão, ou no seguinte, mas *vai* acontecer.

Muitas pessoas em New Orleans vivem com TEPT devido ao impacto do furacão Katrina e elas compartilham a ameaça comum de "quando será o próximo grande furacão". Em seu trabalho, Maura ouve as histórias dos sobreviventes e relatos sobre seus medos e perdas provocadas pelo Katrina, e também as preocupações sobre outros furacões, o que faz com que seja constantemente traumatizada.

Quando Maura trabalhou com seu TEPT, o medo se encontrava nos ombros, na parte superior do peito e nos braços, permeando a parte superior do tronco, a parte que ela usa para trabalhar e para nadar (para longe do perigo!). Ele trazia uma sensação de umidade e era azul-escuro. O demônio que apareceu em resposta às indagações de Maura era um gigante que surgiu frente a ela. Era grande, molhado, azul e negro. Ondas brancas percorriam todo o seu corpo, e ele era maior e mais largo do que Maura. Selvagem, tinha as pernas e os braços espalmados, que emanavam ondas em todas as direções, à medida que ele os abanava. O gigante se mexia constantemente, e era tão grande e pesado que sua dança desajeitada poderia ter destruído Maura e tudo o que havia ao redor.

Raivoso e amedrontado, o demônio queria matar Maura e tudo o que ela amava, queria reduzir New Orleans a pó. Ele queria barbarizar a costa do Golfo e apagar qualquer traço de humanidade dali. Ele necessitava de respeito, e se conseguisse o que desejava se sentiria calmo.

Alimentar este demônio era difícil, pois Maura tinha medo dele. Ainda assim, ela decidiu que deveria confiar no processo, já que nenhum dos métodos com os quais trabalhara havia funcionado. Ela tentou diferentes maneiras de incorporar respeito e calma, transformou-se em um néctar grosso e branco e por fim caiu como uma chuva sobre o demônio, alimentando-o pela boca. O demônio era voraz, esfomeado e só foi lentamente que começou a diminuir de tamanho e perder o poder, até que finalmente derreteu.

Quando Maura convidou o aliado a aparecer, um pequeno pássaro marrom ergueu-se do solo de onde o demônio havia derretido. Era um pássaro forte e sábio. Ele disse que ajudaria Maura conferindo-lhe sabedoria, que a protegeria mostrando a ela o que fazer. Ele jurou que ela e sua família iriam sobreviver, independentemente do que viesse a acontecer. Quando Maura conversa com seus clientes estressados hoje em dia, ela se lembra do pássaro e da calma que sentiu depois de alimentar seu medo. Ela não se deixa mais apanhar pelo medo e, agora que está em paz consigo mesma, pode ser um recurso muito mais útil à sua comunidade.

Um dos demônios mais comuns de TEPT é encontrado entre os veteranos da Guerra do Vietnã. Leo é um veterano desta guerra que foi diagnosticado pela Veterans Administration como 100% incapaz psicologicamente. Ele entrou para o corpo da Marinha dos Estados Unidos aos vinte anos e serviu na infantaria de combate entre 1968 e 1969.

Ele voltou para casa, foi dispensado em três dias e dois meses depois já havia retornado à faculdade. Iniciou então um calvário de dezessete anos com o TEPT, que foi intensificado por um acidente de carro que o deixou inconsciente por oito dias, em 1977. Em 1985, ele começou a participar de encontros regulares com veteranos do Vietnã em um centro de recuperação para veteranos em Boston, com a intenção de tratar seu TEPT. Leo frequentou o centro assiduamente por oito anos. Depois passou a ir a um psicoterapeuta particular por mais três anos. Estes tratamentos pareciam ajudá-lo, mas os sintomas de TEPT continuavam e ele tomava muitos medicamentos para poder controlá-los. Decidiu então participar do primeiro nível de um dos retiros do Kapala Training em Tara Mandala. Ele estava relutante em fazer o retiro, mas decidiu tentar por causa da recomendação de seu terapeuta.

O demônio que se manifestou para Leo era um demônio do ódio, que apareceu como uma cobra verde. Ela estava pronta para atacar e o observava com olhos frios e astutos. A cobra queria proteção e necessitava sentir-se segura. Depois de ter sido alimentada com o néctar da segurança, o aliado surgiu como uma mulher com uma cobra verde no colo, e em seguida a cobra dissolveu-se. O aliado ofereceu ajuda a Leo tranquilizando-o, dando-lhe confiança, e jurou estar sempre ao lado dele.

Ao fim do passo 5, Leo se sentiu descansado e calmo. Ele compreendeu que sempre negligenciara seu lado feminino e que se sentia da obrigação de ser “macho”. Seu pai era da Marinha, e Leo teve uma criação com ênfase muito grande em valores militares. Reconhecer seu lado feminino como um aliado para a cura de seu TEPT foi muito significativo para Leo, e ele sente que isso o está ajudando a se integrar como pessoa e a sentir menos medo. Com ajuda de seu médico, Leo parou de tomar todos os seus medicamentos e, desde que começou a alimentar seu demônio, tem tido poucos sintomas de TEPT. Quando eles aparecem, Leo se utiliza dos cinco passos para se libertar deles.

UM DEMÔNIO DO PÂNICO

O medo também pode surgir em situações de vida menos dramáticas. Inga, uma norueguesa, veio para um retiro quando se inscreveu para solicitar o *green card* [cartão verde, que permite a estrangeiros fixar residência nos Estados Unidos]. Ela acabara de ouvir que as exigências para morar legalmente no país eram severas. Ela estava feliz vivendo na Califórnia e se preocupava com o fato de talvez ter de ir embora. O medo que ela estava sentindo no que se referia à solicitação era tamanho que ela estava tendo dificuldades em preencher os papéis. O pânico surgia e bloqueava a habilidade de Inga em responder às questões. Ao fazer a prática dos cinco passos, ela localizou este demônio do medo na parte frontal de seu peito, passando pela garganta e indo até os olhos, e então ela começou a chorar.

O demônio apareceu para ela como um vácuo intangível com olhos brancos. Era a corporificação do serviço de imigração: um fantasma masculino, frio e insensível. Quando questionado, disse que queria que Inga compreendesse o poder que ele tinha sobre ela; mas o que ele *necessitava* era ela se candidatasse para tirar o *green card* sem dramas. Caso ela fizesse isso, ele ficaria calmo e com uma sensação de simplicidade.

Depois de ter sido alimentado, este demônio se transformou em um pedaço de papel com muitos escritos, que foram se tornando cada vez mais fracos, até que o papel ficou em branco. O aliado de Inga, uma figura búdica bastante animada, surgiu e deu risada do papel em branco. Ele jurou ajudar Inga a relaxar com relação ao *green card* e também dar-lhe paciência para preencher todos os papéis. Depois de uma única sessão dos cinco passos, Inga foi capaz de completar a inscrição com facilidade.

O caso de Inga é um bom exemplo de como podemos trabalhar com o processo de alimentar os demônios em uma situação específica de estresse, ou de um medo isolado. Esta é uma distinção importante a se fazer, porque o medo surge com frequência em reação a um evento específico, enquanto a fobia é um demônio interno facilmente excitável que pode se apegar a muitos outros medos. Alimentar os demônios do medo pode ter um resultado imediato, como aconteceu com Inga, ou pode requerer uma série de aplicações do método dos cinco passos, mas, em qualquer um dos casos, esta prática é uma ferramenta útil para trabalhar com os medos.

A prática tradicional do Tchöd é designada para expulsar medos escondidos e saudá-los com aceitação, confrontar diretamente experiências desagradáveis ou assustadoras, para entender que a fonte de todos os deuses ou demônios é nossa própria mente. Impulsionada pelo sábio indiano Dampa Sangye "a ir a lugares que a assustavam", Machig Labdrön fez uma peregrinação por 108 lugares com tais características e, em cada um deles, encontrou e alimentou demônios diferentes evocados pelo lugar. Ao oferecermos nosso apego a nós mesmos e também o apego ao ego como alimento para os deuses ou demônios, e para nossas esperanças e medos, sacrificamos a parte de nós que gera o medo, libertando-nos para que possamos vivenciar a liberdade de uma forma inteiramente nova.

11 Os Demônios do Amor

No minuto em que ouvi minha primeira história de amor
comecei a procurar você,
sem saber quão cego era aquilo.
Não é que os amantes finalmente se encontrem em algum lugar.
Eles sempre estiveram um dentro do outro.

Rumi (1207-1273)

Os relacionamentos são uma área em que demônios adormecidos despertam e começam a se ocupar. Você pode imaginar que já conseguiu se livrar de um determinado demônio, até que começa um relacionamento afetivo, apenas para trazer de volta o demônio e abrir as portas ao massacre. Quando nos apaixonamos, parte das nossas armaduras é removida, nosso coração se abre e ficamos mais vulneráveis, o que encoraja os demônios a virem à tona. O amor requer vulnerabilidade e isso assusta o ego, de modo que os demônios surgem para proteger o ego. O ciúme, a insegurança, o controle, o medo e a codependência, tudo isso pode aparecer.

Ter um relacionamento afetivo ou viver com outras pessoas pode ajudar muito para nos mostrar aspectos de nós mesmos que não seríamos capazes de enxergar de outra forma. A analista junguiana Marie-Louise von Franz explica a questão desta forma: "Se alguém vivesse sozinho, seria praticamente impossível ver sua própria sombra, pois não haveria ninguém do lado de fora para dizer como você se parece. É necessário haver um observador externo".

Já discutimos como os demônios da doença procuram por receptores em nosso corpo. De forma similar, nossos demônios de relacionamento também são atacados por receptores emocionais específicos e, inconscientemente, encontram uma ligação com a pessoa que escolhemos como companheiro afetivo; temos também uma habilidade mágica para encontrar parceiros com demônios complementares aos nossos — é como encontrar a chave certa para a fechadura. Podemos dizer "nós conectamos demônios" em vez de "nós nos apaixonamos". Você pode descobrir muito sobre seu demônio externo ao observar quem você escolheu como companheiro e com as questões que se manifestam com aquela pessoa; não vamos encontrar um lugar melhor para ver de forma clara as projeções dos nossos deuses e demônios. Geralmente, nós primeiro vemos o deus quando nos apaixonamos, desenvolvemos anseios, pensamentos obsessivos ou fantasias românticas; mais tarde, o demônio aparece.

Os demônios que vêm à tona em relações amorosas podem ser o medo de ficar dependente ou o de ser sufocado. Eles podem refletir feridas antigas. Se tivermos sido denegridos ou insultados, podemos nos descobrir "apaixonados" por uma pessoa que é desrespeitosa. Se tivermos sido abandonados, escolhemos um sedutor, alguém que goste de muitas pessoas ao mesmo tempo. Até que se traga estes deuses ou demônios à luz, eles continuaram a se manifestar em nossos companheiros afetivos.

Carl e Kit pareciam o casal perfeito, até que os demônios deles começaram a brigar. Eles se conheceram no casamento de um amigo em comum. Carl era um advogado de 37 anos, e Kit tinha 28 e fazia faculdade de administração. Ela vinha de uma família onde as coisas costumavam ser caóticas, por isso ela ansiava por estabilidade. A mãe de Carl o abandonara aos doze anos de idade, e ele tinha sido criado pelo pai e pela madrasta. No começo Carl pareceu forte e protetor, de modo que Kit se sentiu segura e protegida, algo que sempre desejara.

Depois de seis meses, o aspecto protetor de Carl começou a se parecer com uma forma de controle. Ele não queria que ela fosse se encontrar com os amigos ou que frequentasse o clube de leitura. Kit sentiu-se sufocada e queria liberdade, enquanto Carl tinha seus próprios deuses-demônios provenientes de sua história familiar. Ao pensar em perder Kit, ele era atormentado por medos irracionais de abandono. Quando Kit queria mais independência, o demônio do abandono que ele tinha aparecia e tentava controlá-la ainda mais, o que a levava a querer escapar mais ainda.

Quando um casal faz o trabalho de deus-demônio junto, as projeções que eles fazem podem se desgrudar do parceiro e este pode começar a ser visto como realmente é. Kit e Carl foram fazer terapia de casal com um terapeuta familiarizado com o trabalho de alimentar os demônios. Eles primeiro discutiram os problemas em uma sessão conjunta e, depois, o terapeuta os atendeu individualmente, conduzindo-os ao longo dos cinco passos com os respectivos demônios e deuses. Quando voltaram para casa, Carl e Kit conversaram sobre o que estavam aprendendo e, gradualmente, foram tomando consciência de como seus demônios estavam interligados. Ao encarar os próprios demônios, eles foram capazes de tirar a pressão de colocavam no relacionamento, com Carl se sentindo mais relaxado e Kit, mais livre. Eles aprenderam que podiam usar seus aliados e, rapidamente, reconheciam quando os demônios se aproximavam e os alimentavam. Pouco a pouco, uma intimidade genuína e relaxada emergiu na relação deles.

DEMÔNIOS DE BLOQUEIO EMOCIONAL EM RELACIONAMENTOS

Se tivermos problemas em encontrar ou manter um relacionamento, este é um sinal claro de que precisamos descobrir quais os demônios que estão atuando. Por exemplo, uma mulher diz que quer se casar e ter filhos, mas pode ter um demônio que teme a perda de liberdade, levando-a a escolher apenas homens que tenham o demônio do medo de compromisso.

Connie tinha uma bela carreira como administradora de um programa de passeios a regiões inexploradas, selvagens. Quando ela chegou aos trinta, ela queria um parceiro e também ter filhos de uma forma tão profunda que ela acabou por criar um deus-demônio a partir deste desejo. Ela ansiava por se casar, mas havia se convencido de que jamais encontraria alguém. Por outro lado, sua mãe havia abandonado a própria carreira para ter filhos e sempre tivera ressentimentos em relação aos filhos por terem feito com que ficasse aprisionada em casa. Inconscientemente, Connie tinha medo de acabar exatamente como a mãe. Assim, só encontrava parceiros que a faziam se esquivar da perspectiva de uma relação íntima duradoura.

Connie por fim entendeu que ela deveria ter alguma "culpa" pelo fato de não conseguir ter um compromisso afetivo. Decidiu então tentar alimentar seus demônios. Depois de ter alimentado seu deus-demônio do anseio e do medo por meio da prática dos cinco passos, ele se transformou em um pequeno cervo, que se ofereceu para lembrá-la do lado terno e vulnerável que ela possuía. Connie compreendeu que este cervo representava a possibilidade que ela tinha de se manter forte e, ainda assim, permitir a si mesma ter a vulnerabilidade e a intimidade que vêm com um relacionamento. Ao encontrar este aliado, ela comprou uma pequena estátua de cervo e a colocou em sua mesa de trabalho como um lembrete daquilo que havia aprendido.

Connie decidiu se tornar mais aberta para homens que estavam emocionalmente disponíveis, deixando para trás sua tendência anterior a se apaixonar por homens indisponíveis ou casados. Recentemente, ela encontrou um parceiro que está conscientemente procurando um relacionamento duradouro e, além disso, divide com ela o amor à natureza. Eles estão desenvolvendo uma relação bastante promissora e o medo que Connie tinha de ficar como a mãe parou de aparecer.

Uma variação deste tema é o demônio de dar muito "amor" para amantes duvidosos. Sharon, uma procuradora de justiça de 46 anos, cresceu sem o pai. Na infância, sua mãe trabalhava o dia todo e a avó, uma mulher gentil e carinhosa, tomava conta dela. A mãe não tinha marido, e Sharon passou a ser sua principal companhia e apoio emocional. Como ela subordinava suas próprias necessidades às da mãe, cresceu sentindo-se dominada e possuída, em vez de amada e apreciada pelas próprias qualidades. Quando ela se tornou adulta, saiu de casa para poder ter vida própria, mas hesitava em se envolver com qualquer pessoa por medo de perder a autonomia recém--conquistada. Anos depois, ela se pegou pensando no porquê de seus relacionamentos nunca darem certo, ainda que ela tivesse vontade de se envolver. Ela era homossexual e tinha a tendência de se relacionar com mulheres heterossexuais e, por este motivo, indisponíveis. Ela dava muito de si para o relacionamento e, no fim, sentia-se traída.

Quando Sharon se tornou consciente de sua tendência a se entregar-se aos relacionamentos e não obter retorno, decidiu trabalhar com seu demônio. Ele parecia uma boneca inflável grande e estufada. O que o demônio queria era conseguir a atenção de Sharon e o que o realmente necessitava era se sentir amado. Sharon era capaz de alimentar este demônio com o amor que ela mesma ansiava, mas que jamais parecia receber dos outros. Depois de ter feito este trabalho por algum tempo, ela começou um relacionamento com uma mulher também homossexual e disponível.

Hábitos compulsivos são vias de escape frequentes para os demônios de relacionamentos. Quando Derek, um engenheiro ecólogo de 38 anos, envolveu-se com Josie, de quarenta anos e com um negócio próprio na área de *catering*, ele se sentiu preparado para abandonar seu padrão de abandonar as mulheres assim que elas ficavam dependentes dele. Josie era independente e tinha confiança em si mesma, e ele sentia uma forte atração por ela. A mãe de Derek dependia dele e o havia transformado em uma espécie de amante substituto; assim, ele frequentemente se rebelava e agia de modo a afirmar sua independência quando um relacionamento se tornava mais sério. Derek e Josie decidiram ir morar juntos, mas, depois de seis meses, ele começou a entrar na internet para ver pornografia e se masturbar sempre que possível. Quando ela descobriu seu comportamento e percebeu as implicações disso, sentiu-se traída e ameaçou abandoná-lo. Derek, então, prometeu parar de fazer aquilo.

Derek estava lidando com um deus do desejo e um demônio da compulsão. Ele ansiava por liberdade erótica e tinha medo de compromisso. Nos meses seguintes, manteve a promessa no que se referia à pornografia, mas começou a fazer sexo por telefone compulsivamente, como um novo escape para suas fantasias. Novamente Josie descobriu e ficou brava e com ciúme. Desta vez, quando parou com o novo comportamento, ele não conseguia mais se excitar com Josie. Sua inabilidade para se excitar sem estímulos externos deixou-o confuso sobre o relacionamento, e Josie não confiava mais nele.

Com medo de perder aquele relacionamento, Derek decidiu fazer terapia. Seu terapeuta havia sido treinado no trabalho com os demônios e lhe perguntou se ele gostaria de tentar utilizar este método. O deus-demônio do desejo de Derek apareceu como um monstro lodoso verde, com olhos bem grandes e lábios lascivos. O monstro precisava mais segurança, que o faria se sentir mais seguro, mas tinha medo de se sentir sufocado, da mesma forma como Derek havia sido pela mãe emocionalmente dependente. O que o deus-demônio precisava sentir era segurança com liberdade.

Depois de ter alimentado este deus-demônio, o monstro se transformou no aliado, um duende de madeira que prometeu lhe fazer companhia em seus programas fora de casa, que Derek tinha abandonado ao se envolver com Josie, pois ela não gostava de sair. Derek começou a alimentar seu demônio sempre que sua compulsão sexual surgia e também passou a fazer caminhadas sozinho. Isso lhe deu uma sensação de liberdade fundamental, além de ter permitido que ele e Josie se separassem de forma saudável, sem traírem a relação. Depois de algum tempo, ele não tinha mais a necessidade de vias de escape para sua sexualidade compulsiva e novamente se sentiu sexualmente estimulado por Josie. Com o tempo, Josie readquiriu confiança em Derek e eles foram capazes de aprofundar o relacionamento e de encontrar uma verdadeira intimidade.

Outro deus-demônio que encontramos em relacionamentos é o *puer aeternus* (ou *puella aeternus*, no feminino), a eterna juventude que gosta de estar aberta a qualquer possibilidade, nunca estabelecendo compromissos e se recusando a crescer. Pessoas com este complexo, geralmente estão envolvidas com atividades perigosas e imaturas, e evitam a dura realidade da vida adulta e de relacionamentos combaseados no compromisso. O aspecto de deus do *puer* procura por elevação espiritual, viajar sem planos, sonhar e voar, e faz uso de drogas e álcool na busca por excitação. O aspecto demoníaco do *puer* pode se tornar dependente das drogas e do álcool enquanto procura pela elevação infinita e pode magoar os outros ao não assumir a responsabilidade pelo que faz. Os *puers* em geral têm empregos sazonais ou de curta duração, relacionam-se com pessoas mais novas do que eles e querem sexo sem responsabilidade.

Aaron veio de uma família grande, e seu pai se sentiu sobrecarregado pela pesada responsabilidade de ter de sustentar a casa. Sua mãe, que já tinha depressão há muito tempo, pediu-lhe que tomasse conta dela quando o pai morreu de um ataque do coração por volta dos cinquenta anos de idade. Quando passou a sair com garotas, ele nunca assumia um compromisso de namoro, e tinha muitas com as quais ficava por apenas uma noite. Quando estava prestes a completar trinta anos, ele engravidou uma mulher e relutantemente aceitou suas obrigações de paternidade, compartilhando as responsabilidades sobre a criança. À medida que se tornou mais velho, Aaron continuou a usar roupas de estilo jovem e gostava de conviver com os amigos do filho, como se ele próprio fosse um membro da turma. Na maior parte do tempo, ele levava uma vida saudável, fazia jejum e ioga, e assim por diante, porém, quando agia por impulso, ficava bêbado, perdia a memória, tentava seduzir mocinhas e dirigia irresponsavelmente. Por volta dos cinquenta anos, Aaron foi à festa de aniversário de 21 anos do filho, ficou bêbado e paquerou a namorada do próprio filho de forma tão ultrajante que, no dia seguinte, este lhe disse que não queria mais vê-lo.

Graças a estas circunstâncias, Aaron finalmente admitiu que tinha um problema e foi fazer um retiro no Kapala Training para aprender a lidar com isso. Quando falei ao grupo sobre o deus-demônio do *puer*, ele compreendeu que este era exatamente seu caso. Ao começar a prática dos cinco passos de alimentar seu deus-demônio, ele se encontrou face a face com o medo de envelhecer e de não ter escapatória. O *puer* tinha o aspecto de um centauro que ficava saltitando de um lado para o outro e evitava olhar para Aaron. Depois de ele alimentou o centauro, o aliado apareceu. Era um cavalo selvagem, que disse a Aaron que o protegeria com sua presença sempre que Aaron necessitasse dele. Depois de ter trabalhado com o deus do anseio de liberdade e com o demônio do medo de estar em uma emboscada, Aaron decidiu que deveria se manter sóbrio. Também se deu conta de que estava ficando velho e de que realmente queria uma parceira, e não uma série de encontros casuais que não levavam a lugar algum. Ele começou a fazer terapia e, quando começou a entender um pouco mais a si mesmo, percebeu que era possível ter uma relação sem necessariamente recriar a infelicidade que vira em seu pai. Ele começou a mudar e parou de cair na farra e na bebedeira. Considerou também que o diálogo com o aliado era de muita ajuda. Tempos depois, conheceu uma mulher que gostava de viajar e apreciava os mesmos esportes que ele; foi, então, capaz de estabelecer um compromisso com ela.

PROJETAR NOSSOS DEMÔNIOS

O trabalho com os demônios pode ser muito efetivo na área dos relacionamentos, pois muitas coisas surgem com o amor e o resultado de demônios entrelaçados pode ser muito intenso. Se você estiver em um relacionamento, pense tanto em seus demônios quanto em seus deuses. Isso pode lhe dar insights profundos que tornam possível trabalhar a relação de uma forma nova. Você também pode trabalhar com o processo de alimentar seus demônios com seu parceiro, usando o método de trabalho com duas pessoas, tal como descrito anteriormente. Isso pode aproximar vocês e também criar mais abertura, mas, por outro lado, pode gerar uma situação delicada. No trabalho com os demônios, você expõe seu lado mais vulnerável e, caso a relação não pareça segura, pode ser melhor trabalhar com um amigo próximo ou um terapeuta.

Enxergar nossos próprios demônios e alimentá-los pode tirar muita pressão de um relacionamento. Uma vez que tantos demônios são colocados para fora em uma relação e projetados sobre o parceiro, quando fazemos nosso próprio trabalho com eles, nos liberamos para poder iniciar uma relação mais saudável, ou para melhorar aquela em que já estamos.

Nos relacionamentos, em geral nos atraímos pelo que é oposto a nós, mas, depois, começamos a criticar exatamente aquilo que nos havia atraído. O homem forte e silencioso se transforma no marido distante que não entra em contato com as próprias emoções. A garota cheia de alegria, de espírito livre, se torna a esposa irresponsável e superficial. As qualidades pelas quais nos atraímos no princípio costumam esconder demônios que não aparecem até que a relação se torne mais profunda. Estas podem ser também partes renegadas de nós mesmos. Ao fazermos o trabalho com os demônios, podemos vir a encontrar particularidades de nós mesmos que rejeitamos, como aquilo que achamos ser o demônio do parceiro.

Demônios de relacionamento podem também estar ligados aos demônios familiares. A natureza crítica de meu pai pode ser algo que eu não goste, então me caso com alguém que imagino ser um tipo totalmente diferente de homem, simplesmente para descobrir que ele, na verdade, é uma pessoa muito crítica. Então, eu o critico por ser crítico, ignorando o fato de que, ao fazê-lo, também estou sendo crítica! Trazer um demônio pessoal para um conflito interpessoal envolve um parceiro amoroso que projeta uma parte negada ou desaprovada de si mesmo no companheiro. Vemos estas partes de nós como pertencentes ao parceiro, ao mesmo tempo que o alimentamos com pequenas sugestões que o encorajam a agir da forma projetada por nós. Em seguida, ficamos chateados e o atacamos. Por isso, é uma boa ideia você perguntar a si mesmo, quando ataca seu parceiro: será isto a projeção do meu próprio demônio?

Por exemplo, Len e Linda casaram-se ainda muito jovens e, quando chegaram mais ou menos aos quarenta anos de idade, Len quis ter outras experiências sexuais; mas, em vez de ser direto em relação a isto, ele sempre acusava Linda de flertar e de ser infiel. Ele também parecia encorajá-la a fazer isso, perguntando-lhe se ela se sentia atraída por este ou aquele homem. Às vezes a situação ficava tão intensa que ele a pressionava em um canto e dizia: "Não tem problema, simplesmente admita que fez isso!". Ela começou a se perguntar se de fato sentia aquilo, até o momento em que ele decidiu sair de casa, dizendo que queria explorar uma nova relação, e ela por fim entendeu que ele estava projetando aquilo nela.

A mesma coisa pode acontecer com alguém que diz nunca ficar bravo, mas que é especialista em incitar a raiva do parceiro sobre si ou sobre os outros. Estas projeções geralmente são parte do pacto inconsciente que fazemos com nosso companheiro no que concerne aos demônios. Você fica com a raiva e eu fico com a tristeza. Você fica com o otimismo e eu fico com o pessimismo. Assim, pode ser de grande ajuda considerar nossas relações íntimas estando conscientes das projeções, pois isso nos dá a oportunidade de assumir a responsabilidade por nossos próprios demônios. Ninguém sabe mais sobre seus demônios do que seu parceiro amoroso. O que faz esta relação ser tanto um regalo precioso quanto um desafio especial.

12 Os Demônios das Dependências

Talvez tudo o que é terrível em nós seja, no sentido mais profundo, algo desamparado que necessita de ajuda.

Rainer Maria Rilke

Um dos demônios mais predominantes no nosso mundo atual é o que engloba as dependências. Ser dependente significa cercar-se obsessivamente de alguma coisa, e por este motivo todas as dependências são tentativas incontroláveis (e consequentemente errôneas) de alimentar nossos demônios. Por trás de toda dependência há um espírito faminto à procura de alimento para nutrir a alma.

Ao examinarmos os demônios das dependências, é importante reconhecer que as substâncias a elas ligadas não são os demônios em si. Nosso apego a elas é que é o demônio. Estes demônios vêm da nossa própria mente e se agarram a um objeto externo. Por exemplo, o álcool não é um demônio em si, mas a necessidade interna que nos leva ao alcoolismo é. Ficar longe da substância (ou do comportamento) da qual somos dependentes não altera muita coisa, a não ser que estejamos preparados para trabalhar com nossos demônios.

Você alguma vez esteve de dieta e, de repente, se pegou revirando o lixo em busca de um biscoito ou de um chocolate que havia jogado fora na tentativa de não comê-lo? Lucia decidiu deixar de fumar e decidiu que deveria se distanciar dos cigarros. Ela morava no campo e, para atingir seu objetivo, jogou fora todos os seus cigarros e entregou o carro a uma amiga, com a intenção de impedir a si mesma de sair. Ela ficou em casa por uma semana, desesperada por um cigarro, mas sem fumar. Entretanto, no mesmo instante em que se viu com o carro de novo, ela foi até o posto de gasolina mais próximo e comprou um pacote de cigarros. Para que fosse capaz de deixar de fumar, ela teria de se libertar do demônio que se escondia por trás da dependência do tabaco, e não apenas tentar se afastar dos cigarros.

Alguns tipos de dependências são bastante óbvios; outros são mais sutis, o que dificulta sua identificação. Uma das formas de identificar uma dependência é começar a reparar se você orienta sua vida em função de uma determinada substância, se a armazena secretamente ou se protege o estoque que faz dela. Também pergunte a si mesmo se a relação que tem com esta substância é prejudicial aos seus relacionamentos e ao seu trabalho. Algumas das dependências mais óbvias estão relacionadas com a comida, as drogas, as prescrições médicas, o álcool, o tabaco e a automutilação. Algumas outras, mais sutis, envolvem o perfeccionismo, o sexo, a pornografia, fazer compras e gastar dinheiro em exagero, o jogo, a internet, o trabalho e até exercícios físicos. Algumas dependências têm um componente físico, enquanto outras são exclusivamente psicológicas.

As dependências em geral são complexas. Por isso, acabar com um tipo particular não elimina necessariamente a presença da dependência em sua vida. Você pode parar de beber, por exemplo, para então se tornar dependente de remédios, o que se deve ao fato de a causa original subjacente àquele comportamento não ter sido trabalhada. Parar de consumir álcool é o começo da cura, mas isso abre espaço para um demônio faminto que surgirá para se alimentar de alguma outra forma. O demônio interno é exposto quando o demônio externo é removido, mas o interno tende a se apegar a outra substância para lidar com seu próprio desespero irresoluto. É preciso encontrar a causa que está na raiz da dependência e alimentar aquele demônio, ou simplesmente iremos substituir uma compulsão por outra.

Como qualquer demônio, o demônio da dependência ganha força quando se tenta reprimi-lo. Você para por algum tempo e isso gera uma pressão por parte da dependência frustrada, e esta se torna cada vez mais forte, até que explode em um frenesi de consumo, em geral muito pior do que o comportamento anterior. Dentro deste contexto, se estabelece um jogo de tudo ou nada, onde não há equilíbrio. O frenesi da dependência começa como uma voz silenciosa protestando contra a repressão que você manteve em relação à substância (ou comportamento) a ela ligada, insistindo que você pode tomar apenas mais um drinque, fumar mais um cigarro, um pote de sorvete ou seja qual for a substância ou comportamento de que você é dependente. Em resposta a este apelo, você toma mais um drinque, ou fuma um cigarro, e o desejo irrompe novamente. Você quer mais e mais, e se não consegue encontrar aquilo que ele pede, o demônio da dependência começa a ficar bravo, irritado. Quando você consegue de fato se dirigir ao demônio e dizer: "Está bem, vou prestar atenção em você, diga-me o que você realmente necessita", a verdadeira possibilidade de cura começa.

DEMÔNIOS DO ABUSO DE SUBSTÂNCIAS

Zoe, de 32 anos, é assistente de administração de um grande resort. Graças a um programa de doze passos para tentar se curar e também ao processo de alimentar seus demônios, ela conseguiu finalmente romper com um ciclo de dependências. Mas nem sempre as coisas foram assim. Quando ela tinha trinta anos, começou a reagir aos seus problemas em casa com automutilação. Ela começou a se automutilar porque queria morrer, mas isso se tornou uma forma para conseguir lidar com uma situação que a atormentava. Enquanto provocava a dor física, a dor emocional que sentia pouco a pouco esmorecia, mas apenas temporariamente. Zoe descobriu o álcool aos catorze anos, e esta substância era capaz de amortecer e abafar seus sentimentos de ódio contra si mesma e de desespero. Ela bebia qualquer tipo de coisa, sem interesse algum em se relacionar com os outros ou mesmo em sentir prazer; ela simplesmente queria o efeito da bebida. Zoe também descobriu as drogas, e fumar maconha anestesiava ainda mais sua dor interna.

Anos mais tarde, Zoe se envolveu com um traficante. Com o tempo, ela passou a consumir cada vez mais drogas pesadas. Tinha certeza de que não se viciaria em heroína mas, depois de um ano, já se tornara dependente. Ainda estava na escola e tinha amigos e família, mas também precisava das drogas. Embora não reconhecesse que tinha um problema, sua saúde foi ficando cada vez mais frágil, até que os pais chegaram à conclusão de que ela precisava de ajuda. Zoe entrou em uma clínica de reabilitação, ainda que continuasse a negar seu problema. Depois que saiu da clínica, ela achou que passaria bem sem heroína, maconha ou álcool. Mas, após um mês, já estava morando nas ruas, completamente dopada e infeliz.

Zoe estava sempre à procura de algo para preencher o vazio interior que sentia. No começo, as drogas e o álcool pareciam ser capazes de fazer isso por ela. Tais substâncias lhe davam um certo alívio em relação à sensação de vazio, mas ela sempre voltava a cair em si e a desmoronar, e as coisas se tornaram cada vez piores. Ela já não conseguia mais ficar dopada o suficiente para escapar de si mesma, mas tampouco conseguia parar. Depois de ter sido internada na clínica de reabilitação pela segunda vez, Zoe começou um programa de doze passos e também deu início à prática de meditação. Conseguiu ficar limpa das drogas, mas mergulhou em outras dependências — principalmente do trabalho e de envolvimentos emocionais —, o que também foi se tornando incontrolável. Zoe continuava a se valer de meios externos para lidar com a própria dor.

Por volta desta época, sua mãe ouviu falar a respeito da filha de uma amiga que estava vivendo e trabalhando em Tara Mandala. Por intermédio desta conexão, Zoe foi para o Colorado para trabalhar como voluntária durante o verão e ali aprendeu a prática de alimentar seus demônios. Seu demônio da dependência era um monstro cinza com um vasto número de tentáculos. Na extremidade de cada tentáculo havia um olho, que se movia de um lado para o outro de forma errática. Ela percebeu que cada um destes tentáculos representava um aspecto de sua dependência. Seu demônio lhe disse que queria se sentir inteiro para que pudesse parar de se agarrar às coisas que o cercavam e, por fim, conseguisse se sentir em paz. Isso era o indicativo de que ela deveria alimentá-lo com paz.

Depois de alimentar o demônio, Zoe sentiu-se mais calma, menos neurótica e mais confiante. À medida que os tentáculos encolheram e se dissolveram, o demônio se transformou em uma pequena marmota, que saiu correndo e deixou Zoe descansar em um estado de totalidade. Hoje, sempre que Zoe anseia ardorosamente por álcool, trabalho ou amor, ela sente isso em seu corpo como uma ansiedade inquietante de "não ser o suficiente, de não ser boa o suficiente", que ela passou a enxergar como o sentimento-raiz por trás de sua necessidade de consumir drogas. Quando ela explora seu corpo para localizar onde está este sentimento e faz os cinco passos, cada vez o demônio surge de uma forma distinta e precisa de coisas sutilmente diferentes para se satisfazer, mas todas as vezes ela o alimenta com aquilo que ele necessita. Agora, com a continuidade deste processo, ela sente que o demônio tem voltado com uma frequência cada vez menor.

A compulsão por comida é outro tipo de dependência muito comum. Anna, de 55 anos, comia chocolate compulsivamente. Ao fazê-lo, ela se sentia confortável, como se estivesse com um velho amigo, e isso fazia com que ela se acalmasse quando se sentia vulnerável. Nascida na Alemanha depois da Segunda Guerra Mundial, Anna cresceu sem pai. Sua mãe costumava lhe dar chocolate quando Anna se portava bem ou quando precisava se ausentar por longos períodos. Desse modo, o chocolate adquiriu um significado simbólico muito profundo para Anna, como uma espécie de substituto da ausência do amor materno. Em situações estressantes ou assustadoras, ela se refugiava no chocolate. Comprava quantidades colossais e comia sem deixar restar nada, o que resultou em excesso de peso, e também em depressão e bulimia. Para Anna, havia sempre um momento de esperança no começo de um frenesi, como se ela fosse capaz de encontrar naqueles chocolates alguma coisa que iria satisfazer seus anseios. Mas, ao fim do último pedaço, ela passava a odiar a si mesma por tê-los comido.

Quando Anna começou a trabalhar com este demônio, ela encontrou uma garotinha magricela de olhos bem grandes que parecia ser mal nutrida. Com um olhar conspícuo e resignado, a menininha disse que havia tentado expressar suas necessidades muitas vezes, sem sucesso. Ela não tinha mais esperanças. Precisava de afeto, de calor, de segurança — em suma, queria sentir o amor materno. Anna a alimentou com o néctar do amor materno e o demônio sugou vorazmente aquela energia, até se tornar uma garotinha normal e feliz, que queria correr e brincar. Anna aprendeu a alimentar o demônio quando ele surgia e aos poucos foi se libertando dos acessos de gula relacionados com chocolates. Ao compreender o que aquele demônio do chocolate realmente queria, ela foi capaz de deixar os chocolates de lado e de dar ele o amor que ela mesma ansiava.

TRABALHO COMPULSIVO — *WORKAHOLICS*

Os trabalhadores compulsivos ficam tão ocupados com o trabalho que não têm tempo para praticamente mais nada. Cada vez mais pessoas nos Estados Unidos estão se tornando *workaholics*, trabalhando cerca de sessenta horas por semana. Como qualquer dependência, existe um aspecto compulsivo ligado a este comportamento, que se torna o foco prioritário na vida; a pessoa começa a negligenciar a saúde, a vida familiar, os amigos e a vida espiritual, tudo em favor do trabalho.

Os trabalhadores compulsivos não ocupam apenas os postos muito bem remunerados das empresas. Eles podem ser encontrados em qualquer profissão, de operários a homens de negócios, acadêmicos e assim por diante. Eles frequentemente aceitam prazos completamente irrealistas e não respeitam nenhum limite. Para o *workaholic* há uma necessidade imperiosa de fazer o máximo possível no menor tempo possível. Ele também tenta controlar todo mundo, tem dificuldade para delegar tarefas e exerce muita pressão sobre subordinados e colegas de trabalho. Quando a saúde lhe falha por estresse ou exaustão, ele se encontra sozinho, sem quase nenhuma base de apoio ou qualquer meio de amparo social.

Existe uma crença subjacente entre os *workaholics* de que o trabalho irá lhes recompensar a certa altura, permitindo que possam sair de férias; mas isso nunca acontece. Sempre há mais coisas a serem feitas. Ao contrário das pessoas que simplesmente trabalham duro, eles não gostam de fazer pausas e, em geral, comem enquanto estão trabalhando. Eles sempre se sentem como se estivessem correndo contra o relógio. Com frequência são perfeccionistas, do tipo que nunca tem a sensação de ter feito o suficiente.

Aqueles que têm o demônio da compulsão pelo trabalho terminam por se aprisionar em uma “rodinha”, como aquelas das gaiolas de hamsters, que apesar dos esforços infinitos para movê-las permanecem no mesmo lugar. Trabalhadores compulsivos deixam um legado de depressão e ansiedade para os filhos ao depositarem neles uma expectativa muito alta, frequentemente avaliando-os mais pelo que fazem do que pelo que de fato são, além de nunca estarem disponíveis para lhes oferecer afeto e nutri-los emocionalmente.

Às vezes criamos desculpas para nossas tendências compulsivas em relação ao trabalho. Sylvia abriu um negócio de venda de roupas infantis, a fim de pagar as despesas enquanto criava as filhas, Abigail e Lisa. Ela era mãe solteira e tinha necessidades financeiras bastante reais. Quando o negócio ganhou asas e começou a crescer, ela se convenceu de que continuava a trabalhar para as crianças. Dedicava-se horas a fio ao trabalho, acreditando que com isso seria capaz de oferecer uma vida melhor às filhas. Mas as meninas ficavam muito tristes, pois a mãe estava sempre muito ocupada e não tinha tempo para elas. Guiada pelos demônios do trabalho compulsivo, ela deixava as crianças com uma babá, nunca ia às reuniões da escola e não tirava férias. O sucesso da empresa motivou Sylvia a criar franquias para vender o conceito que ela havia desenvolvido de roupas infantis naturais, o que a levou a viajar constantemente de avião para reuniões de negócios.

Somente quando uma das filhas tentou se suicidar, aos quinze anos, foi que Sylvia começou a prestar atenção na vida que levava. Depois de ter comprado um programa em áudio sobre o método dos cinco passos em uma livraria local, Sylvia aprendeu a alimentar seus demônios e decidiu fazer um retiro, para observar o comportamento obsessivo que tinha em relação ao trabalho.

Quando Sylvia visualizou seu demônio de compulsão pelo trabalho, ele lhe disse que queria sucesso e poder, mas a necessidade subjacente àquele desejo era de paz e harmonia. Ao longo dos seus esforços, Sylvia sempre tivera a sensação de que, se obtivesse dinheiro suficiente, ela se sentiria em paz. Depois de ter alimentado o demônio com o néctar de paz, o aliado, uma linda libélula turquesa, apareceu e disse a Sylvia que os esforços dela jamais cessariam, e que era necessário que ela sentisse paz naquele momento, em vez de continuar esperando.

Como resultado da prática, Sylvia vendeu suas lojas, com a única exceção de uma que ficava próxima à sua casa. Com o dinheiro, ela pôde custear férias em família para que as três pudessem estar juntas. Além disso, aquele capital também lhe deu conforto material suficiente para ela não ter de trabalhar tanto. O objetivo de Sylvia era poder voltar a desfrutar da companhia das filhas novamente. Ela parou de tomar conta dos negócios nos fins de semana e começou a praticar ioga, passando a alimentar o demônio com o que ele realmente necessitava, em vez de com o que ele pensava querer. À medida que ela continuava a alimentá-lo, o relacionamento com Abigail e Lisa progrediu muito. As filhas cresceram, mas as três continuam a bastante próximas.

Tom tinha um demônio de compulsão pelo trabalho aliado a um demônio de vontade de poder. Advogado corporativo, com 34 anos de idade, residente em Nova York, ele sempre sentiu a necessidade de dar a última palavra em qualquer discussão. Em encontros sociais, gostava de criar a sensação de ser especial ao desdenhar algumas pessoas e a concentrar-se em outras que ele considerava poderosas. Tom fez muito dinheiro e comprou uma casa em um local habitado pela alta sociedade, para poder se relacionar com pessoas influentes. Ele se casou com uma modelo de Nova York, devido ao glamour dela e também aos amigos chiques que faziam parte de seu círculo social. Mesmo depois que ia para a cama dormir, ele ficava por horas pensando em assuntos de trabalho. Quando estava em casa, até nos fins de semana evitava as refeições com a família e ia comer em frente ao computador. Durante o pouco tempo que dedicava à esposa, a única coisa sobre a qual queria conversar era trabalho, nunca chegando a se conectar com ela de forma profunda e íntima.

A certa altura, Tom começou a ter dificuldade para dormir e passou a ter ataques de pânico durante o dia. Por volta desta mesma época, a esposa se deu conta de que ele não a amava verdadeiramente como pessoa e decidiu deixá-lo. Neste momento, Tom começou a sentir que as paredes se fechavam à sua volta e decidiu ligar para uma amiga, que havia sido sua colega de escola e se tornara psicoterapeuta. Ela conhecia o método de alimentar os demônios e, depois de ouvir a história de Tom, recomendou que ele fizesse os cinco passos da prática. A princípio ele se mostrou bastante relutante, mas, devido ao seu desespero, decidiu tentar.

Tom começou a trabalhar com seu demônio da ansiedade, mas rapidamente encontrou por trás dele um demônio da compulsão pelo trabalho. Quando ele o incorporou, descobriu que o demônio era na realidade fraco e vulnerável, apesar da fachada de intrepidez e eficiência. Tom alimentou seus vários demônios: do medo, da insegurança, da solidão e da vontade de poder. Descobriu que os ataques de pânico eram, na verdade, sinais de alerta, que lhe diziam que sua vida era desprovida de autenticidade. A partir de então, Tom foi se tornando capaz de desenvolver um relacionamento genuíno com uma mulher que conheceu durante o retiro. Também passou a limitar seu trabalho ao horário regular e parou de se sentir obcecado por ele. Tom agora nem sequer liga o computador nos fins de semana, e começou a criar ferramentas para se tornar uma pessoa mais aberta ao sentimento de vulnerabilidade que estava por trás do seu demônio de compulsão ao trabalho. Seus ataques de pânico cessaram e, embora ele continue a ser uma pessoa bem-sucedida, não procura mais substituir uma intimidade genuína pelo trabalho.

Quando for observar seus próprios demônios das dependências, tente encontrar a necessidade que se esconde por trás do anseio por uma determinada substância ou situação externa. Desse modo, começará a se dirigir diretamente à causa da dependência, e não aos seus sintomas. Deuses-demônios deste tipo podem assumir várias formas, mas, por baixo de todas elas, existe um sentimento de que há alguma coisa lá fora que funcionará como um remédio de efeito instantâneo, ou um agente anestesiante, para nossos sentimentos difíceis. Ironicamente, quando mais procuramos por uma resposta externa, maior se torna a necessidade que temos. Ao prestarmos atenção ao que se esconde por trás do demônio da dependência, nós o liberamos — juntamente com todos os demônios a ele vinculados — de tentar, de forma tão obstinada, ganhar nossa atenção.

A dependência é um exemplo muito claro de que o mundo externo não é o problema. É por isso que dietas, proibições e estratégias repressivas nunca funcionam com ela. Tais táticas partem do princípio de que a substância é o problema, em vez de encarar o problema como o que de fato é: a relação que as pessoas estabelecem com a substância. Ao alimentar estes demônios e chegar a um estado de descanso e integração no passo 5, podemos trabalhar com o distúrbio em um nível mais profundo, ir à raiz do problema. Minha sugestão para se lidar com uma dependência muito séria é uma interação holística e integrativa, que se utilize da psicoterapia ou mesmo de programas específicos, como é o caso dos doze passos para dependentes, em conjunto com o trabalho proposto pelo método de alimentar os demônios.

13 Os Demônios do Abuso

A sombra é o outro lado.
É a expressão da nossa própria imperfeição
e de nossa natureza terrena,
o negativo que é incompatível
com os valores absolutos.

Erich Neumann

Os demônios do abuso vêm de sentimentos internalizados desencadeados por abusos físicos ou emocionais; é por isso que, com muita frequência, eles se perpetuam dentro de uma família e passam de uma geração a outra. É impossível estimar o número de pessoas afetadas por diversos tipos de abuso, já que a maior parte deles não é reportada a nenhuma entidade de apoio. No entanto, não devemos usar a falta de dados estatísticos como desculpa para minimizar a importância desses demônios, uma vez que estes são alguns dos demônios mais destrutivos que se pode vivenciar.

Existem muitos tipos de abuso, que não se limitam apenas aos exemplos mencionados aqui, como o abuso infantil, o abuso emocional, o abuso físico, o abuso sexual infantil, o estupro, a violência doméstica, o assédio, a intimidação, o abuso sexual de adultos e o abuso psicológico. O abuso sexual é um dos mais frequentes e destrutivos tipos de abuso, sobretudo quando relacionado às crianças. O abuso sexual na infância muitas vezes resulta em sofrimentos ao longo de toda a vida, que podem levar a dependências, ao comportamento autodestrutivo e mesmo ao suicídio. O molestamento não é necessariamente físico, podendo incluir traumas causados por insultos verbais. O mesmo vale para a violência conjugal, uma forma de violência doméstica que muitas vezes envolve estupro. O abuso é, muitas vezes, perpetrado por aquele que detém o poder: pais ou babás, pastores ou padres, educadores, professores e terapeutas. Sempre que há uma diferença de poder significativa em um relacionamento, há um potencial para o abuso.

Apenas recentemente — e apenas em alguns países — o abuso infantil foi reconhecido como um problema grave e que resulta em danos para toda a vida da pessoa. No abuso sexual, a pressão colocada sobre a vítima devido ao fato de se manter o acontecimento em segredo, os profundos sentimentos de vergonha e o medo do tipo de repercussão que aquilo possa causar, tudo isso é capaz de fazer com que tanto crianças quanto adultos que tomam consciência do ocorrido venham a evitar qualquer pedido de ajuda. O abuso sexual envolve a dupla dinâmica do sexo e do poder. Pastores, terapeutas, educadores, entre outros, lidam com muitas pessoas carentes e vulneráveis, que confiam na ajuda que estes profissionais podem lhes oferecer, e detêm o poder que as instituições que representam lhes confere. Isso pode ser um convite ao abuso, caso a pessoa em posição de poder tenha desejos ou necessidades pessoais não satisfeitas e trabalhe com aqueles a quem deveria ajudar sem ser supervisionada. Um demônio do abuso pode inicialmente se apresentar como uma depressão, uma dependência ou outros comportamentos autodestrutivos, mas, após alimentarmos esses demônios mais evidentes, o demônio de abuso se manifesta.

Quando um demônio do abuso é descoberto, sugiro a criação de um mapa de demônios para este problema em particular. Demônios do abuso são geralmente Hidras com muitas pernas e cabeças diferentes. Sugiro também que se consulte com um terapeuta experiente para trabalhar com os demônios do abuso, já que as emoções que eles provocam podem ser muito intensas. Você pode necessitar do apoio de um profissional para passar por este processo. Trabalhar com os aliados que aparecem também é importante. Ter de forma muito clara em sua mente a maneira específica como o aliado irá protegê-lo poderá ser essencial para o processo de cura, porque a falta de proteção por parte daqueles que deveriam oferecê-la é um dos principais traumas do abuso.

Alguém que foi sexualmente abusado ou molestado frequentemente tem a tendência a se desassociar do próprio corpo. Por esta razão, sugiro que durante o passo 4, em vez de dissolver seu corpo em néctar, você imagine que tem a habilidade mágica de produzir uma quantidade infindável de néctar para alimentar os demônios. Isso faz com que você se mantenha ligado ao seu próprio corpo e não se desassocie dele, dissociação esta que talvez você tenha feito quando sofreu o abuso. Este método pode ser utilizado sempre que alguém se sente desconfortável ao imaginar que o corpo se dissolve em néctar. Todavia, a oferenda do corpo deve ser feita assim que possível, pois esta parte do processo é uma peça-chave dos ensinamentos de Machig para ultrapassarmos o apego a nós mesmos.

Às vezes, os demônios do abuso que foram criados muito cedo em nossas vidas podem nos levar a outros abusos, como foi o caso de Donna, uma bela mulher de cabelos grisalhos prateados, com 58 anos, que administra uma padaria. Quando criança, ela era frequentemente espancada pelo padrasto e, ao completar vinte anos, casou-se com um homem que recriou as mesmas circunstâncias de sua infância. Ele a traumatizou e a manteve em um estado de medo constante por anos.

Quando Donna finalmente conseguiu sair daquele casamento, sua autoestima e sua autoconfiança estavam em frangalhos. Toda e qualquer possibilidade de que ela viesse a confiar em um homem novamente havia sido destruída. Durante os vinte anos que se seguiram ao divórcio, ela raramente desfrutou de companhia masculina.

Donna decidiu então trabalhar com o demônio do seu trauma em relação aos homens. Quando o demônio apareceu, ela não ficou surpresa ao ver que ele havia se manifestado como o símbolo internacional utilizado para representar os homens nas portas de entrada dos banheiros masculinos. Ele não tinha mãos nem pés e tampouco alguma feição no rosto. Seu tronco estava completamente envolto em cristais claros com pontas afiadas que saíam para fora como se fossem cacos de vidro. O nome ele era Espinho.

Quando ela trocou de lugar com este demônio e se transformou nele, Espinho disse: "Eu estou coberto de cacos de quartzo dilacerante e sou frio. Eu me comporto mal. Faço questão de ter certeza de que você vai rejeitar os homens. Estou com você há muito, muito tempo, e você se esconde atrás de mim, porque você está realmente com medo. Eu sou grande, forte e tenho poder sobre você. O que preciso de você é que deixe que eu me aposente. Estou tão cansado da sua negatividade, você não precisa mais de mim. Quero me sentir em paz".

Donna imaginou então que era capaz de produzir quantidades infindáveis de néctar da paz, e quando ela o ofereceu ao demônio, ele o recolheu com um balde e despejou-o dentro de uma banheira enorme. Depois ele entrou dentro da banheira, os cristais se romperam e seu corpo começou a se dobrar e a amolecer. Ele se transformou em um homem saudável, particularmente gentil e sensível, que não despertava medo em Donna. Este homem era o aliado de Donna. Ela então descansou, em um estado de relaxamento e confiança. Desde o primeiro instante em que alimentou este demônio, Donna sentiu que algo significativo havia se modificado nela. Ela teve a nítida sensação de que uma presença incômoda que vivia em seu interior havia saído dali. Ela tem a esperança de que agora será capaz de acolher um homem em sua vida.

Pessoas que sofreram de abusos sexuais em geral têm vergonha disso, como se a violência que sofreram, por algum motivo, fosse culpa delas.

Chloe, uma decoradora de 44 anos, casada e mãe de vários filhos, foi abusada sexualmente pelo pai quando criança. Ele tirou fotografias pornográficas dela e a seguir a violentou. Ela começou seu trabalho com o demônio depois de ter passado por uma experiência muito desagradável com um homem a quem amava muito e queria como amigo. Ele desejava uma relação de caráter também sexual, e a amizade entre eles terminou abruptamente quando se tornou claro que ela não estava interessada em romance. Chloe ficara extremamente perturbada com o ocorrido, mas não se deu conta de que a sensação estava conectada com o abuso sexual. Localizou a dor da rejeição por parte daquele amigo do lado esquerdo do próprio corpo. Era como se aquela região estivesse dormente e muito tensa, como um tendão esticado.

Quando Chloe trouxe aquela sensação à sua frente, em um primeiro momento ela lhe lembrou o personagem Gollum do filme *O Senhor dos Anéis*. Depois o demônio se transformou em um lagarto corcunda, que só pensava em ter relações sexuais, com ou sem o consentimento do parceiro. Quando ela perguntou ao lagarto o que ele necessitava, ele respondeu que "apenas precisava se sentir um homem". Quando ela perguntou como ele se sentiria caso recebesse aquilo que necessitava, o lagarto respondeu que se sentiria "forte".

Chloe alimentou seu demônio com um néctar de força e a confiança de "se sentir um homem". Ao terminar de alimentá-lo com esse néctar, Chloe viu, em uma imagem rápida como um lampejo, seu pai, que caminhava cabisbaixo, distanciando-se através de um campo. Ela então tomou consciência de que esta era ainda outra manifestação do seu demônio do incesto. Seu pai tinha uma certa semelhança com o personagem Gollum — era abjeto, bajulador e, acima de tudo, covarde. Quando Chloe olhou novamente para o lagarto estuprador que se manifestara, viu uma tristeza enorme que subsistia para além da aparência repugnante daquele animal.

Uma das coisas mais importantes e específicas do processo de alimentar seus demônios é que tal método pode levá-lo a fazer conexões e descobertas surpreendentes, que você jamais havia considerado anteriormente. Chloe fez a conexão entre a rejeição do amigo que queria algo que ela não estava disposta a dar e seu pai, que quis algo a partir da sexualidade dela, em vez de simplesmente amá-la. Antes de seu encontro com esse demônio, ela não havia sido capaz de entender por que aquele desentendimento com o amigo fora tão traumático. Além disso, essa foi a primeira vez que Chloe conseguiu sentir compaixão pela fraqueza do pai, embora ela tivesse trabalhado com a questão na terapia durante muito anos.

Ao alimentar esse demônio, Chloe aprendeu duas lições importantes: em primeiro lugar, que ela podia amar o pai, ainda que abominasse o comportamento dele; e, em segundo lugar, que a reação tão intensa que ela havia expressado para conseguir estabelecer limites na relação com o amigo estava ligada à sua própria necessidade de um amor puro, sem qualquer exigência sexual, algo que ela nunca obtivera do pai.

Mesmo experiências de abuso que não são tão abertamente sexuais como as vivenciadas por Cloe podem também ser extremamente problemáticas e causar danos profundos. Um molestamento abusivo pode se dar por meio do campo enérgico, de formas verbais ou, ainda, envolver formas sutis como o toque ou mesmo o olhar. Isto pode ser confuso, pois você pode pensar "nada de fato aconteceu", o que, de modo algum, diminui o poder destrutivo de tais abusos. Os problemas causados por estes abusos sexuais mais sutis podem ser bastante profundos.

Sophia, uma profissional da área de saúde que vive na região nordeste dos Estados Unidos, experimentou este tipo de invasão abusiva. Durante todo o tempo em que o pai dela estava vivo, ele a tocou de maneira inadequada, além de invadi-la emocionalmente. Ele morrera um ano antes de Sophia chegar no Kapala Training, de modo que ela ainda estava processando a morte do pai durante o retiro. Ela sofria de uma dor crônica no pescoço, o que às vezes podia ser bastante debilitante. Esta dor a acompanhava de forma intermitente havia muitos anos; quando o pescoço começava a doer, a dor era seguida por outra dor muito intensa na cabeça, que se irradiava até os ombros. Para conseguir lidar com isso, ela foi atendida por um quiroprático duas vezes por semana durante anos.

Devido à sua profissão, ligada a área da saúde, Sophia muitas vezes lidava com o campo energético de outras pessoas. Com mais frequência do que gostaria de admitir, ela se sentia invadida pela energia dos seus clientes. Quando decidiu trabalhar com esse demônio, ela escreveu em seu diário do demônio: "Eu senti o demônio da invasão. Um demônio externo, ele encontrava-se no meu estômago". O demônio foi personificado como um macho de mais de dois metros de altura com uma atitude presunçosa e olhos negros como ônix. Bonito e seguro de si, provocou em Sophia a sensação de que iria vencê-la ao fim do processo. O sentimento mais marcante que ela experimentou em relação ele foi o ar de quem tinha direitos sobre ela.

Ele lhe disse: "Eu a possuo, já possuo você há muito tempo. Sempre ganho de você, e isso não vai mudar agora. Você deveria parar de tentar resistir a mim, porque você não quer de fato me deixar irritado". A cor dos olhos do demônio se metamorfosearam em um vermelho perfurante, como se ele a estivesse advertindo, e Sophia ficou com muito medo. Ela começou a sucumbir a um sentimento de naufragar que lhe era tão familiar, como se a própria vida não lhe pertencesse.

Sentiu que não estava segura, e que sua própria vigilância não seria suficiente para mantê-la segura. Neste ponto do processo de alimentar o demônio, ela se sentiu desesperançada e perdida. O que chamava sua atenção era que o demônio encarnava muitas das características de seu pai, embora ela jamais tivesse pensado que pudesse haver qualquer ligação entre a dor que sentia no pescoço e a relação com o pai.

Quando Sophia fez as três perguntas — "O que você quer de mim?" "O que você necessita?" e "Como você se sentiria caso recebesse o que necessita?" —, recebeu as seguintes respostas: "Eu quero a força vital que Sophia possui. Preciso devorá-la. Quando conseguir o que necessito, vou me sentir completo, relaxado e satisfeito".

Em seguida Sophia voltou ao seu lugar original e começou a oferecer ao demônio um néctar de relaxamento e satisfação. O néctar era de um azul-cobalto com um branco perolado. Ela alimentou o demônio por um longo tempo, até que este mudou de coloração e adquiriu o mesmo tom azul que o néctar. O demônio, então, partiu-se ao meio e da couraça partida que restou começaram a surgir milhares de borboletas multicoloridas. Essas borboletas eram os aliados de Sophia. O retiro onde ela estava fazendo o trabalho de alimentar o demônio era sediado em uma grande tenda ao ar livre, sem paredes. Quando o processo terminou, ela olhou para baixo e uma linda borboleta amarela pousou em seu braço! Para ela, este foi um surpreendente sinal de confirmação do bom andamento do processo pelo qual ela acabara de passar.

Agora que já alimentou este demônio, o pescoço Sophia está relaxado e ela não precisa mais ir ao quiroprático — ela não consegue nem mesmo se lembrar quando foi a última vez em que esteve por lá. No trabalho, ela se sente com muito menos medo de "pegar" as energias de outras pessoas. E se conecta regularmente com seu aliado borboleta, visualizando-o e pedindo ajuda e conselhos.

14 Os Demônios Familiares

Aquele que luta contra monstros deve velar para que não venha a se tornar um monstro ao longo do processo. Quando você se detém a olhar para um abismo por um longo tempo, o abismo também olha para você.

Friedrich Nietzsche

Os demônios não surgem a partir de um vácuo, do nada; eles são, com frequência, herdados. Os demônios familiares são passados de uma geração a outra dentro da família. Acredita-se que alguns dos demônios que são transmitidos hereditariamente, como, por exemplo, a tendência para o alcoolismo e depressão bioquímica, apresentam um componente genético, mas estes também pode ser aprendidos a partir do comportamento dos pais ou avós. (Pesquisas recentes também mostram que a própria genética pode ser influenciada por fatores emocionais e mentais). Sabemos que a tendência para o abuso físico e sexual é muitas vezes passada de pai para filho, assim como os medos, as questões alimentares, a raiva, a ansiedade, a pressão para se ter sucesso financeiro, a depressão, o perfeccionismo etc. Se não formos capazes de tomar consciência desses demônios, podemos transmiti-los aos nossos filhos. Podemos dizer aos nossos filhos para não fazerem certas coisas, como abusar do álcool, por exemplo; mas, se nós mesmos o fazemos, eles provavelmente também o farão.

No Tibete, durante o tempo Machig, acreditava-se na existência de demônios de linhagem materna e de linhagem paterna. Achei esta uma abordagem interessante para se refletir sobre o conceito de demônios familiares: Quais demônios que encontro vieram da família de minha mãe, e quais são provenientes da família de meu pai? Quais demônios que vejo estou "passando" para meus filhos? Podemos estar cientes de que nossa mãe tinha um determinado demônio, mas talvez nunca tenhamos de fato pensado de forma mais profunda, ou honesta, sobre o fato de que talvez estejamos transmitindo os mesmos demônios para a próxima geração, ou sobre quais são os demônios que nossos netos, por exemplo, estão manifestando (dependendo da idade da pessoa, ao olhar para a linhagem de demônios da família, ela pode considerar tanto os demônios que vêm das gerações anteriores à sua quanto os que já estão se manifestando nas gerações posteriores). Refletir a respeito disso pode ser muito valioso para que sejamos capazes de desenvolver compaixão para conosco e também em relação aos nossos parentes. Por exemplo, você pode começar a ver com outros olhos o fato de sua mãe não ter sido uma pessoa com a qual podia contar totalmente, quando percebe que a mãe dela, sua avó, era alguém em quem não se podia confiar de forma alguma. E você pode começar a reconhecer que talvez não tenha conseguido proporcionar estabilidade para seus próprios filhos. Se formos capazes de começar a enxergar esses demônios de linhagem, podemos então sentir uma menor responsabilidade pessoal em relação a eles e compreendê-los em um contexto maior, tirando dos nossos ombros uma culpa excessiva sem negligenciar os fatos.

Quando olhamos para nossas árvores genealógicas e saímos em busca dos demônios hereditários paternos e maternos, podemos também refletir sobre nossos próprios demônios hereditários. Por vezes, durante o trabalho com os demônios, podemos ter lampejos de percepção repentinos sobre nossa história familiar, como aconteceu com Lily.

A mãe de Lily foi abusada sexualmente por seu tio, o tio-avô de Lily. Este homem atacava a mãe de Lily violentamente, chegando mesmo a utilizar facas, e a estuprou diversas vezes. O abuso era extremo e se prolongou por anos. Quanto Lily e sua irmã, Alice, ainda eram muito jovens, a mãe lhes contou em detalhes tudo o que se passara durante os abusos sexuais a que fora submetida. Tal revelação deixou Lily hipervigilante e assustada por muito tempo. Ela começou a ter depressão a partir da quarta série do curso primário. Seus demônios da ansiedade foram se intensificando, e quando ela ingressou na faculdade eles começaram a interferir cada vez mais em sua vida diária. Ela mal conseguia sair de casa e chegou ao ponto de não querer se alimentar, por medo de que comida estivesse envenenada. Lily também tinha pesadelos recorrentes e fantasias de que levava um tiro ou era esfaqueada na cabeça e no pescoço, talvez devido ao fato de a mãe, ao descrever a forma como o tio a havia estuprado, lhe ter dito que ele usara uma faca para forçá-la a deitar no chão.

Quando deu início ao processo dos cinco passos, Lily evocou o demônio e ele surgiu na forma de uma menininha escamosa e vermelha, com cabelos loiros brilhantes e orelhas pontudas. Ela estava tão raivosa que simplesmente se recusava a falar. Quando Lily lhe fez as três perguntas, ela respondeu: "Eu quero você. Tenho de matá-la, para conseguir ter sua atenção. Preciso da sua atenção e do seu cuidado. Se eu receber essas coisas, vou me sentir amada e minha raiva irá se dissolver".

Lily alimentou a criança com um néctar feito de atenção, amor e cuidado. Aos poucos a menininha começou a ganhar uma aparência mais humana, até que se metamorfoseou em uma versão de Lily como uma criança de quatro anos. Mas esta não era o aliado. A irmã mais velha de Lily, Alice, apareceu ao lado dessa criança como o aliado. Durante todo o tempo em que os demônios da ansiedade e da depressão de Lily tinham sido extremamente poderosos, especialmente durante o tempo de faculdade, e mesmo depois disso, Alice fora sempre muito prestativa e protetora para com ela. Este aliado em forma de Alice prometeu ajudar Lily a navegar pelos difíceis e profundos sentimentos de culpa, ambivalência, medo e tristeza que a haviam consumido por ter sido a única mulher do lado materno da família a ter escapado do abuso sexual e da violência.

Pesquisas recentes indicaram que o estresse pós-traumático pode ser transmitido de pais para filhos por meio de uma síndrome denominada transtorno de estresse pós-traumático (TEPT) secundário. Neste caso, o demônio da ansiedade de Lily mascarava os demônios da tristeza, da culpa e do medo. Ao fim do processo, Lily absorveu para dentro de si a criança que havia se manifestado, o néctar que restara e também o próprio aliado. Ela sentiu uma gratidão renovada em relação à irmã e uma expansão e abertura do próprio coração, como se tivesse ampliado sua capacidade de amar. Depois da sessão, Lily ligou para Alice e as duas tiveram uma conversa profunda e muito saudável sobre a infância delas. Lily também se sentiu muito vulnerável, mas de uma forma suave e aberta. Ela continuou a trabalhar com esse demônio familiar ao longo do tempo, com resultados bastante positivos.

Por vezes algumas doenças podem surgir a partir de problemas emocionais decorrentes de demônios familiares. O processo de alimentar os demônios pode ajudar a perceber como algumas das causas da doença podem estar conectadas aos demônios de família ou a outros componentes emocionais, sendo capaz de revelar camadas de demônios diretamente ligados à manifestação da doença. Muitas vezes pode se tornar necessário alimentar cada um dos vários demônios que contribuem para a manifestação de uma doença, para que possamos então encontrar algum alívio. Tornar-se consciente destas camadas de demônios pode ser um avanço importante na cura da doença.

Cindy, uma mulher de 43 anos de idade e mãe de dois filhos, trabalha como professora. Seu pai era alcoólatra, e ela também tem lutado contra o alcoolismo. Ela tentou criar uma família perfeita, onde tudo fosse organizado, ao contrário do que havia sido sua própria infância, caótica e imprevisível. Ela fez um retiro depois de ter sido diagnosticada com câncer de mama e passar por uma quimioterapia.

Quando Cindy descobriu que tinha câncer de mama, ela já era consciente de que tinha problemas relacionados à sua necessidade de controlar as coisas. Por muitos anos, ela conseguiu alimentar a ilusão de que era capaz de controlar a própria vida, até que por fim ficou claro para ela que isso não era possível. Ao ser ter o câncer diagnosticado, ela realmente percebeu que coisas fundamentais estavam além do controle dela, e que os esforços inúteis para tentar controlar tudo na verdade estavam criando um estresse tóxico. Ao trabalhar com o câncer e com seu demônio do controle, Cindy descobriu que tal demônio era proveniente da linhagem paterna e que era extremamente controlador. Cindy queria ser perfeita e exigia o mesmo dos outros. Ela estava insatisfeita com o marido e vivia tentando forçá-lo a cuidar melhor de si mesmo. Isso criava muita tensão para ela e para todos ao seu redor.

Cindy decidiu trabalhar primeiro com o demônio do controle, em vez de se voltar diretamente para sua doença, por achar que tal necessidade de controle era uma causa que contribuía para a manifestação do câncer. No passo 1, enquanto estava à procura de sinais corporais em si mesma para encontrar seu demônio, ela foi capaz de sentir o demônio do controle em torno do maxilar, que ela tinha a tendência de cerrar com muita força. Quando ela imaginou a dor no maxilar, esta era amarelo-vermelhada e afiada. Mas quando a dor tomou forma à frente dela, Cindy teve uma visão repentina de um rosto bidimensional amarelo e sorridente. Ela pensou: "Isso não pode ser meu demônio. É muito brega". Em seguida, aquele rosto se transformou na face do seu pai e, em um piscar de olhos, ela estava segurando o rosto do próprio pai nas mãos. Naquele momento, ela percebeu que o pai era o demônio.

Cindy tinha muitos desentendimentos com o pai, resultando disso muitas questões mal resolvidas. Ela percebeu que o demônio do controle tinha suas raízes em um deus-demônio: seu pai. Ele era um deus, porque ela sempre gostara dele e sentira sua falta; e era um demônio, porque ela o odiava devido aos problemas que ele lhe causara.

Quando ela perguntou ao demônio que se parecia com seu pai o que ele necessitava, ele disse que precisava de perdão e que, se isso lhe fosse dado, ele se sentiria amado. Cindy transformou o próprio corpo em um néctar de compaixão e de amor. Durante o processo de oferecer o néctar, ela pôde sentir que o perdão fluía livremente, ao mesmo tempo que seu maxilar relaxava. Quando a prática terminou, a imagem do pai se dissolveu e seu maxilar parou de doer. Ela sentiu uma paz profunda e descansou. Cindy também percebeu que vinha bebendo demais em razão do estresse causado pela doença e, naquele instante, decidiu procurar ajuda para se livrar do hábito de consumo excessivo do álcool. Ela se comprometeu a parar de beber, a parar de brigar com o pai e a usar a terapia como meio para trabalhar com qualquer raiva que ela ainda carregasse consigo. Cindy também compreendeu que o demônio do controle que ela possuía e o fato de estar constantemente zangada com o pai estavam literalmente fazendo com que ela ficasse doente, e que era importante para ela parar de perpetuar esta batalha e reconhecer que ambos, ela e o pai, haviam sido capturados na mesma teia, tecida pelo mesmo demônio do controle.

Quando Joanna começou a trabalhar com seus demônios, ela percebeu que havia herdado demônios que vinham sendo passados por muitas gerações de sua família, tanto materna quanto paterna. Joanna era uma escritora muito bem-sucedida, de cinquenta anos de idade, que vivia na cidade de Nova York. Ela estava sofrendo de exaustão e de uma sensação de vazio espiritual.

Sua mãe, Helena, era uma mulher bonita, muito digna e de certa forma puritana. Quando criança, Joanna tivera tudo que poderia desejar materialmente: aulas de dança e de música, boas escolas, viagens e roupas de grife. Sua família era bastante proeminente na comunidade e os pais dela se preocupavam muito com a imagem pública que tinham, uma mensagem que Joanna internalizara em silêncio. Até que Joanna cresceu, sempre se preocupando com tudo o que fazia e o que vestia. Dentro da família, seu papel era ser agradável e representar para todos.

Sempre lhe foi dito que ela deveria ser grata por isso, que era muito afortunada. Conforme foi crescendo, Joanna começou a se expressar, a usar roupas pouco convencionais e acabou por abandonar faculdade. Sua mãe lhe deixou bem claro que estava decepcionada e envergonhada com o comportamento da filha. Joanna foi acusada pelos pais de ser ingrata. Ela estava confusa porque, ao mesmo tempo que concordava que havia recebido tudo o que precisava de seus pais, sentia-se vazia e sem qualquer autenticidade para consigo mesma. Ao abandonar a escola, ela estava procurando algo que lhe desse mais autenticidade, algo em que pudesse de fato se engajar, e não que simplesmente representasse aquela imagem que havia sido criada dentro da família.

Logo depois do ocorrido, Joanna mudou-se para a cidade de Nova York e, aos poucos, foi desenvolvendo a carreira de escritora, mas achava difícil se aproximar das pessoas. Ela sentia uma profunda solidão e culpa, mas não conseguia compreender o porquê dessas sensações. Ela acabou por se casar, mas foi incapaz de desenvolver uma verdadeira intimidade com o marido. Ela fingiu que isso não estava realmente acontecendo e teve dois filhos, criando parte daquilo que parecia ser uma vida perfeita — até descobrir que o marido estava tendo um caso amoroso com outra pessoa.

Após o divórcio, Joanna passou a viver sozinha de novo, dividindo a guarda dos filhos com o marido. Ela se entregou totalmente ao trabalho, ignorando as necessidades emocionais dos filhos. Quando estes cresceram, ela teve dificuldade em se conectar com eles, e eles foram se distanciando. Joanna se sentia cada vez mais deprimida, ainda que, na época, já tivesse herdado muito dinheiro, fato que deixava ainda mais evidente que, em um certo sentido, ela não tinha nada do que se queixar.

Joanna começou o trabalho de alimentar seus demônios em um retiro do Kapala Training, depois de ter ouvido um amigo falar a respeito. Por meio do processo de alimentar seus prática, ela começou a perceber que herdara um demônio "de que nada é bom o suficiente" de seu pai, que, por sua vez, havia herdado o mesmo demônio do próprio pai. O avô de Joanna queria que o pai dela tivesse sido um advogado e nunca apoiara a decisão do filho de se tornar um jornalista. O pai de Joanna tinha se tornado um *workaholic* incansável, esperando se tornar bem-sucedido para que o pai finalmente reconhecesse isso e se orgulhasse dele. No entanto, as coisas não funcionaram dessa maneira, e o filho ainda estava tentando desesperadamente provar seu valor quando o pai morreu de um ataque cardíaco, aos sessenta anos de idade.

O pai de Joanna havia sido muito crítico em relação à escolha da carreira da filha. Ela, da mesma forma que o pai, reagiu aos reveses da vida mergulhando de cabeça no trabalho, e transferiu o demônio de realização exterior para os filhos, que ficavam muito estressados e insatisfeitos com o próprio desempenho escolar. Do lado materno da família, Joanna havia herdado o demônio de "parecer perfeita", ao mesmo tempo que era emocionalmente distante.

Por meio do processo de alimentar seus demônios da depressão, da culpa e da compulsão pelo trabalho, Joanna foi desvendando esses demônios que vinham sendo passados de uma geração a outra em sua família. Ela trabalhou com o método dos cinco passos para começar a confrontar os demônios da "distância" e do "não ser boa o suficiente", que haviam sido transferidos também para seus filhos por intermédio dela. Depois de ter passado pelo processo, ela foi capaz de ter uma conversa franca com os filhos, durante a qual transmitiu-lhes a ideia de que *ser* o que eles realmente eram, sem precisarem se esforçar para ser qualquer outra coisa, já era mais do que suficiente para que ela, sua mãe, os amasse e os aceitasse, e que eles não precisavam se sacrificar nem se matar de trabalhar para serem bem-sucedidos, e que ser o que de fato eram já era um sucesso.

Gradualmente, Joanna e os filhos voltaram a crescer juntos como uma família. Ela também foi capaz de fazer novas amizades e sentir que estas relações eram genuínas. Começou então a usar sua riqueza de forma criativa para ajudar pessoas carentes, o que a ajudou a superar os sentimentos de culpa, e aos poucos sua depressão desapareceu.

Tomando como base estes exemplos, podemos entender como alguns demônios são passados de uma geração a outra e também a forma como certos demônios, como uma atitude crítica ou mesmo o controle por parte dos pais, podem ficar internalizados e passar para a geração seguinte. Muito embora Joanna não pudesse fazer o trabalho de alimentar os demônios no lugar dos filhos, ou mesmo no dos pais, fazendo seu próprio trabalho em profundidade, e alimentando seus demônios internos e externos, Joanna foi capaz de desfazer o emaranhado de questões que estavam interligadas por meio da árvore genealógica e, a partir destas descobertas, conseguiu afetar toda a família de uma forma positiva.

Como vimos, os demônios familiares passam de geração a geração e podem incluir tanto os demônios da linhagem feminina (materna) quanto os demônios da linhagem masculina (paterna). A teia dos demônios familiares é como a Hidra encontrada por Hércules. Os demônios de uma geração podem aparecer de várias formas distintas na geração procedente, ou podem pular uma geração e reaparecer na seguinte. Ao perceber a natureza hereditária de certos demônios e criarmos um mapa deles, obtemos uma visão mais ampla da nossa história e isso pode nos ajudar a dar um fim aos demônios destrutivos que vêm sendo perpetuados e transmitidos por muitas gerações.

Às vezes acreditamos estar conscientes dos demônios hereditários que fazem parte de nossa própria família e que somos capazes de não perpetuá-los; mas, se não os tivermos alimentado a ponto de deixá-los satisfeitos, eles podem surgir nos lugares mais inesperados. Quando criança, Joe viu o pai espancar a esposa, a mãe de Joe. Quando ele tentou ajudá-la, também foi espancado pelo pai. Irritado e impotente, ele cresceu e se casou com uma mulher doce e subserviente, Martha, e teve um casal de filhos. Joe estava determinado a jamais agir como o pai. Ele sempre trabalhou duro e tentou ser um pai responsável, mas nunca chegou a fazer qualquer trabalho emocional para resolver seus problemas de infância. Passados alguns anos, ele ficou deprimido e começou a beber demais.

Consciente do padrão de violência da família paterna, Joe sempre tentou evitar qualquer tipo de comportamento violento. Embora não tenha se tornado uma pessoa que abusava fisicamente da esposa, com espancamentos ou qualquer outro tipo de violência, verbalmente era bastante abusivo e fazia comentários depreciativos sobre a esposa na frente dos próprios filhos. As crianças se identificaram com o pai como o membro mais forte dentro de casa e também começaram a desrespeitar a mãe. Martha reagiu à situação de forma velada, desenvolvendo, em segredo, uma dependência alcoólica. Ela bebia enquanto o marido estava no trabalho, pois esta havia sido a maneira como ela aprendera a lidar com a tristeza. Sentia-se impotente e foi se tornando cada vez menos disponível para os filhos. Desenvolveu também uma total falta de confiança em suas habilidades para funcionar no mundo, tornando-se ainda mais dependente de Joe, ao mesmo tempo que ocultava o ressentimento que sentia por ele.

A filha de ambos cresceu com fortes tendências autodestrutivas e se envolveu com um traficante de drogas bonitão. Tornou-se dependente de drogas e passou a se prostituir. O filho, por sua vez, sofria de depressão, abandonou a faculdade e parecia incapaz de tomar um rumo na vida. Os dois haviam desenvolvido um complexo de inferioridade, uma sensação de que eram fundamentalmente inferiores aos outros. Eles ansiavam por uma aceitação que nunca tinham tido, o que trouxe à tona os demônios da depressão e da dependência química.

Até o momento em que Joe começou a alimentar seus próprios demônios, os demônios de seus pais não pararam de despontar em sua vida — e na vida da esposa e dos filhos. Joe e Martha foram para um retiro juntos, pois, quando Martha iniciou seu processo de recuperação devido ao abuso de álcool, ela começou a fazer meditação e ouviu falar sobre o Kapala Training. A princípio, Joe disse que estava ali apenas para apoiá-la, mas, quando se submeteu ao método dos cinco passos, ficou animado ao ver todas as ligações entre os membros da família, o mapa dos demônios familiares e muitos aspectos da sua vida.

Ele assumiu um compromisso com a prática dos cinco passos, assim como Martha o fizera. O relacionamento entre eles se tornou mais respeitoso e graças a essas mudança, e também às conversas que tiveram com seus filhos, a família aos poucos se tornou mais consciente dos padrões que carregava. Martha e Joe se comprometeram a fazer a prática dos cinco passos de alimentar os demônios com regularidade e, embora estes ainda estejam profundamente enraizados, o casal está finalmente conseguindo ver uma maneira de sair do sofrimento. A melhora da relação entre eles afetou também os filhos. A filha terminou o relacionamento abusivo com o traficante e entrou para uma clínica de reabilitação. O filho voltou para a faculdade e iniciou uma carreira satisfatória como treinador esportivo.

Quando Michael começou o trabalho de alimentar seus demônios, não tinha a menor ideia de que estes estavam ligados aos seus demônios familiares. Ele sofria de fobia social desde a adolescência e sabia que este era um demônio Hidra com muitos braços e pernas. Tendo trabalhado por mais de uma década na área de marketing, ele se encontrava em uma fase de transição importante: havia abandonado o emprego e estava usando o tempo livre para se concentrar em sua fobia social. Quando criança, Michael se comportava mal, a fim se tornar o centro das atenções. Esta havia sido a maneira encontrada por ele para conseguir o amor que necessitava, que não lhe teria sido oferecido por outras vias. Recentemente, ele descobriu que muitos dos seus medos pessoais também eram compartilhados pelo pai, o que o levou a acreditar que esses temores lhe foram transmitidos por intermédio do pai ainda no início da infância, e também que o próprio os pai recebera quando criança pela família. Michael começou então a trabalhar com sua fobia social como um demônio da linhagem paterna.

Ao mesmo tempo que Michael queria ser o centro das atenções, ele achava difícil se enturmar. Ele sempre abrigou medos secretos de não ser digno, ou de ser desajeitado e imperfeito. Isso o levou a acreditar que tinha orelhas de abano, ou que tinha mau hálito, ou que seu sobrenome era inaceitável e precisava ser mudado. Michael escreveu em seu diário de demônios: "[...] à medida que um medo diminui, ele será substituído por outro. O tema foi sempre que eu precisava mudar alguma coisa para me tornar perfeito". Esse medo resultou em infidelidades frequentes, no alcoolismo, na incapacidade de comer em público e em um impulso constante de se esconder.

Quando Michael encontrou o demônio em seu corpo, este era uma sensação de frio azul em seu intestino. Quando ele o viu à sua frente, este era uma figura magra, feia, azul e coberta de verrugas. Quando ele fez as três perguntas ao demônio e trocou de lugar com ele, o demônio respondeu que não queria nada em particular. O que ele necessitava era tão somente água e vegetação. Se fosse alimentado com isso, não se sentiria tão exposto ou tão inadequado, teria uma sensação de conforto e equilíbrio e se sentiria mais à vontade e seguro.

O que Michael achou muito surpreendente ao trocar de lugar com o demônio foi que, de repente, sentiu como se ele soubesse o que era estar no lugar do seu pai, como se ele entendesse o que havia sido para o pai estar naquela posição. Michael conseguiu se colocar na própria pele do pai, como se fosse ele próprio. Ele escreveu no diário que agora era capaz de compreender o processo pelo qual o pai passara. Ele entendia "o amor incondicional que você sente por um filho (eu), combinado com o medo da rejeição por parte daquele a quem você ama, inserido em um sentimento de não ser digno desse nível de amor. Eu mesmo fui capaz de compreender o quanto lutar internamente com este conflito pode levar uma pessoa ao ponto de quase odiar aquilo que mais ama. Isso me levou a um sentimento de enorme compaixão para com meu pai, e antes eu apenas conseguia me concentrar na rejeição que ele demonstrava em relação a mim".

Pensar sobre nossos demônios no contexto mais vasto das nossas linhagens materna e paterna pode nos ajudar a perceber quais são os padrões que foram se repetindo ao longo das gerações e que fazem parte das nossas vidas, ampliando assim nosso espectro perceptivo. Por exemplo, sua mãe pode ter um medo de engordar que, por sua vez, foi herdado da mãe dela, sua avó, que, quando adolescente, era obesa e, por isso, quando teve uma filha criticava-a até por um mínimo ganho de peso. Como uma forma de rebeldia contra as restrições que sua mãe lhe impôs por também ter herdado isso de sua avó, você começa a comer demais e a engordar; além disso, insatisfeita com seu próprio peso, quando você tem uma filha, você a força a fazer uma dieta aos onze anos de idade, quando ela fica um pouquinho mais fofinha, o que a leva a ser hospitalizada por anorexia aos quinze. Tudo isso a condena a uma vida de tormentos por questões relativas à imagem corporal e à alimentação.

Ao sairmos em busca dos nossos padrões comportamentais, podemos encontrar e libertar nossos demônios. Além disso, podemos também conversar com nossos filhos sobre tudo aquilo que percebemos por meio desta busca e pedir-lhes perdão por qualquer demônio que tenhamos passado para eles. Os demônios que são perpetuados através das gerações abrangem muitos outros demônios e muitas vezes estão ligados aos nossos próprios demônios Hidra, como suas infindáveis pernas e braços.

15 Os Demônios da Mente

Não é necessário ser um aposento para ser mal-assombrado,
Não é necessário ser uma casa;
O cérebro tem corredores que ultrapassam os lugares materiais.
Muito mais seguro, para um encontro à meia-noite
Fantasma externo,
Do que um confronto interior
Aquele anfitrião ainda mais tenebroso.

Emily Dickinson

Como parte da seu treinamento, um grupo de boinas-verdes foi enviado para um retiro de meditação budista de dez dias, com o intuito de aprender a lidar com a mente. Era um retiro de silêncio e eles foram instruídos a se sentar e se concentrar na respiração desde logo cedo pela manhã e até tarde da noite. Eles foram instruídos a suavemente dirigir de novo a atenção para a respiração cada vez que se distraíssem. Caso tivessem qualquer tipo de pensamento ou emoção, deveriam simplesmente notar a presença destas sensações e voltar a se concentrar na respiração. Eles tinham três refeições deliciosas por dia e um lugar muito confortável para dormir.

O local de meditação em que eles estavam fazendo o retiro era idílico. Ao final dos dez dias, quando estes soldados de elite puderam quebrar o silêncio, um deles disse: "Nossa, esta foi a coisa mais difícil que já tive de fazer. Minha mente não se calava. Que pesadelo!".

Ali estavam aqueles homens corajosos, capazes de enfrentar qualquer inimigo externo, postos de joelhos e tendo de ficar sentados, quietos, por horas a fio, apenas com suas próprias mentes. Estes boinas-verdes não estavam em guerra, mas se encontravam em um outro tipo de batalha com seus demônios interiores. Esses demônios são por vezes chamados de "demônios que não podem ser controlados", ou "demônios que permanecem ali constantemente" ou, ainda mais comumente, "demônios intangíveis". Demônios internos, tais como a raiva, a ansiedade ou a depressão surgem da mente, sem que sejam necessários quaisquer estímulos sensoriais ou de fontes externas.

Quem quer que já tenha feito a tentativa de interromper o fluxo de pensamentos da mente é capaz de compreender aqueles que são chamados de os "demônios que permanecem ali constantemente". Ao contrário do que gostaríamos de acreditar, não podemos controlar nossa própria mente. Muito pelo contrário: somos controlados pelos nossos pensamentos e emoções. Mesmo pessoas altamente treinadas e disciplinadas como os boinas- verdes ficaram completamente perdidas ao ter de lidar com a própria mente. Assim como programas da televisão a cabo que são transmitidos ininterruptamente, dia e noite, a qualquer hora, também é desta forma que funciona nossa mente. Nosso fluxo de pensamentos é ininterrupto.

Nossos pensamentos e nossas emoções não ocorrem necessariamente em reação a qualquer estímulo exterior direto, mas podem nos levar a fazer todo o tipo de coisas. Eles estão ligados ao que chamamos de neuroses, ou complexos internos, que incluem demônios como a raiva, a ansiedade, o perfeccionismo, a paranoia, a vergonha, a depressão e falta de autenticidade, mas estes vários exemplos não passam de uma mera pontinha do vasto iceberg de possibilidades de demônios que podem ser encontrados na mente humana.

Se você tem um demônio como a depressão, por exemplo, não interessa o quanto as circunstâncias externas se alterem, você continuará a ter depressão. Você se sentirá deprimido mesmo quando não houver um acontecimento triste ou uma perda, como uma morte, para provocar isso. É um estado de quase torpor com o qual simplesmente nos acostumamos e que carregamos de forma inconsciente, vivendo isso um dia após o outro, um demônio de confusão mental. Quando você tem este demônio e não consegue decidir o que fazer, e duvida de si mesmo, este é um demônio da dúvida. Outro demônio interno é a obsessão, em que os pensamentos e fantasias saem de controle. Você também pode ter um demônio mental da timidez, o que torna difícil a conexão com outras pessoas.

Demônios da mente operam dia e noite sem cessar. Quando começamos a prestar atenção e a identificar estas mensagens internas e os diálogos interiores que temos com nós mesmos, podemos nos tornar conscientes dos nossos demônios internos e nos libertar deles. Agora, vamos olhar para alguns destes demônios e também aprender como podemos trabalhar com eles.

DEMÔNIO DA RAIVA

A raiva pode vir da interação com alguém, ou da frustração em relação a eventos ou objetos. Por exemplo, uma pessoa por quem você está esperando pode ter se esquecido do compromisso marcado, ou alguém próximo a você diz alguma coisa que o ofende ou o magoa. A raiva pode também se manifestar do nada; neste caso, é um demônio interno. Sem qualquer motivo acordamos com raiva, chutamos o cachorro, batemos nas crianças. A raiva é uma das emoções mais destrutivas. Algumas palavras de raiva podem destruir uma amizade de longa data ou romper com uma relação familiar.

A raiva também pode ser dirigida a nós mesmos e se tornar um crítico interno tirânico ou sabotador. Nesse caso, a energia destrutiva pode começar agir a partir de pensamentos suicidas, tentativas de suicídio ou comportamento autodestrutivo. Ela também pode ser mais sutil e nos levar a minar nosso próprio sucesso, fazendo com que, por exemplo, cheguemos atrasados para uma entrevista importante, sejamos capazes de destruir ou procrastinar um relacionamento amoroso promissor etc.

É importante ressaltar aqui que podemos manifestar raiva por um determinado motivo, mas isso não implica, necessariamente, que deva haver ódio envolvido, ou que sejamos apanhados por ele. Neste caso, agirmos de maneira contundente, mas não somos capturados pelo demônio da raiva; não somos controlados por ele, estamos a usá-lo para provocar uma mudança. Por exemplo, um ativista político pode expressar raiva devido a uma determinada situação, mas sem qualquer tipo de raiva pelas pessoas envolvidas no processo, ou mesmo por aquelas que podem ser as responsáveis por aquela situação. A raiva pode ser quente ou fria. A raiva fria bate a porta e fecha o coração, pode ficar armazenada, às vezes por anos, e se recusa a amolecer. A raiva quente explode, espalha-se para todos os lados e queima profundamente. Pode surgir e desaparecer rapidamente, ou ser uma corrente constante que em certas ocasiões eclode como um vulcão. Compreender e alimentar nossos demônios da raiva pode ter um poder curativo não só para nós, mas também para aqueles em nossas vidas que sofrem as consequências da deste nosso sentimento.

Bárbara, um consultora de negócios de cinquenta anos de idade, compareceu a uma palestra sobre alimentar os demônios e fez os exercícios que propus aos participantes. À medida que ouvia e prosseguia com os exercícios, ela percebeu que tinha um demônio da raiva que havia atrapalhado todos os seus relacionamentos. Guiei o grupo pelo processo dos cinco passos e, quando Barbara se deu conta do lugar em que a raiva estava armazenada em seu corpo, ela a viu sobre o coração, do lado esquerdo do peito, estendendo-se até o pescoço. Sua cor era escura, uma combinação de marrom com preto, e gerava calor. Quando ela a personificou, a raiva se transformou em uma criança pequena do sexo feminino com um bico e muitos braços, que rangia os dentes. Uma lágrima escorreu pelo rosto da menininha, e havia uma profunda tristeza em seus olhos.

Quando Bárbara perguntou o que o demônio queria, ele respondeu que queria que ela parasse de ignorá-lo. Quando ela lhe perguntou o que necessitava, o demônio disse que precisava do reconhecimento de sua existência e da consciência sobre sua essência, e que isso o faria se sentir amado. Quando Barbara se dissolveu em um néctar branco e luminoso, um líquido de amor, o bebê demônio o consumiu e luzes com as cores do arco-íris surgiram ao redor dele.

Bárbara perguntou então ao novo bebê de arco-íris como ele iria ajudá-la, e ele disse: "Eu sou seu coração terno, sua capacidade de acordar e de estar totalmente presente. Vou lembrá-la de que, quando fica irritada, você está me encobrindo". Bárbara trabalhou ainda mais com esse demônio e, depois de alguns meses, escreveu para me dizer que tinha percebido que já não estava ficando irritada sem qualquer motivo. Ela ainda luta contra os sentimentos de vulnerabilidade, mas trabalha com eles usando a prática dos cinco passos.

DEMÔNIO DO PERFECCIONISMO

O demônio do perfeccionismo é um crítico implacável, que nos faz sentir que nada do que fazemos é bom o suficiente. Na presença de um demônio perfeccionista, tendemos a nos escrutinar de cima a baixo para encontrar falhas naquilo que fazemos e na nossa aparência. Mesmo quando recebemos elogios, nós nos sentimos tão inadequados, ou indignos, que somos incapazes de desfrutar deles. Um demônio do perfeccionismo não permite brincadeiras ou descontração, é um capataz sem um pingo de senso de humor. Ele facilmente se transforma em um demônio externo de crítica, concentrando-se nas falhas dos outros e interpretando de forma errada os comentários que eles fazem, como se tais comentários sempre fossem uma crítica. Mas, na maioria das vezes, este demônio se concentra em criticar a nós mesmos. Um demônio do perfeccionismo faz uma lista de afazeres longa e detalhada, e, mesmo quando tudo está feito, ele não está satisfeito.

Fiona tinha um demônio do perfeccionismo e, ao alimentá-lo, fez uma descoberta surpreendente. Sua mãe era uma mulher perfeccionista, uma articuladora de listas intermináveis de afazeres, característica que Fiona atribuiu à sua epilepsia do lobo temporal. Sua mãe sofrera de convulsões incontroláveis desde os seis anos de idade. Quando adulta, Fiona veio a saber que as pessoas com esta doença têm uma tendência a ser muito rígidas. Todavia, quando criança, ela só conseguira ver a mãe como uma pessoa fria, exigente e imprevisível. Fiona acreditava que não seria amada se não fosse uma menina muito comportada, e isso a motivara a se tornar uma perfeccionista, mas com muita raiva de si mesma.

Fiona decidiu trabalhar com este demônio de linhagem materna usando o método dos cinco passos. Ela sentiu o perfeccionismo no peito como uma sensação de frio, pontiaguda. Quando ela personificou este demônio, ele apareceu como uma mulher velha, magra, de cabelos grisalhos e com um vestido cinza. Ela apertava o coração de Fiona, e seus olhos eram muito escuros e ameaçadores. Fiona sabia que ela era sua mãe. Então, viu que o demônio estava tremendo e deduziu que a velha senhora estava com medo. O demônio disse a Fiona que queria seu amor, mas que ele sabia que Fiona só amava a avó; o demônio precisava se sentir mais digno de amor.

Naquele momento do processo, Fiona teve um insight. Ela percebeu um triângulo de necessidades não satisfeitas entre ela, a mãe e a avó. A mãe sempre se sentira indigna de amor e imperfeita devido à sua doença, que era muito embaraçosa, principalmente em público, e para compensar isso ela tentava ser perfeita. Ela precisava do amor da filha para poder preencher esse vazio e se sentir amada, mas seu perfeccionismo acabava por afastá-la. Devido a este distanciamento, a avó de Fiona aos poucos se aproximou mais da neta. Passou a nutri-la emocionalmente oferecendo-lhe amor, o que deixou a mãe fora deste processo.

Fiona sentiu uma tristeza enorme ao pensar na mãe e também no fato de que elas nunca tinham sido capazes de dar, uma à outra, o amor terno de que ambas tanto precisavam. Mas agora nada mais poderia ser feito, pois a mãe estava morrera. Fiona alimentou o demônio com uma colher, oferecendo-lhe um néctar dourado e brilhante com as propriedades de prover amor. O demônio gradualmente se transformou na mãe de Fiona, quando a mãe era apenas uma garotinha, e essa menina se tornou o aliado de Fiona. O aliado lhe disse que, se ela fosse capaz de enxergar a si mesma como alguém digna de amor, mesmo sem ser perfeita, seu perfeccionismo poderia ser liberado e tudo seria melhor; nada pioraria, pelo contrário. Ela se comprometeu a proteger Fiona e lembrá-la de que era adorável por si mesma, sem ter de fazer nada para demonstrar isso.

Sônia também tinha um demônio do perfeccionismo, mas ele afetou sua carreira. Ela era uma violinista profissional de trinta e poucos anos, e nunca sentia que suas apresentações na orquestra eram boas o suficiente. Ela esquadrinhava seus mínimos erros vezes sem conta, tornando-se obcecada com eles. Estudava muitas e muitas horas por dia, muito mais do que seus companheiros músicos. Embora fosse uma excelente musicista, extraía muito pouco prazer disso, em virtude do seu demônio do perfeccionismo.

O perfeccionismo de Sônia foi herdado da mãe, que era extremamente crítica e controladora, e havia criado a filha sem muitas risadas, generosidade de espírito ou carinhos físicos. A mãe nunca pegava Sônia ao colo ou a elogiava. Ainda que ela se destacasse na maioria das coisas que fazia, em casa lhe era passada a mensagem de que havia sempre algo errado com sua aparência ou com seu desempenho.

Sônia decidiu alimentar o demônio do perfeccionismo, que morava dentro dela desde sempre. Quando ela foi em busca do lugar em que o demônio estava armazenado em seu corpo, descobriu que ele estava em todos os lugares, como pequenos dentes que roíam cada parte do seu corpo. Mas a central de comando parecia estar em sua garganta, onde o demônio parecia cinzento, grosso e asqueroso, como um tumor. Ele era pegajoso e não a deixava falar.

O demônio tomou forma na frente dela como um roedor horrendo, uma ratazana enorme sentada sobre as patas traseiras, olhando para Sônia. O animal era quase do tamanho dela, e por trás dele havia um ninho de ratinhos recém-nascidos, mas a cena não era muito maternal — parecia mais um mestre com seus escravos. Quando Sônia olhou profundamente nos olhos da ratazana, ficou estagnada pela crueldade que sentia vir dali, embora ela não tenha tido qualquer medo ou animosidade. O demônio tinha dentes como os de um coelho, mas muito pontiagudos, olhos negros brilhantes, e quatro garras grandes e afiadas. Quando Sônia tomou o lugar do demônio, ela ficou impressionada ao perceber quão diferente era a sensação quando olhava para o demônio e quando efetivamente se transformou nele; enquanto demônio, ela se sentia insegura e carente, sentimentos que surgiram com muita clareza e nitidez.

O demônio disse: "Eu tenho de ser melhor e mais inteligente que você. Você nunca pode ter mais do que eu". Continuou: "Se recebesse aquilo que necessito, eu me sentiria muito poderosa e bonita". Então Sônia deu ao demônio um néctar dourado de poder e beleza, com o desejo de que ele se sentisse completamente satisfeito. A ratazana consumiu o néctar até se esbaldar e os ratinhos recém-nascidos, reunidos em torno dela, também beberam do néctar em frenesi. Eles se tornaram mais gordos e rosados, começaram a rolar no chão como porquinhos e, gradualmente, desapareceram. A ratazana ficou muito letárgica e apática. Ela foi mudando de cor, a tonalidade escura foi se suavizando e sua pele de animal se transformou em uma pele grossa. Seus dentes e unhas caíram, e simplesmente evaporaram, até que a ela caiu de costas, como se estivesse dormindo. Ainda era uma ratazana grande e feia, mas muito menos ameaçadora do que antes.

Como a ratazana ainda não tinha desaparecido completamente, Sônia percebeu que precisaria usar mais tempo para tratar desse demônio. Em práticas posteriores com ele, ela repetiu o processo até que a ratazana se transformou em um bebê humano feliz e de faces rosadas, que finalmente foi dissolvido, e Sonia descansou ali, naquele momento.

Quando Sônia convidou o aliado a aparecer, surgiu uma mulher poderosa, que disse que iria cuidar dela, para que pudesse ser criativa sem se estressar devido ao perfeccionismo. Ao longo dos vários meses em que trabalhou com esse demônio, Sônia notou que sua mania de perfeição foi diminuindo e que ela era capaz de desfrutar das suas apresentações, em vez de se concentrar apenas nos pequenos erros que cometia. Ela tomou a decisão consciente de parar de treinar obsessivamente e, como resultado, sua performance melhorou ainda mais. Sua música agora era mais plena de vida, e ela mesma começou a se sentir assim.

DEMÔNIOS DA DEPRESSÃO

Este é um daqueles demônios que pode estar tão disseminado que se torna difícil conseguir localizá-lo no corpo. Encontrar a motivação para alimentar um demônio da depressão também pode ser complicado, pois a depressão, por vezes, é bastante imobilizadora. Tal demônio em geral contém vários sentimentos agrupados: tristeza, raiva, desesperança, desespero, medo, e todas estas sensações podem estar presentes. A depressão pode ser temporária, ou pode ser uma doença crônica que já está tão incorporada em nós que quase nos impede de funcionarmos normalmente. Ela lança uma sombra opaca sobre todas as coisas. Podemos passar dias, semanas ou mesmo anos sob o controle deste demônio.

Às vezes a depressão pode ser um demônio externo que vem do sentimento de opressão, o que significa que está especificamente ligado a circunstâncias externas; caso essas circunstâncias se alterem, a depressão é aliviada. Durante o regime do Talibã no Afeganistão, quando as mulheres eram extremamente oprimidas e não tinham permissão para receber educação escolar nem para exercer a profissão, houve uma onda nacional de depressão e suicídio entre as afegãs. Mas, nos casos em que o problema da depressão não é alterado quando há a mudança nas circunstâncias que a desencadearam, isso significa que ela é um demônio interno. Um demônio interno é aquele que nós carregamos dentro de nós independentemente de quais sejam as circunstâncias externas. Podemos estar em um lugar paradisíaco com as pessoas mais maravilhosas e ainda assim estamos deprimidos quando temos um demônio interno da depressão. Nos Estados Unidos, onde os medicamentos antidepressivos são cada vez mais comuns, cerca de 18,1 milhões de habitantes (6% da população) sofrem de depressão.

A depressão responde bem à prática de alimentar os demônios, porque os passos 1 e 2 ajudam a dar uma forma específica para o problema, que poderia ficar perdido no estado de nebulosidade e letargia que tão frequentemente acompanha esta doença. Quando nos conscientizamos de forma clara sobre onde se localiza este demônio, qual é sua cor, qual é sua textura, e definimos suas características, nós o colocamos em uma dimensão na qual suas necessidades podem ser atendidas.

Jason era o diretor executivo de uma organização para jovens desempregados. Sua depressão crônica o levou a se afastar completamente da esposa e dos dois filhos. Ele se tornou muito introspectivo e desconectado de todas as pessoas, a ponto de ficar quase incapacitado de exercer sua profissão. Ele descreveu a forma como se sentia para o terapeuta: uma experiência de não ter qualquer pensamento, como se seu cérebro estivesse vazio. Em situações sociais, ele simplesmente deixou de falar. Seu terapeuta sugeriu que ele experimentasse o processo de alimentar os demônios.

A primeira tentativa de Jason com a prática aconteceu um dia depois que ele e a esposa haviam oferecido um jantar em casa. Ele tinha sido incapaz de participar nas conversas, e até o final da noite sentira tão solitário e isolado que não era mais capaz de ouvir nada que lhe era dito. Ao pensar nos eventos da noite anterior, ele sentiu um nó na garganta, os músculos do seu pescoço e da garganta se contraíram e ele ficou incapacitado de falar. Jason sentiu-se inútil e envergonhado. A cor que estava associada a essa sensação era o azul.

O demônio que ele viu à sua frente era tão grande que ocupava a sala inteira; tinha uma pele escamosa, verde-azulada e iridescente; cerca de trinta a quarenta membros emanavam do seu tronco, como os raios de uma estrela. Ele usava estes membros como braços e pernas, que no lugar de mãos e pés tinham picos duros nas extremidades; a cabeça estava assentada em cima de um desses membros, e seus olhos pequenos e meticulosos olhavam Jason com extrema frieza. Quando Jason o examinou mais de perto, descobriu que o demônio era vibrante e que suas extremidades ondulavam em um ritmo constante. Quando lhe foi perguntado o que ele queria de Jason, o demônio disse que queria sua companhia e ficar muito perto dele. Quando lhe foi perguntado o que ele necessitava, ele disse que apenas precisava que eles fossem amigos para se sentir vivo e feliz.

Quando Jason voltou ao seu lugar original, após ter assumido a posição do demônio, seu terapeuta lhe sugeriu que alimentasse o demônio, mas ele disse que sentia muita repulsa pelo demônio e que não que não queria se relacionar com aquela criatura. Para motivá-lo, o terapeuta explicou que a animosidade entre ele os dois já existia há muito tempo e que, se Jason não desse alguma coisa ao demônio, nada jamais mudaria entre eles. Jason, então, concordou em tentar oferecer ao demônio alguma proximidade, mas o fez sem qualquer entusiasmo e, além disso, não quis dar nem um pouco de alegria ou vivacidade à criatura. Infelizmente a sessão com o terapeuta estava no fim, e eles decidiram continuar o trabalho no encontro seguinte. O caso de Jason é bastante ilustrativo para demonstrar que, se não formos capazes de entender que alimentar nossos demônios não os torna piores, mas os liberta, poderemos ter medo ou resistência em lhes oferecer o néctar. Você tem de entender a teoria bem o suficiente para confiar no processo ou, ao menos, estar disposto a tentar.

Na sessão seguinte, Jason estava mais aberto para o processo. Quando visualizou o demônio, este parecia o mesmo, mas não pulsava mais; seus olhos frios continuavam a olhar para Jason fixamente. No entanto, como na sessão anterior, Jason não quis alimentar a criatura, nem ter qualquer envolvimento com ela. O terapeuta o encorajou a ir em frente, lembrando que nada que Jason havia tentado até aquele momento tinha aliviado sua depressão. Jason acabou concordando. Desta vez, quando ele se transformou no demônio, ficou claro que o demônio precisava da felicidade de Jason, para que pudesse se aceitar do jeito que era e pudesse desenvolver a autoconfiança; se ele conseguisse o que necessitava, se sentiria alegre.

Quando trocou novamente de lugar com o demônio e voltou a ser ele mesmo, Jason de novo se recusou a dar qualquer coisa à criatura, já que ele ainda não confiava no processo. Mas depois de alguns minutos de incentivo do seu terapeuta, Jason concordou em alimentar o demônio com um pouco de alegria.

Ele viu a felicidade como uma luz azul-escura fluorescente, que gradualmente permitiu que fluísse para o demônio. Quanto mais ele deixava o néctar fluir, mais se sentia pessoalmente tocado, sensibilizado. Aos poucos, as lágrimas que guardara dentro de si por tanto tempo começaram a fluir. Viu, então, que o demônio aos poucos foi se sentindo alimentado, até mostrar que estava completamente satisfeito.

No final da prática, Jason se sentiu tranquilo, inteiro e em harmonia com o mundo. Ele pegou nos braços o travesseiro azul sobre o qual havia visualizado o demônio, abraçou-o e chorou de novo. Então convidou o aliado a aparecer. Este era um elfo azul-esverdeado, que prometeu lhe ensinar a ser alegre e a a conectá-lo com a natureza. Ao final da sessão, Jason se sentiu muito aberto, e seus olhos brilhavam. Ao mesmo tempo, estava um pouco desorientado, porque a experiência havia abalado sua filosofia de vida, sempre tão negativa. Mas, nas semanas seguintes, ele não evitou mais o contato com as pessoas e se sentiu mais ligado à a esposa e a família. A depressão regrediu depois de mais algumas sessões.

Jason percebeu que a filosofia de vida que tinha até então havia sido formada pela depressão, e se dispôs a desistir dela. Passou a compartilhar seus sentimentos com a esposa e ambos foram desenvolvendo uma intimidade que ele nunca havia experimentado antes. Agora, quando se sentia feliz, Jason não mais impedia essa sensação por se considerar indigno. A depressão ainda retornou vez ou outra, mas ele aprendeu a fazer a prática de alimentar os demônios sozinho e foi capaz de usá-la nessas ocasiões. Ele ficou surpreso com o fato de que agora era capaz de administrar a depressão, coisa que jamais imaginara que poderia vir a acontecer.

A experiência de Jason com a depressão é muito comum. Como mencionei antes, quando estamos lidando com demônios poderosos que realmente nos causam mal pode haver, da nossa parte, um grande ressentimento para com o demônio, que, no caso acima, se manifestou como a recusa inicial de Jason em alimentar a criatura. Começar por oferecer apenas um pouquinho daquilo que o demônio necessita pode ser uma maneira eficaz de superar a resistência inicial em lidar com certos demônios.

Como já vimos, por vezes a depressão é passada de geração a geração. Ângela, uma jovem de vinte anos que trabalhava como balconista em uma loja de roupas, tinha uma história familiar de depressão. Sua irmã tinha transtorno bipolar, e sua mãe e avó, depressão severa. Quando Ângela realizou o passo 1 de alimentar seu demônio, ele tinha o aspecto de uma coisa negra e pesada e lhe pressionava a cabeça e os ombros, esmagando-a. Ele então se transformou em um escorpião preto que caminhava sobre um gelo quebradiço, frio e inseguro. Queria magoar as pessoas e dilacerar a carne delas. Quando Ângela trocou de lugar e se tornou o demônio, sentiu-se raivosa e violenta, e percebeu quanto ódio havia por trás de sua depressão. O demônio lhe disse que precisava de alguém que sentisse compaixão por ele, e que ficava furioso porque isso nunca acontecia. Se recebesse o que necessitava, ficaria aliviado.

À medida que Ângela começou a alimentá-lo com o néctar de alívio, a carcaça dura que envolvia o escorpião foi rachada e se abriu, revelando um corpo macio e rosado. Passado algum tempo, ele se transformou em uma anêmona marinha, que flutuava livremente em um belo oceano, completamente relaxada. Esta anêmona era o aliado e disse a Ângela que ela deveria ajudar a família, oferecendo amor, um oceano de amor, a todos aqueles que sofrem de depressão.

Depois de trabalhar com esse demônio durante algum tempo, Ângela disse acreditar que aquela prática a ajudara a curar não somente a si mesma como à família. Sua irmã, que sempre havia negado o problema que tinha, de repente resolveu se juntar a um grupo de apoio a pessoas bipolares e começou a fazer terapia. Não há maneira precisa de sabermos se o trabalho de Ângela está diretamente relacionado ao progresso da irmã, mas, muitas vezes, em casos como este, de demônios de matriz familiar, quando um membro da família consegue mudar, os demais são naturalmente influenciados e uma mudança estrutural se torna possível. Ângela acredita que foi isso o que aconteceu com sua irmã.

DEMÔNIOS DA VERGONHA

Se você sente vergonha e começa a procurar a raiz disso, vai encontrar muitos outros demônios, incluindo o da dependência, do poder, do abuso e da ansiedade. Quando temos um demônio da vergonha, ansiamos por ser invisíveis, mas, secretamente, há o desejo de aprovação por parte dos outros. Pessoas que sentem vergonha em geral têm a sensação de que guardam um segredo sujo que precisam ocultar, mesmo quando não sabem qual é ele. Elas têm medo de que seu segredo seja descoberto e revelado, por isso também têm medo de intimidade.

A sensação de vergonha familiar é muitas vezes silenciosa, mas é facilmente absorvida pela mente sensível das crianças. Por exemplo, Celeste, uma jovem que cresceu em um ambiente pobre, tinha vergonha do lugar onde sua família morava. Na infância, ela pedia para o motorista do ônibus deixá-la na frente de uma bela casa; quando o ônibus partia, ela ia correndo para o terreno atrás da casa, onde ficava o trailer em que morava com os pais e o irmão. Infelizmente, isso significava que ela jamais poderia vir a convidar qualquer um de seus amigos para ir brincar em sua casa, e que vivia com medo de que seu segredo fosse descoberto.

Por vezes, a vergonha é difícil de ser nomeada. Celeste não sabia como identificar seu demônio, mas ela tinha consciência da sensação de náusea que surgia a partir dele. Quando ela investigou seu corpo buscando localizar o demônio, ela o encontrou no intestino e teve uma leve experiência física de náusea. Ela começou a escrutinar este sentimento de desconforto, e percebeu que isso a levava a ir em busca da apreciação dos outros. Finalmente, ela identificou o cerne da questão como um sentimento de vergonha, de não se sentir apropriada e confortavelmente presente em seu próprio corpo.

Isso se manifestava na vida de Celeste como uma necessidade de receber aprovação e carinho dos outros que comprometia sua integridade pessoal. Ela tinha medo de enfrentar situações em que corria o risco de experimentar rejeição ou sentimentos de incompetência ou inaptidão. Com frequência, tinha a sensação de que precisava se esconder. Isso não era evidente para os outros, que a viam como uma pessoa confiante e extrovertida.

O demônio da vergonha de Celeste era rosa e gosmento, e estava centrado em sua garganta. Ela o viu à sua frente na forma de uma salamandra. Ele não tinha espinha dorsal e era sinuoso, com olhos lancinantes e cautelosos. Ele queria confundi-la e deixá-la insegura. Quando ela perguntou o que ele necessitava, ele disse que precisava de aceitação para a própria vulnerabilidade, e que assim se sentiria amado. Quando retornou ao seu lugar original, ela dissolveu o corpo em um néctar de aceitação amorosa. À medida que ela alimentava essa criatura em forma de verme, ele foi derretendo e formou uma poça. Então ela descansou naquela estado de amplidão.

Desde que ela encontrou este demônio fundamental, as coisas têm sido diferentes para Celeste. Quando sente náusea, ela o reconhece nessa sensação e não se deixa apanhar por isso. Ao contrário, ela pensa: "Ah, tudo bem, estou sentindo aquela vergonha novamente. Eu não preciso me opor a isso, ela não vai mais me pegar. Já vivi isso antes, sei como lidar com ela". Então, Celeste alimenta o demônio e a vergonha decresce. Ao longo do tempo, ela foi descobrindo que aqueles sentimentos não mais a emboscavam da mesma forma e que ela conseguia ter mais controle sobre eles.

Bethany, uma professora da escola primária de 38 anos, também tinha um demônio da vergonha. Ela sofria de acessos de vergonha tão extremos que sua própria existência parecia vergonhosa. Quando criança, ela ganhara um livro sobre uma bebê gansa chamada Borka, que era ridicularizada e desprezada pela família por não ter penas. Borka era tão diferente dos outros que não havia como esconder o fato. Finalmente, a mãe lhe tricotou uma malha cinza áspera, para que ela não sentisse tanto frio. Mas, ao vestir a malha, Borka não conseguia voar, e no outono, quando a família voou para o sul, ela foi deixada para trás, com sua malha, escondida na grama a chorar.

Em sua família, Bethany se sentia como Borka, uma alienígena deslocada. Sua mãe costumava lhe dizer: "Você está *tentando* ficar o mais feia possível?". Na adolescência, vivia com medo de parecer feia, tinha vergonha do seu corpo e queria mantê-lo longe do alcance dos olhos dos outros. Quando cresceu mais um pouco, ela era incapaz de se sentir parte de qualquer grupo.

No início do trabalho com seu demônio da vergonha, Bethany encontrou uma sensação de aspereza e de coloração cinza em seu coração. A sensação se tornou um demônio similar a um saco fechado, que queria cobri-la e fazê-la desaparecer. Ele estava totalmente insatisfeito e chateado com ela. Quando Bethany perguntou o que ele necessitava, ele disse que precisava ser libertado de um feitiço, para que pudesse se sentir livre novamente. Ao receber o néctar da liberdade, ele se dissolveu de repente, como um boneco de neve que derrete ao ter sido magicamente esquentado, e transformou-se em um cervo branco. Este era seu aliado, que a incentivou a continuar a oferecer compaixão em relação a si mesma, a fim de se libertar do feitiço da vergonha.

DEMÔNIOS DA ANSIEDADE

A ansiedade é um medo de que algo ruim vá acontecer no futuro, talvez violência, um acidente ou uma perda repentina. Existem várias formas de ansiedade, incluindo os ataques de pânico, o comportamento obsessivo-compulsivo, a ansiedade generalizada e fobias diversas. A ansiedade afeta ainda mais pessoas do que a depressão: cerca de 40 milhões de habitantes nos Estados Unidos (que equivale aproximadamente a 18% da população) têm algum transtorno de ansiedade. A maioria das pessoas que sofre de um determinado tipo de transtorno de ansiedade apresenta também outros distúrbios emocionais, e estes surgem frequentemente junto com a depressão e o abuso de substâncias intoxicantes. Distúrbios como o pânico são frequentemente associados a agorafobia e claustrofobia. Algumas ansiedades estão ligadas a circunstâncias externas, mas há muitas outras que não estão ligadas a nenhuma circunstância específica, o que as caracteriza como um demônio interior.

A ansiedade, assim como a depressão, está se tornando cada vez mais comum e a oferta de medicamentos para tratá-las é cada vez mais onipresente. Sentimos ansiedade quando nossas defesas são quebradas e nossa vulnerabilidade é exposta. Isto pode acontecer quando perdemos um emprego ou um relacionamento, ou quando ocorre algum evento que abala nosso mundo. O medo do terrorismo, o aquecimento global, a desconstrução de um lar, ou de uma comunidade, ou de relacionamentos, todos estes fatores contribuem para a ansiedade.

Mônica, uma mulher de 42 anos, diretora de uma biblioteca, é casada e não tem filhos. Ela cresceu na Europa cercada por arte, música e literatura, em uma família que viajava com frequência. Mas, quando ela tinha quinze anos, seu pai foi diagnosticado como paranoico esquizofrênico. Quando sua mãe foi acompanhá-lo ao hospital psiquiátrico e passou várias semanas lá, Mônica e a irmã ficaram sozinhas em casa.

A paranoia do pai estava focada na imaginação dele. Em sua mente, ele achava que a esposa, a mãe de Mônica, lhe era infiel. A mãe passou a temê-lo e três anos depois eles se divorciaram. Mônica ficou com a mãe e, aos dezenove anos, teve seu primeiro ataque epiléptico. Aos vinte, ela deixou a casa da mãe e concluiu os estudos na faculdade de biblioteconomia. Dois anos depois, seu pai cometeu suicídio. Embora Mônica tenha continuado a trabalhar, ela começou a beber e a ter relações sexuais de forma indiscriminada nos fins de semana. Também começou a se queimar com pontas de cigarros. Aos 35 anos, com a prática de ioga e meditação, Mônica parou com seus comportamentos destrutivos, mas continuava a ter muita ansiedade e desconfiança. Durante este período, ela participou de um retiro sobre a prática de alimentar os demônios.

Mônica carregava o demônio da ansiedade em seu peito, onde havia um sentimento muito fechado, como uma parede de tijolos. A energia era presa, fria e cinzenta, como pedaços de vidro. Quando ela personificou a sensação, surgiu um ser humano sem sexo definido, pequeno e escuro. Tinha cabelo preto, era frio e escamoso e possuía um olhar desamparado, como se implorasse por algo.

O demônio queria destruir Mônica, mas disse que o que ele realmente necessitava era de afeto; se recebesse afeto, ele se sentiria amado. Depois que Mônica dissolveu o próprio corpo em um néctar do amor e o ofereceu ao demônio, este se tornou mais leve, mais amigável, um ser amável e radiante. Em seguida, ele se dissolveu em uma luz disforme que tinha um brilho perolado. Quando Mônica convidou o aliado a aparecer, ele era uma curandeira de cabelos prateados, sentada no chão em uma floresta. Esta mulher prometeu protegê-la e ficar disponível sempre que Mônica se sentisse insegura.

A ansiedade pode ser esmagadora quando a vida parece empilhar uma coisa difícil por cima da outra. Paul já sofria de ansiedade e problemas de autocontrole quando perdeu o emprego. Recém-divorciado, precisava encontrar tempo para seus filhos e para sair à procura de um novo emprego. Como tinha muitas despesas, pensou que talvez tivesse de vender a casa. Sua vida ficou fora de controle. Ele havia aprendido a prática de alimentar os demônios durante um retiro de Tchöd e decidiu aplicá-lo à sua ansiedade.

Quando penetrou em seu corpo no passo 1, Paul encontrou a ansiedade na nuca, mais à direita, entre os ombros. Ela era nervosa e elétrica, como um fio elétrico que estivesse vivo. Era fria como o gelo e o fez tremer. Ela criava uma certa leveza que era desconcertante, e o fazia sentir como se a cabeça dele estivesse desconectada do torso. Quando Paul colocou o demônio à sua frente e o personificou, ele era uma massa fervente de lâminas metálicas — lâminas de espadas, de barbear, de facas, de máquinas —, todas conectadas a um ponto central que girava descontroladamente. O demônio não tinha rosto. Quando Paul lhe perguntou o que necessitava, ele disse: "Liberdade do confinamento e mais ar para respirar". Se recebesse mais ar, ele se sentiria relaxado.

À medida que Paul o alimentava com o néctar de relaxamento, as lâminas foram derretendo e o demônio encolheu devagar, até se transformar em uma pequena esfera de aço composta de muitos pratos cuidadosamente rebitados. Ainda era brilhante, mas de um brilho bonito, que substituiu a superfície anterior, de reflexos ásperos. Ela girava jocosamente ao redor de Paul, que sentiu um alívio lhe percorrer todo o corpo, uma sensação de calor e uma sensação de solidez entre os ombros. O demônio não quis voltar para o corpo de Paul e continuou a brincar na frente dele; então, acabou por se tornar o aliado que o encorajava a relaxar.

DEMÔNIOS DA INAUTENTICIDADE

Quando Carla, uma escritora de 59 anos, era criança, sua mãe queria que todos se dessem bem e fossem felizes, tanto no que se referia à aparência externa da família como para sua própria paz de espírito. Infelizmente, porém, os pais de Carla tratavam as rivalidades entre os filhos de forma ineficaz, e ela, o irmão e a irmã brigavam o tempo todo. Já adultos, quando havia uma reunião de família, Carla e os irmãos simulavam uma harmonia familiar para agradar à mãe. Quando comparecia a esses eventos, Carla muitas vezes acabava por se sentir como uma fraude, presa pela mensagem implícita de ter de agir como se tudo estivesse maravilhoso. Ela conversou com o irmão sobre isso, mas ele não conseguiu entender o motivo pelo qual ela se sentia tão desconfortável em ter de "fingir" por um tempo tão curto. Então ela se sentiu ainda pior, acreditando que aquilo que lhe parecia desconfortável não tinha importância nenhuma e que ela não deveria reagir de forma tão intensa. Embora continuasse a participar desses eventos, cada vez que ia a um deles era como se estivesse traindo a si mesma. Ela sentia uma profunda solidão nos encontros familiares e chorava sozinha quando ia para a cama à noite. Carla se deu conta de que aquilo era uma sensação de inautenticidade, que ela sempre se sentira envergonhada de manter.

Este demônio era difícil de lidar, porque não era nada grande como uma dependência ou uma depressão, mas era tão pesado para Carla que ela começou a ter pavor de encontros familiares. Ela decidiu, então, alimentá-lo. Uma sensação fria e de coloração azul estava localizada em seu peito e emergiu como a figura de uma bruxa, com a pele coberta de verrugas azuladas. O demônio balançou o dedo para Carla e olhou-a com expressão acusadora.

Quando interrogada por Carla, a bruxa disse que precisava ser autêntica, e que com isso ela se sentiria livre. Depois de ser alimentada com o néctar da liberdade, a bruxa tomou a forma de uma jovem selvagem e forte. Ela era o aliado e disse a Carla que iria protegê-la de trair a si mesma, e que também a ajudaria a aprender a dizer não. Quando o aliado foi absorvido por Carla, ela se sentiu mais forte, poderosa, e teve coragem de dizer à irmã que não iria ao próximo evento da família. Foi assustador, mas muito libertador. Desde então, Carla escolhe criteriosamente as reuniões familiares de que quer participar e, quando vai, é porque realmente quer ir, não porque sente a obrigação de fazê-lo.

Karen, uma psicoterapeuta de 38 anos de idade, tinha um demônio semelhante, que chamou de Demônio do Brilho do Sol. Os pais se divorciaram quando ela tinha quatro anos, depois que a mãe decidiu não levar mais surras do marido, o pai de Karen. Após o divórcio, Karen se tornou a filha do brilho do sol para a mãe: era a única fonte de alegria na vida dela. Ocupando o lugar do pai, Karen se tornou muito prática, aprendeu a consertar coisas e parecia não ter medo. Foi somente quando cresceu e ficou longe da mãe que ela se permitiu explorar seu lado negro.

Quando criança, Karen foi uma boa aluna, geralmente a melhor na classe, e ela se sobressaía em todos os tipos de esporte. Sua mãe e os outros familiares tinham muito orgulho dela. Então ela teve amigdalite e ficou internada no hospital por várias semanas. Durante a recuperação, Karen recebeu muito amor, atenção e presentes da família. Depois disso, ela desenvolveu o hábito de ficar doente para chamar a atenção e fazer uma pausa em suas vitórias. Na idade adulta, Karen continuava tentando se sobressair em tudo o que fazia, e era uma profissional de altíssima produtividade. Mas sempre ficava doente quando estava sob pressão.

Karen começou a prática dos cinco passos para alimentar o demônio quando acordou, certa manhã, com dor de garganta. Ela acabara de participar de um novo treinamento de trabalho e estava sob muita pressão para terminar um projeto. Ela sabia que o demônio sempre vinha da mesma maneira: algumas cócegas na garganta, seguidas por dor de cabeça e então a dor na garganta. Esta dor se manifestava quando Karen se sentia muito pressionada para realizar alguma coisa, mas, na verdade, o que ela realmente precisava era de amor.

Assim que Karen se concentrou em sua garganta, a tensão desapareceu e foi substituída por um sentimento caloroso e amplo em seu coração. Ela continuou o processo e, no passo 2, deu forma a este sentimento; descobriu então uma figura cômica, cuja cabeça era a de um sol com um sorriso no rosto, como o desenho de uma criança. Ele ria tanto que ela não conseguia ver seus olhos; ele também evitava o olhar de Karen, dançando em torno dela e fazendo um show. Observar esta cena a fez rir, o sol era de fato muito alegre.

Quando trocou de posição com o alegre demônio e se pôs no lugar dele, Karen ficou surpresa ao descobrir que, por trás da máscara do sol, ele sentia uma tristeza incrível. O demônio do brilho do sol necessitava ser visto e amado por quem ele era, e não pela sua fachada. Quando se Karen sentou na cadeira do demônio, ela começou a chorar. Chorou sem parar até voltar para a posição original; o motivo do choro foi que ela reconhecera o padrão profundamente enraizado em si mesma, de sempre ter de fingir que estava tudo bem.

Ela alimentou o demônio do brilho do sol com amor e aceitação, e ele se transformou em uma menina muito doce, de quatro anos, com cabelos loiros e fitas em suas tranças, mas que não era o aliado. Este apareceu como uma iogue forte rodeada por chamas. Por fim, tudo que restou foi a luz dourada, e Karen descansou nesse estado. Posteriormente, Karen notou que a sensação de calor que estava em seu coração havia se espalhado por todo o corpo. A dor de garganta e a dor de cabeça haviam desaparecido. A partir dessa experiência, ela reconheceu o fardo que vinha carregando por toda a família e como ela usara da doença para se livrar dele. Agora, quando sente aquelas cócegas na garganta, Karen alimenta seu demônio em vez de ficar doente. Sempre que possível, ela faz o processo dos cinco passos com uma amiga; caso contrário, faz a prática sozinha.

Quando alimentamos nossos demônios interiores, podemos encontrar problemas que acreditávamos que estariam conosco para sempre, e conseguimos abatê-los e dissolvê-los. Às vezes, isso pode acontecer de uma única vez, e às vezes é necessária uma série de sessões do processo dos cinco passos.

No meu caso particular, tive de trabalhar durante um mês com meu demônio do abandono até perceber que ele não surgia mais. Ainda tenho algumas recaídas, mas em grande parte ele desapareceu. E, quando ele volta, já sei o que fazer.

Demônios interiores vivem em nossos pensamentos e memórias e, quando aprendemos a libertá-los, eles se dissolvem como ondas que se formam e voltam a fazer parte do oceano. A verdadeira natureza da mente é lúcida e clara; assim, gradualmente, depois de termos alimentado esses demônios, no passo 5, podemos deixá-la descansar em sua própria natureza, que é tão vasta quanto o oceano. Demônios da mente podem nos levar a agir de forma danosa tanto para nós mesmos quanto para os outros, por isso é fundamental estarmos conscientes deles. Como os boinas-verdes, que sofreram mais devido aos seus demônios internos do que com seus inimigos externos. A maioria de nós sofre muito mais por aquilo que surge a partir de nosso interior do que por aquilo que nos oprime externamente.

Os Demônios da Exaltação 16

A sombra do homem, pensei, é sua vaidade.

Friedrich Nietzsche

Os demônios da exaltação constituem a terceira categoria de demônios de acordo com Machig Labdron. Eles têm dois aspectos: o apego ao prestígio mundano e a inflação psicológoca pela realização no caminho espiritual. É importante compreender que os demônios de exaltação são tão destrutivos quanto os mais óbvios e negativos demônios externos e internos. Eles também são mais difíceis de ser reconhecidos, porque estão ligados a experiências agradáveis. Como vimos, cada uma das quatro categorias de demônios estruturadas por Machig nos aproxima de forma mais profunda a compreensão do funcionamento da nossa própria mente. Cada categoria é mais sutil do que a anterior, e este terceiro grupo de demônios — os demônios da exaltação — é realmente sutil.

Estamos sempre à procura de experiências que nos deem uma grande excitação, seja por meio das drogas ou do álcool, seja por meio de outros tipos de prazer, como a comida, o sexo, ou viajar. Ironicamente, o próprio desejo pela epifania é, em si, uma espécie de obstáculo espiritual. Lembro-me ter ido a um monólogo de Spalding Gray — cofundador da companhia teatral nova-iorquina The Wooster Group Theater Company,[5] —, que foi apresentado em um pequeno teatro de Nova York. Ele descrevia uma viagem à Ásia em que passou o tempo todo tentando encontrar um único momento de epifania, que sempre lhe escapou. Ao ouvi-lo, eu me dei conta do quanto este anseio por um momento perfeito nos conduz, dando origem aos deuses e aos demônios.

DEMÔNIOS MUNDANOS DA EXALTAÇÃO

Os demônios mundanos da exaltação são conectados a um senso inflado de orgulho a respeito do sucesso, do trabalho, da família ou das posses. Pense em momentos em que você se sentiu todo orgulhoso de suas roupas, sua casa, sua aparência, seu carro ou sua riqueza. Esse demônio também está ligado a qualquer profissão que seja vista com respeito e em que se pode ter poder sobre os outros. Quando penso sobre esse demônio, crio a imagem de uma pessoa que, literalmente, fica estufada como um balão. O chefe que tem poder sobre a vida dos subordinados pode desenvolver um demônio da exaltação, inflado pelos elogios ou pelo status que ele recebe devido ao seu trabalho. Esta exaltação também pode ocorrer quando alguém se torna rico, famoso, ou ambos, desenvolvendo um sentimento de autoimportância e de que merece um tratamento especial. Este demônio pode, ainda, ser mais sutil, como ter orgulho dos filhos ou das nossas habilidades profissionais.

Conversei sobre este assunto do demônio da exaltação com minha amiga Christine, que é médica. Ela disse: "Ah... Há um momento, durante a residência no curso de medicina, em que este demônio aparece. Os médicos que treinam os estudantes

5 - Companhia de teatro experimental conhecida por criar inúmeras obras dramáticas originais, que lançou a carreira de muitos atores, inclusive a de um dos seus membros fundadores, Willem Dafoe. (N. T.)

dão o nome de 'momento de perigo' a este período específico, porque os residentes se tornam muito confiantes e também arrogantes em relação aos seus diagnósticos".

Ela deu o exemplo do caso de Jody, uma estagiária de radiologia que era brilhante e que se formou na Escola de Medicina em Harvard. Jody se orgulhava de sua habilidade em interpretar radiografias, por isso, quando viu duas chapas incomuns em uma sessão de análise, ela precipitadamente deu um diagnóstico. Mas, ao analisá-las com o médico responsável pela supervisão do seu trabalho, ele lhe mostrou que ela havia ignorado algumas pistas importantes sobre a radiografia e, como resultado, Jody tinha se perdido completamente no diagnóstico conclusivo. Mais tarde, quando refletiu sobre o ocorrido, Jody percebeu que seu sentimento de enorme autoconfiança havia sido um sinal de alerta que ela tinha ignorado.

DEMÔNIOS DA EXALTAÇÃO ESPIRITUAL

Ao falar sobre os demônios da exaltação, Machig enfatiza os demônios da exaltação espiritual, que emergem quando nós nos apegamos ao status e aos sinais auspiciosos que surgem ao longo do nosso caminho espiritual. Como os demônios da exaltação mundana, estes são considerados complicados, porque estão ligados a experiências agradáveis. Os demônios da exaltação espiritual podem conduzir ao abuso da autoridade espiritual por meio da manipulação de outras pessoas em benefício próprio.

Na época atual de instabilidade e de busca de compreensão da alma, há um grande oportunidade para que pregadores ou gurus se utilizem da sua posição para criar novos cultos ou controlar a mente de outras pessoas. Se você é um professor ou mentor espiritual, pode se deixar levar pelos elogios dos discípulos, ou dos devotos, que estão impressionados com suas qualidades espirituais. Eles podem lhe oferecer grandes somas de dinheiro ou status, coisas que podem tirar sua humildade e levar à inflação do ego.

Um exemplo extremo do demônio da inflação espiritual foi Jim Jones. Nascido nos Estados Unidos, ele fundou uma seita e se mudou para a Guiana. Ele se considerava ao mesmo tempo a reencarnação de Cristo e de Lenin. Em 1978, sofreu um processo de investigação por parte de um congressista americano para a averiguação de possíveis violações dos direitos humanos, mandou matar o deputado e alguns outros membros do partido e depois induziu um suicídio em massa dos seus discípulos, em que mais de novecentas pessoas morreram.

Estes demônios espirituais da inflação do ego podem se tornar poderosos em líderes de seitas que são habilidosos em manipular as pessoas que estão sob a influência de esperanças e medos. Uma forma de reconhecer professores e sacerdotes que se deixaram apanhar por este demônio é perceber a delimitação que ele estabelece para si mesmo e sua missão como sendo bons, e para o resto do mundo como sendo mal ou corrupto. Esses líderes são muitas vezes sectários e paranoicos. Podem também tentar impedir que seus seguidores tenham ligação com o mundo "exterior", e alegam que somente eles podem julgar o valor dos seus devotos. Eles também podem acreditar que se pode justificar a violência para cumprir a missão que propõem.

Em nossas vidas, isso pode se manifestar de forma menos dramática, como o orgulho espiritual, o desejo de que os outros pensem que somos espiritualmente realizados. Às vezes, quando chegamos ao fim de um longo retiro, queremos que os outros pensem que estamos iluminados. Se eles realmente acreditarem nisso, corremos o risco de ser coniventes com esta ideia e de os guiarmos de forma a desviá-los do caminho. É importante reconhecer essa tendência em nós mesmos, manter uma relação com nossos próprios professores genuínos e realizados e continuar a praticar com diligência.

Embora seja importante reconhecer os riscos de líderes espirituais que abusam do poder, também é bom nos lembrarmos de que há muitos professores autênticos que não foram apanhados pelo demônio da exaltação. Com frequência, os grandes mestres são os mais humildes e despretensiosos. Por exemplo, sua santidade o dalai-lama é considerado um Buda vivo pelo povo tibetano e poderia cair nas teias deste demônio, mas, ao contrário, é humilde e compassivo com todos.

Se percebermos que estamos com um ar de autoimportância, ou começarmos a rotular aqueles que pensam diferentemente de nós como errados, este é o demônio da exaltação em ação. Quando caímos nas garras deste demônio, paramos de examinar nossas próprias motivações e ações. Nosso comportamento pode se tornar desleixado e sem qualquer cuidado. Se demônios como estes aparecem e falhamos em reconhecê-los, seremos dominados por eles.

Uma das maneiras pelas quais podemos evitar que o demônio da exaltação nos apanhe é sermos alertados sobre ele com antecedência. Ayu Khandro, uma grande iogue do século XX — cuja biografia consta em meu primeiro livro, *Women of Wisdom* —, estava em retiro quando nômades foram ao seu encontro para pedir ajuda. Ela conta, em sua biografia: "No final do outono, uma epidemia eclodiu entre os animais dos nômades. Fui convidada a intervir, o que fiz com a prática do Tchöd. A epidemia acabou e todos começaram a dizer que eu era uma grande praticante. Como eles começaram a me fazer homenagens, fiquei preocupada e lembrei-me de Trulshik Rinpoche, que dissera que isso era uma interrupção demoníaca. Então entrei em um retiro ainda mais restrito". Ela fora alertada sobre o demônio da exaltação, reconheceu o potencial para que isso acontecesse e se protegeu dessa forma.

Em termos mais atuais, este tipo de demônio pode facilmente se manifestar em professores e sacerdotes. Foi o caso de Chris, um professor de religião oriental muito popular em uma faculdade da costa leste nos Estados Unidos, conhecido pelo ensino de ponta em sua área de especialização. Em uma de minhas palestras, quando descrevi o demônio da exaltação, algo ressoou dentro dele, e Chris percebeu que tinha sido apanhado por este demônio. Em seguida, ele participou de um retiro e confessou que sentia ter esse demônio. Ele ainda não tinha abusado do seu status como professor popular, mas reconheceu em si mesmo a propensão para desfrutar da admiração dos seus alunos, e percebeu também o potencial perigo de abuso, devido ao poder que tinha nas mãos. Chris alimentou esse demônio durante o retiro, e mais tarde me escreveu. Disse que, embora tivesse sido realmente difícil reconhecer este demônio, sentia que o fato de saber sobre ele o havia ajudado a evitar que viesse a abusar da estima que lhe era oferecida pelos alunos.

Ayu Khandro, ao reconhecer os perigos que podem se manifestar a partir deste demônio, aplicou um dos antídotos tradicionais: ficar em retiro estrito, porque nesta situação não há ninguém para nos oferecer aplausos! Nem todos nós podemos nos dar ao luxo de fazer isto, daí a importância de estarmos cientes das possíveis armadilhas do demônio da exaltação. No entanto, ser elogiado, por si só, não é necessariamente um sinal de ser pego por esse demônio. Se você é homenageado, mas reconhece que o louvor é como um eco vazio, então você não foi capturado por um demônio da exaltação. Mas quando você é elogiado por seus alunos e colegas, ou é o centro das atenções de muitas pessoas, deve se manter sempre alerta para não cair nas perigosas garras deste demônio.

Sacerdotes, professores, padres, professores de ioga, gurus, sheiks, rabinos ou líderes de qualquer religião correm o risco de ser associados com o divino ou com o iluminado, o que lhes dá um poder especial e autoridade sobre os outros. Esta posição de representante do divino na terra, ou seu intermediário, por si só já se presta a nos levar de encontro ao demônio da exaltação, por isso é fundamental ficar alerta. Quando praticantes do budismo tradicional ensinam sobre o demônio da exaltação, eles sempre enfatizam os perigos que este demônio representa para aqueles que seguem caminhos espirituais.

Outro aspecto interessante desse demônio é como ele se manifesta internamente. A nível interno, o orgulho espiritual vem do apego aos sonhos auspiciosos, às visões, às experiências de meditação ou aos poderes espirituais. Você pode ter um sonho espiritual e, em seguida, sair por aí se vangloriando disso, para quem quiser ouvir, ou pode ter uma sessão de meditação particularmente boa e pensar: "Uau, tenho de contar isso aos meus amigos. Devo estar muito avançado para que isso tenha acontecido". Se você se apegar a essas experiências, o progresso da sua meditação é bloqueado e as bênçãos degeneram. Na tradição tibetana, uma das formas seguras para lidar com esse tipo de demônio é partilhar suas experiências espirituais apenas com seu professor. Tais experiências podem ser emocionantes, mas é importante mantê-las para você.

Por exemplo, Tamara teve um sonho fantástico, em que estava em uma caverna, rodeada por seres luminosos, e recebia uma iniciação. Depois desta experiência, ela a relatou aos quatro ventos, e tinha sempre um sentimento de exaltação e orgulho quando o fazia, acreditando que o sonho demonstrava o quão espiritualmente elevada ela era. Em vez dar continuidade à sua prática espiritual de forma intensa, ela concluiu que ele era um sinal de que ela já tinha chegado ao seu objetivo e, assim, reduziu a prática. Aos poucos, ela foi pega pelas distrações e perdeu a oportunidade de realmente progredir em seu caminho espiritual.

As pessoas também podem ficar presas ao demônio da exaltação por meio do uso de drogas, para tentar chegar a uma experiência de epifania espiritual. Whitney aprendeu sobre efeitos alucinógenos de determinadas substâncias na faculdade e começou a utilizá-las com a esperança de que elas iriam levá-la para uma experiência derradeira de êxtase ou compreensão. Ela realmente teve algumas experiências incríveis de abertura da mente, mas sempre retornava ao estado anterior e precisava fazer outra "viagem" para tentar voltar à experiência de abertura. Whitney nunca teve sequer um insight que a ajudasse em sua vida de forma significativa, e perseverou na tentativa de retornar para onde ela tinha "estado" com o uso das substâncias, como se estivesse procurando voltar à porta do céu que encontrara. Aos poucos, ela tomou consciência de que precisava desenvolver um caminho verdadeiro e parar de tentar obter uma epifania química. Começou então a praticar ioga, gradualmente foi limpando seu sistema corporal e deu início a retiros de meditação. Ela se propôs a aprender o método de como alimentar os demônios e, quando ouviu falar sobre o demônio da exaltação, reconheceu que este havia desempenhado um papel significativo nas suas experiências com as drogas.

O demônio da exaltação pode se manifestar tanto em situações mundanas quanto em práticas espirituais, e nos adverte da sua presença por meio da grandiosidade, do excesso de confiança, do abuso de poder, do apego e da inflação do ego. Qualquer pessoa que esteja em uma trilha espiritual deve estar atenta e saber que este momento surgirá, e que é uma preciosa oportunidade para nos aprofundarmos no nosso caminho. Apegar-se aos demônios de exaltação é como ver uma placa indicativa para Paris e acreditar que você já chegou lá. Experiências espirituais e sonhos são pistas de que você está na direção certa, mas de forma alguma indicam que você já chegou lá. Para aqueles que estão no caminho espiritual, seja qual for a forma que o demônio da exaltação assuma, é algo que precisamos levar em conta e devemos nos colocar em guarda, como foi visto no relato sobre a vida de Buda, quando Mara tentou seduzi-lo.

Ao mesmo tempo, precisamos também nos colocar em guarda contra a inflação psicológica e o orgulho advindos do sucesso no mundo, que podem nos levar a maltratar os outros e a perder a dimensão dos nossos verdadeiros valores.

17 O Demônio do Egocentrismo

O exército dos quatro demônios não pode machucá-lo,
Se você não ancorar em si o conceito
de sujeito-objeto,
Nenhum demônio poderá então prejudicá-lo.

Milarepa

Conta-se que, quando o grande iogue tibetano Milarepa estava fazendo um retiro longo em uma caverna, uma demônia decidiu testar a realização que ele tinha. Ela pediu a ajuda de outros demônios e certa noite, à meia-noite, eles se juntaram e atacaram a força vital de Milarepa. A princípio, ele ficou assustado e chamou seu guru, as deidades e os protetores em busca de ajuda. Isso deixou a demônia muito feliz, acreditando que aquilo provava que ele não estava realizado, e os demônios intensificaram ainda mais o ataque contra ele.

A certa altura, Milarepa se lembrou dos ensinamentos sobre a natureza da mente que havia recebido de seu professor, Marpa, instruções sobre a vacuidade inerente do Eu e de todos os fenômenos. Ele se recordou de que o poder dos demônios dependia exclusivamente do apego ao ego. Assim que se lembrou disso, ele mudou completamente de atitude e ofereceu o próprio corpo aos demônios, da mesma forma como Machig havia feito quando atacada pelos *nagas*. Imediatamente a demônia e seu séquito também mudaram de atitude e prometeram proteger não somente a ele, mas a todos os seus seguidores. Ela também o alertou de que em qualquer momento em que a mente dele ficasse agitada, ele deveria meditar sobre a essência da mente e não se deixar levar pelo apego ao ego. Tinha sido o apego ao Eu que o deixara com medo, e a demônia estava a lhe mostrar que entender o demônio do apego ao Eu é essencial para se compreender a verdadeira natureza dos demônios.

Ao encontrar o demônio do egocentrismo, chegamos em fim ao mais profundo e central de todos os demônios. Quando ouvi pela primeira vez a maneira pela qual Machig havia categorizado os quatro demônios, pareceu-me que eles estavam na ordem errada, que o demônio do egocentrismo deveria vir em primeiro lugar, não em último. Mas depois percebi que é o próprio processo de compreensão dos outros três demônios que nos permite ver o quarto demônio.

Você notará que não incluí exemplos específicos sobre o demônio do egocentrismo neste capítulo, porque na verdade ele não é um demônio separado, já que é a fonte dos outros três tipos. Todos os exemplos de demônios externos, internos e da exaltação servem efetivamente como exemplos do demônio do egocentrismo em ação.

A tradução literal para o demônio do egocentrismo é o demônio da arrogância. Esta é uma boa maneira de descrever o egocentrismo, pois ele se manifesta do autocentrismo, do sentimento de estarmos centrarmos em nós mesmos, de que somos o centro do universo e que tudo se organiza em torno de nós. Aquilo o que o ego quer é perfeitamente descrito por meio da definição dos Oito Dharmas Mundanos:

Conseguir o que você quer, e não conseguir o que você não quer;
Querer a felicidade instantânea, e não querer a infelicidade;
Querer fama, e não querer ser um desconhecido;
Querer elogios, e não querer ser criticado.

Devido ao apego ao ego, a mente se torna agitada e é atingida por todos os tipos de altos e baixos emocionais, os pensamentos são colocados em prática, e o carma é criado por meio das ações daí resultantes. A verdadeira raiz do problema é o apego à noção de Eu versus O Outro, sem nos darmos conta do quanto daquilo que consideramos realidade externa ser nada mais do que uma projeção feita por nós mesmos. Uma maneira simples de expor isso é a seguinte: onde há egocentrismo há demônios e deuses; onde não existe egocentrismo não existem demônios ou deuses. Podemos ver o demônio do ego em nossas reações, no fato de ficarmos irritados pelas críticas e enaltecidos pelos elogios, de querer acumular coisas materiais e nos chatearmos quando perdemos nossas riquezas, nossas posses ou nosso status.

Podemos perceber isso de forma bastante ilustrativa em crianças de dois anos que agarram um brinquedo e dizem "É meu!" com toda a força de seus pulmões, batendo na cabeça dos outros sem qualquer piedade. Embora passemos por um processo de aprendizagem para moderar nossa fixação em nós mesmos, e sobre aquilo o que nós queremos ou não queremos, o mesmo "Eu, Eu, Eu" ainda está presente em nós, por vezes bem mascarado, às vezes nem tanto. O caminho espiritual é o caminho para abandonar a fixação ao "Eu" e ao "Meu", para nos abrirmos para uma compaixão vasta, que engloba todos os seres. E, ao fazê-lo, vamos além da fixação do ego em si mesmo.

Qual é a fonte que gera o demônio do egocentrismo? Por que não somos todos seres compassivos que sabemos que podemos ser? Em uma de suas canções, Bob Dylan canta:

"Algo está se passando aqui, mas você não sabe o que é, não é, sr. Jones?". É esse sentimento que algo está se passando e que você não é capaz de reconhecer que é a raiz do demônio do egocentrismo. Mas de onde vem este sentimento de não saber? No budismo isso é chamado de "a separação fundadora". Esta divisão se dá entre o Eu e o resto do mundo, entre o "Eu" e o "Outro". Esta separação ocorre quando a amplitude de nossa verdadeira natureza é tão vasta, tão generosa, que temos o desejo de explorar e de nos divertirmos com ela. Uma maneira de falar sobre a formação do ego é dizer que nossa consciência começa a dançar na imensidão, e logo estamos dançando de forma tão intensa que perdemos de vista nossa relação com o espaço e somos apanhados pela experiência de "Eu". À medida que esse "Eu" começa a ser vivenciado como algo separado e sólido, a trama infinita da consciência clara começa a parecer igualmente sólida. É assim que nós formamos o ego e o estado de estarmos fixados na dualidade. A falta de reconhecimento da nossa verdadeira natureza vasta e incomensurável é chamada de não reconhecimento ou ignorância.

Sob esta condição de separação, uma perda de consciência ocorre, uma espécie de branco momentâneo, e ao despertarmos deste estado vem a apreensão, surge a sensação de que "Algo está se passando aqui, mas você não sabe o que é". No devido tempo isso dá origem ao modo como o ego lida com a ansiedade. Nós mesmos somos os criadores da solidez, e, uma vez apanhados por esta apreensão, ficamos inabilitados a vivenciar o estado primordial de vastidão. Não temos a percepção de que estamos criando esta experiência a cada momento, e acreditamos que ela se manifeste do exterior.

Como é que isso funciona em nossa experiência cotidiana? Assim que percebemos alguma coisa, como, por exemplo, um cachorro correndo em direção a nós, deveríamos vê-lo de forma ampla, não conceitual. Mas não é isso que acontece. Nosso ego se "atira" sobre aquilo e nós, imediatamente, começamos a adicionar algo a percepção pura inicial. Talvez entremos em pânico ao pensar que o cão vai nos atacar, talvez procuremos evitá-lo pensando que o cachorro vai pular em nós e nos sujar, ou talvez nós o chamemos e tentemos fazer com que ele goste de nós. O ego reage e o estado de amplidão original desaparece. Esta é a função do demônio do egocentrismo. Nós nos sentimos separados uns dos outros e de tudo mais. Sentimos que algo está errado e tentamos resolver esse sentimento, mas fazemos isso de uma maneira que gera ainda mais ansiedade. Nós julgamos e classificamos tudo e todos que se manifestam em nossas experiências, sem permitir que estejamos simplesmente presentes.

Vamos usar nadar no oceano como uma metáfora para nossa relação com o amplo espaço original. Podemos ter muitas relações com o oceano: podemos lutar contra ele em pânico, podemos manipulá-lo para fins comerciais, ou podemos relaxar e brincar nele. O oceano é vasto e espaçoso, e por isso pode ser que cheguemos a desconfiar dele. Mas, se pudermos relaxar frente ao sentimento de separação em relação ao oceano, e descansar nele, descobrimos a vastidão que sempre esteve ali. Assim, podemos facilmente flutuar e nos sentirmos confortáveis nele, e toda a ansiedade desaparece. Esta é a liberação do ego. Há muitas práticas de meditação para se chegar a este ponto, e alimentar nossos demônios é uma delas.

Infelizmente, nossas estratégias para lidar com a ansiedade geralmente nos movem para mais longe ainda do reconhecimento da nossa união intrínseca com a vastidão. Nós nos debatemos e não confiarmos nela. O ego desenvolve desejos, violência e ilusões como estratégia. Estas abordagens enganosas se manifestam como nossos demônios, mas o líder de todos eles é o demônio do egocentrismo. O demônio do egocentrismo é o *estrategista*; os outros demônios são as *estratégias*.

Uma vez que o ego estabelece e opera o princípio do "Eu" versus "Outro", o ego vê tudo de forma dualista, o que nos coloca em uma batalha constante para que possamos manter o Eu viável; até mesmo o prazer é infundido com tensão. O ego exige uma vigilância constante e, uma vez que a tarefa do ego de manipulação total é impossível, temos sempre a sensação de que as coisas podem estar ficando fora de controle. Quando meditamos, estamos aprendendo a liberar o apego do ego.

Quando Machig foi atacada pelo exército de *nagas*, ela estava na árvore e repousava de forma completamente desperta, um estado profundo de meditação. Em vez de usar as estratégias habituais do ego, que seria lutar em pânico contra aqueles seres, ela minou o ego, continuando a descansar em estado meditativo, e ofereceu seu corpo como alimento. Neste estado, não houve ganchos nos quais os *nagas* pudessem se agarrar, não havia, em um certo sentido, ninguém para ser atacado por eles. Ao perceber isto, os *nagas* se renderam e se tornaram aliados dela, prometendo protegê-la. Se olharmos para esta história simbolicamente, o exército dos *nagas* era uma força dentro da própria mente de Machig, que se manifestava por meio do inconsciente. Mas ela escolheu não se envolver com esses demônios e, em vez disso, ofereceu-lhes alimento. Ao fazê-lo, ela se libertou, e se tornou ainda mais realizada do que era antes.

Fundamentalmente, todos os demônios que observamos são processos de pensamento que bloqueiam um estado de consciência clara, e eles crescem a partir deste demônio da fixação ao ego. A prática de alimentar nossos demônios vai em busca da libertação de todos esses demônios e se propõe a transformar a energia aprisionada por eles em energia positiva, que é o que temos chamado de “aliado”. Todas essas energias, demônios e aliados, emanam de dentro de nós. No passo 5, quando descansamos e relaxamos, depois do processo de alimentar nossos demônios e encontrar o aliado, nós libertamos o demônio subjacente, o egocentrismo.

A maioria de nós não reconhece a vastidão da nossa consciência, embora ela esteja presente agora mesmo, no momento atual, por trás dos pensamentos que você está formulando ao ler estas palavras. Isso se dá porque esta consciência está obscurecida pelos dramas criados pelo ego. O caminho espiritual, gradualmente, vai revelando esse espaço amplo, dando-nos vislumbres dele, mas esta experiência não é estabilizada até que estejamos totalmente despertos.

Um professor tibetano certa vez me explicou isso com um exemplo bastante prático. Era madrugada e estávamos sentados tomando chá no piso superior do mosteiro dele no Nepal, o sol brilhava através das cortinas douradas. Perguntei: "Qual é o significado de a vastidão fundamental da mente e do fruto da iluminação serem a mesma coisa?".

Ele pegou sua xícara e disse: "Digamos que isto é a vastidão fundamental da mente, também conhecida como a base fundadora".

Então ele pegou um pedaço de papel e cobriu a xícara. "Este papel representa a perda da consciência da base fundadora e a confusão do ego que advém desta perda." Ele apontou para o papel e disse: "O drama das nossas vidas se desenvolve em cima deste papel, com a base fundadora por baixo dele. A base fundadora está bem ali, mas nós não a vemos, por isso sentimos ansiedade, e tentamos resolver essa ansiedade por meio do desejo, da aversão e da confusão. Mas, é claro, isso não funciona, porque essas coisas nos afastam cada vez mais da base fundadora, e vamos nos enroscando sem cessar ao longo de inúmeras vidas".

Então ele foi puxando o papel lentamente para cima, começando a revelar a xícara. "Este é o caminho espiritual. Gradualmente nós experimentamos a base fundadora, em um primeiro momento apenas um pouquinho, depois mais e mais." Até que ele puxou o todo papel. "Este é o completo despertar, ou a iluminação, a meta final." Então ele me ofereceu a xícara descoberta. "Como você pode ver, a vastidão da nossa verdadeira natureza e os frutos do pleno despertar são a mesma coisa. A base fundadora sempre esteve ali, mas não tinha se tornado visível."

Todos os seres vivos têm vagueado em confusão e vivem sua própria alucinação, desde o mais ínfimo mosquito até o mais complexo ser humano. Depois que a separação dualista está estabelecida, as formas do ego funcionam como uma espécie de quartel-general central que envia antenas para o ambiente, as quais testam cada nova situação para averiguar se estas são ameaçadoras, lucrativas, ou neutras. O ego quer ampliar seu território e fortificá-lo com poder, objetos, elogios e fama. Ele tem medo de críticas, de agressões e do constrangimento, e vai tentar se proteger. Os níveis primitivos do desejo, da aversão, da perplexidade se transformam em uma teia complexa de reações onde uma coisa leva a outra, tudo isso na tentativa infrutífera de resolver nosso estado fundamental de ansiedade.

As ações do ego criam uma reação em cadeia. Tramas e subtramas se desenvolvem a partir das estratégias fundamentais do ego, e tudo fica tão complicado como uma bola de fios emaranhados. Se você refletir sobre sua vida, todos os seus relacionamentos com a família, com os parceiros amorosos ou ex-parceiros, com empregadores ou empregados, filhos, animais, e assim por diante, e como o ego atua nestas relações, você terá uma ideia desse demônio e como ele gera os outros demônios: os demônios externos, os demônios da mente e os demônios da exaltação.

O ego acredita que precisa controlar seu território e se proteger das ameaças, mas nunca consegue solucionar a ansiedade fundamental. A complexidade do drama, por vezes, torna-se avassaladora. Às vezes este drama é chato, às vezes é emocionante, às vezes deprimente, e por vezes assustador; é uma montanha-russa de emoções que se desdobram devido à nossa angústia primordial e às estratégias do ego.

A crença de que o ego deve proteger a si mesmo pode ser minada ao alimentarmos, em vez de combatermos, nossos demônios. Machig e Milarepa não caíram no jogo do ego, que defende seu território, quando os *nagas* e os demônios os atacaram. Ao oferecerem os próprios corpos, eles dissolveram a divisão dualista e se libertaram dos dramas do ego, transformando os demônios em seus aliados. A experiência da não dualidade surge quando o demônio "grudento" do egocentrismo é dissolvido. Isso geralmente é um processo longo e árduo. O ego teme seu próprio fim e é ardiloso em suas manobras para não ser descoberto. Nossos demônios são como abelhas-operárias dentro da colmeia do ego.

À medida que nosso caminho espiritual se desenvolve, o demônio do ego ataca com mais intensidade. Mais obstáculos e provações ocorrem quando o ego se sente ameaçado de dissolução. Na noite da iluminação de Buda, Mara — que representa o ego na vida de Buda — o ataca violentamente, tentando desviá-lo e laçá-lo por meio da sedução, da aversão e da preguiça. Isso é retratado na história de Buda como se fossem seres externos. As mulheres sedutoras, as filhas de Mara, representam o desejo de Buda. Os exércitos que o atacam na tentativa de despertar sua ira representam a aversão do ego, mas nada mais são do que os demônios que surgiram na mente de Buda. Buda foi capaz de permanecer firme em sua meditação e não reagir. Ele não se deixou distrair; ao contrário, manteve-se estável e tranquilo. Finalmente Mara desistiu e recuou. E este foi o alvorecer do vislumbre de Buda sobre a origem do sofrimento, que era o ego e tudo o que se originava a partir dele, tendo sido este insight a essência da sua experiência de iluminação.

A partir desta história, podemos ver que é o *apego* a uma percepção dualista do mundo, e não as experiências externas ou internas, que gera nossos demônios. Uma vez que rompemos com nossa fixação ao "Eu" e ao "Meu", somos capazes de superar esse demônio raiz do egocentrismo.

Dar forma aos demônios, e alimentá-los por meio do processo dos cinco passos, leva-nos a um estado de amplidão e de consciência que oferece muito mais do que apenas um alívio momentâneo dos nossos problemas psicológicos. Não há dúvidas de que esse benefício relativo pode nos levar à cura, à liberdade em relação a dependências e assim por diante, mas seu benefício último é a maneira como essa consciência é capaz de aniquilar o demônio do egocentrismo.

Quarta Parte:
O Aprofundamento do Trabalho com nossos Demônios

A Liberação Direta 18

Ao ver as terríveis transformações do exército de Mara,
o Ser Puro as reconhece como um produto da ilusão.
Não há nenhum demônio, nenhum exército e nenhum ser;
não existe sequer um Eu.
Como a imagem da lua na água,
o ciclo dos três mundos é enganoso.

Buda

No capítulo anterior, falamos sobre o demônio fundamental do egocentrismo e sobre a vastidão da consciência, ideias que criaram a estrutura necessária para a compreensão do conceito-chave deste capítulo: a libertação direta. Uma vez que tenhamos desenvolvido a prática de alimentar nossos demônios durante algum tempo, começamos a tomar consciência dos nossos demônios à medida que eles se formam. Aprendemos a perceber quando eles se aproximam e reconhecemos como eles se apossam de nós. Isto nos possibilita — com a prática — libertar os demônios no momento em que eles surgem, sem ter de passar por todo o processo dos cinco passos, usando o que é chamado de "liberação direta". Este caminho mais imediato e simples para a liberação dos demônios nos leva diretamente para o passo 5.

A liberação direta é enganosamente simples. Trata-se de reconhecer um demônio assim que ele se manifesta e depois voltarmos a atenção diretamente para ele. É o equivalente, em termos energéticos, de quando viramos um barco diretamente contra o vento ao velejar; o barco para, pois sua fonte de energia, o vento, foi neutralizada. Da mesma forma, se voltamos a atenção diretamente para uma emoção, ela para de se desenvolver e de tomar conta de nós. Isso não significa que você a esteja analisando ou pensando sobre ela, mas simplesmente que você está se voltando para ela com uma consciência clara. Neste ponto, se você for capaz de fazer isso corretamente, isto é, voltar a atenção para aquela emoção, o demônio será imediatamente liberado e banido ali mesmo. A técnica de liberação direta é comparável a estarmos no escuro com medo de um monstro e depois acendermos a luz. Quando a luz é acesa, somos capazes de perceber que não há monstro algum. De forma similar, quando colocamos um holofote (a atenção) sobre um demônio, ele desaparece.

Vamos tomar como exemplo o demônio do ciúme. Se tenho a seguinte percepção: "Ah, estou ficando com ciúme. Meu ritmo cardíaco está ficando mais acelerado. Meu corpo ficou tenso", e então, nesse momento, eu me volto para aquela energia do ciúme e direciono minha consciência de forma plena sobre essa experiência do ciúme, isso fará com que ela exploda e desapareça como um balão de festa infantil. Quando alimentamos um demônio por meio do método dos cinco passos, fazemos todo o processo até chegarmos à quinta etapa, na qual tanto você quanto o demônio se dissolveram na vacuidade e você descansa nesta amplidão. Com a liberação direta, nós damos um curto-circuito no demônio no instante em que ele surge, ao encontrarmos e nos concentrarmos com atenção nesta energia logo que ela vem à tona, indo diretamente para o passo 5.

Ao treinarmos a mente, vamos gradualmente nos tornando cada vez mais capazes de fazer isso assim que os demônios surgem. Você pode, por exemplo, estar a caminho da cidade e começar a pensar em algo relacionado com seus filhos. Então você começa a se preocupar e a ficar aborrecido. Nesse momento, você pode fazer uma pausa e tomar consciência: "Ah, estou sendo apanhado por esta emoção". Você pode então olhar diretamente para essa energia de preocupação, voltando-se para ela, em vez de deixar que ela o carregue sem que você tenha qualquer consciência do que está acontecendo. No momento em que a emoção é observada, ela se dissolve, permitindo que você descanse em um estado de consciência ampla que se abre naturalmente e ocupa o lugar da preocupação.

Outra situação em que você pode praticar a liberação direta pode ser durante uma conversa ou um encontro com outras pessoas. Você pode estar sentado em uma reunião, por exemplo, quando descobre que uma tarefa que pensava estar concluída nem sequer fora iniciada. Você começa a sentir a irritação subindo. Mas quando volta a atenção para essa sensação de irritação, olhando diretamente para ela, ela desaparece, como a neve que derrete em um lago na montanha.

Uma vez que a liberação direta dos demônios é enganosamente tão simples, é particularmente importante não se deixar enganar e pensar que você conseguiu liberar um demônio quando você não o fez. Se for uma emoção muito forte, você pode ter de liberá-la diretamente várias vezes, ou pode ser que precise fazer todo o processo usando os cinco passos.

Uma forma que utilizo para explicar a liberação direta em meus retiros é por meio de uma experiência. Peço às pessoas que conscientemente gerem uma emoção forte — um momento de raiva, tristeza, ciúme ou desejo. Quando eles conseguem se identificar com esse sentimento, eu lhes peço que o intensifiquem, e que depois voltem a toda a sua atenção diretamente para aquela emoção, e a seguir descansem na experiência resultante daquilo. Se você quiser fazer uma experiência, você pode tentar, para ter uma noção de como funciona a liberação direta. Ela pode acabar sendo tão simples e instantânea que você poderá desconfiar do resultado, mas verifique novamente o que aconteceu; caso tenha feito o procedimento de forma correta, a emoção terá dissolvido.

Você também pode praticar este método em algo que não evoque uma emoção muito intensa, mas que insiste em se agarrar à sua mente. Você pode até criar sua própria fixação conceitual e depois libertá-la. Para fazer isso, olhe para o que quer que esteja à sua frente neste momento. Tente gerar uma grande quantidade de julgamentos e de emoções sobre isso. Por exemplo, se você estiver olhando para um tapete, você pode pensar: "Esse tapete é tão feio. Como alguém pode ter escolhido uma cor tão horrenda?". Você também pode criar uma fixação positiva como: "Eu amo esse tapete". Ou criar um certo temor: "Eu realmente gosto deste tapete, é lindo. Foi minha avó quem me deu, espero que ninguém derrame vinho sobre ele". Não importa qual seja sua escolha, apenas tente se deixar apanhar por pensamentos, com algum apego por detrás deles.

Depois de ter gerado esses pensamentos, perceba o quanto da sua energia está se esvaindo para fora por causa deles, verifique seu corpo e perceba o quão estressado você se sente. Em seguida, dirija a atenção para aquela energia que se esvai, reverta o fluxo de energia e olhe, então, diretamente para o sentimento que é gerado pelos pensamentos. Volte a fazer com que a energia retome ao fluxo anterior para que consiga ser capaz de perceber a fonte criadora desta energia, de onde é que ela vem. Isso neutraliza o fluxo, fazendo com que apenas a consciência permaneça. Descanse neste estado.

Quando começamos a trabalhar com nossos demônios, ainda estamos tão envolvidos com nossos dramas e com nossas histórias que não somos capazes de enxergar a causa deles. Conforme damos continuidade ao processo, o lamaçal de confusões começa a se acalmar e se torna possível conseguir olhar diretamente para nossas emoções e para nossos apegos à medida que eles surgem, deixando-nos livres dos nossos demônios, por meio da liberação direta. Com a prática constante, a próxima fase se torna possível: onde a consciência imediata, clara e sem alterações fica estável, e não como algo que você vislumbre apenas periodicamente.

Nesta fase, você não tem de "fazer" alguma coisa; a consciência se limita a perceber as emoções assim que elas surgem, de tal forma que são naturalmente liberadas; você nem sequer tem de pensar sobre isso. Vacuidade, clareza e consciência são experimentadas como estando espontaneamente presentes. Desse modo, já no próprio processo de origem as emoções não se apossam de você, mas deslizam como a água sobre as penas impermeáveis de um pato. Isso é chamado de liberação instantânea. Uma emoção surge, mas não encontra nenhum ponto de apoio e se dissolve. Neste estágio de consciência, não temos necessidade de alimentar nossos demônios porque o que nos governa é a clareza, e não as emoções. Mas a maioria de nós ainda tem de atingir este nível!

Quando nos fixamos na dualidade das esperanças e dos medos, estamos atribuindo existência real a algo que é ilusório, como o monstro que imaginamos no quarto escuro. Devemos nos lembrar que a verdadeira natureza da mente não tem solidez; não tem raízes, é a consciência clara e radiante. Sabendo disso, não tente bloquear as emoções e as sensações que surgem em sua mente. Não tente analisá-las. Sempre que pensamentos ou lembranças surgirem, não se apegue a eles ao ruminar sobre aquilo. A mente em si é luminosa e clara, como o espaço imensurável, e qualquer sentimento, pensamento ou memória que se manifeste nela é como uma nuvem em um céu claro. As nuvens têm muitas formas e características, assim como nossos pensamentos e emoções. Mas as nuvens não são capazes de transformar o céu em outra coisa e, se você deixar que os pensamentos transitórios passem por sua mente sem interferir, todos os seus demônios serão superados sem qualquer esforço.

A liberação direta também ocorre quando você faz a prática de ver a si mesmo e ao mundo como se fosse um sonho em que você está lúcido — ou seja, sonhar e ao mesmo tempo perceber que você está sonhando. Quando você reconhece a natureza ilusória e onírica das nossas experiências do mundo, os demônios são liberados assim que se manifestam. Isso não significa que você deva ser avoado ou desligado, mas apenas que poderia ver as coisas de uma maneira mais leve, percebendo-as em um contexto mais amplo. Quando você se dá conta de que suas experiências são uma invenção da mente, não há nenhum demônio a ser alimentado. Ele se vai automaticamente. A analogia tradicional para esse estado é a de "um ladrão que entra em uma casa vazia". Todavia, a maioria de nós ainda não está neste estado; somos mais parecidos com os ladrões que entram em uma casa cheia e tentam enfiar tudo dentro de um saco para depois fugir com ele. Assim, embora a liberação direta ou liberação instantânea seja algo pelo qual possamos trabalhar para atingir, é importante lembrar sempre que o processo dos cinco passos oferece um método para trabalharmos com as coisas que estão no nosso saco.

Com muita frequência damos força aos nossos demônios ao acreditarmos que eles são reais e fortes por si mesmos e que têm o poder de nos destruir. Quanto mais lutamos contra eles, mais fortes eles ficam. Mas, quando nos inteiramos a respeito deles, descobrindo do que realmente precisam, e os nutrimos, nossos demônios afrouxam, e percebemos que eles na verdade não têm poder sobre nós. Ao alimentarmos nosso lado sombrio com infinita generosidade, podemos ter acesso ao estado de consciência luminosa e minar o ego. Ao alimentar os demônios, solucionamos os conflitos e a dualidade, encontrando o caminho para a união.

Você pode gradualmente aprender a prática para a liberação direta, mas é importante não abandonar prematuramente a prática dos cinco passos para alimentar os demônios. Trabalhar com os cinco passos é muito importante na articulação e na liberação dos nossos demônios. A liberação direta requer um estado de consciência muito sofisticado e uma prática de meditação profunda.

19 Demônio por todo o Mundo

Tome um demônio por um demônio
e ele vai prejudicá-lo;
Conheça um demônio em sua mente
e você estará livre dele.
Milarepa

Recentemente, quando uma das minhas filhas me perguntou: "O que você realmente quer com a publicação deste livro?", fiz uma pausa e veio a mim a imagem daquela noite escura de verão, quando chovia, e eu ouvi pela primeira vez o Tchöd ser cantado no mosteiro de Apho Rinpoche em Manali. Então pensei sobre o que aconteceu a partir daquele momento: a aprendizagem da prática, o abandono dos meus votos monásticos, o casamento, os filhos, a morte de Chiara, o divórcio e o entendimento gradual de como os ensinamentos de Machig sobre o processo de alimentar os demônios se aplicavam à minha vida.

Também pensei rapidamente sobre toda a situação do mundo hoje, com países e religiões criando demônios a respeito um do outro. A própria natureza está se tornando demoníaca, com um número cada vez maior de furacões, inundações, terremotos, secas e maremotos. Pensei em como nós somos atormentados pela polarização que criamos por dentro e por fora, e me peguei dizendo: “Sinto que há uma necessidade urgente de um novo paradigma que nos inspire a parar de lutar contra nós mesmos e uns contra os outros. Eu gostaria de ver um mundo no qual as pessoas não pensem que a melhor alternativa é destruir tudo aquilo que se lhes faça oposição. Acredito que os ensinamentos de Machig têm algo de profundo a oferecer e quero torná-los acessíveis tanto em termos pessoais quanto em termos coletivos”.

Espero que este livro contribua, de alguma maneira, por menor que seja, para que possamos reconhecer a forma como criamos nossos inimigos, o que pode nos dar a capacidade de resistir a tentação de ver os outros como demônios. Se persistirmos em pensar nas outras pessoas, nos outros grupos, nos outros países ou nas outras raças como sendo o problema, será travada em uma batalha interminável contra eles. Mas, se pudermos fazer a mudança revolucionária de alimentar em vez de lutar contra as forças que parecem ameaçadoras, causaremos um grande impacto no mundo.

Ao longo deste livro, concentrei-me principalmente em demônios pessoais, com a ideia de que a influência que temos sobre o mundo começa em nós mesmos. Vimos que aquilo que em geral percebemos como um demônio externo é algo que surge de nós mesmos. Também aprendemos a nos concentrar nas nossas reações aos acontecimentos externos, em vez de ver a situação ou pessoa como o próprio demônio. Compreender nossos demônios internos pode nos ajudar a gerenciar a torrente de pensamentos e emoções que fluem através da mente, independentemente dos acontecimentos externos.

Neste momento, já estamos preparados para estender a analogia de alimentarmos os demônios para além de nós mesmos, podemos olhar para os demônios nas famílias, nas comunidades, nos locais de trabalho, nas organizações e nas nações. Neste capítulo, veremos como os demônios agem no mundo como se fossem extensões de nós mesmos, como as ondas formadas por uma pedra que é atirada em um lago.

O processo de reconhecer os demônios coletivos começa com nossos demônios pessoais — o medo, a paranoia, o preconceito, a arrogância e outras fraquezas. Famílias, grupos, nações e até a sociedade como um todo podem criar demônios que são a soma dos nossos demônios individuais não resolvidos. Se não reconhecemos nossos demônios pessoais, nossas fraquezas e nossos medos podem se unir aos dos outros para se transformar em algo monstruoso.

Os grupos também podem projetar seus demônios em indivíduos ou minorias dentro do próprio grupo. Se alguém em um grupo age de forma diferente, o grupo pode recriminar aquela pessoa, mesmo que esta esteja expressando algo que ainda não foi dito, mas que está presente dentro do próprio grupo. Quando um grupo tenta se retratar como perfeito e correto, seus integrantes encontram alguém sobre quem vão projetar os aspectos sombrios que ficam latentes.

Desde os tempos antigos, o bode expiatório tem servido como uma forma de projetar demônios de um grupo em um determinado indivíduo. Alguém é escolhido para carregar o lado não vivenciado, escuro e recalcado do grupo, e, em épocas anteriores, este bode expiatório era ritualmente sacrificado. Com o passar do tempo, o bode expiatório assumiu uma forma mais simbólica, e era destruído por meio da representação de uma efígie. Continuamos a ver vestígios destes rituais nas festas de Carnaval e em outras versões modernas. O festival da "queima do boneco" (Burning Man), em Nevada, é um exemplo disso, em que 25 mil pessoas se reúnem todo ano para se expressar artisticamente, e no final do encontro uma efígie (um boneco imenso) é queimada. Estas são formas coletivas e simbólicas de lidar com o bode expiatório.

Por vezes, os demônios coletivos são incorporados a rituais culturais, que fazem com que o grupo tome consciência do seu demônio coletivo, fazendo-o "sair do armário". Em muitas culturas nativas, há personagens que agem como os "bobos da corte", contrariando as normas sociais e quebrando tabus culturais ao expressar o que é proibido. No Butão, há uma festa religiosa chamada *tsechu*, em que um palhaço com um pênis gigante fica brincando com as pessoas, dando expressão ao aspecto sexual reprimido daquela cultura. Durante o Carnaval e em alguns encontros tribais da América do Norte, figuras semelhantes a palhaços também fazem coisas chocantes e proibidas. Desse modo, demônios coletivos são liberados de uma forma culturalmente aceita, tirando a pressão causada por algo que estava reprimido no grupo.

Quando inconscientemente projetamos nossos demônios em um grupo ou em um indivíduo que acaba por se tornar nosso bode expiatório, isso pode ter consequências trágicas. Para evitar as consequências de tais bodes expiatórios, devemos entrar estar cientes disso no momento em que um bode expiatório está sendo criado. Por exemplo, se há um membro de uma família que está perturbando toda a harmonia familiar, e todos os outros começam a concordar que essa pessoa é o problema, um bode expiatório foi criado naquela família.

Ao longo da história, os seres humanos têm expressado a tendência de criarem grupos e de ver como demônios outros grupos que, de alguma maneira, pensam de uma forma diferente. O processo de enxergar grandes grupos como sendo demônios é essencial para a máquina da guerra, por exemplo. Se pensarmos no inimigo como demônios, e não como indivíduos, que são como nós, que têm filhos, são mães, pais, maridos e assim por diante, fica mais fácil convencer alguém de que se pode matar sem hesitação ou remorso.

Quando um demônio coletivo é capaz de tomar conta de nós, isso significa que há algum aspecto em nós que se vincula àquilo contra o qual nós estamos reagindo. Heterossexuais que atacam homossexuais têm medo das tendências homossexuais neles mesmos. Caso não existisse esse medo, eles não teriam uma reação tão carregada emocionalmente. O antídoto para isso é tomar consciência dos nossos demônios pessoais que estão inconscientes, pois os demônios coletivos têm um potencial ainda maior de ganhar controle.

DEMÔNIOS COLETIVOS NA FAMÍLIA

Em uma família, o bode expiatório pode ser um adolescente que está agindo de forma diferente e rejeitando os valores familiares. Este adolescente pode ser mandado para outro lugar ou ser reprimido, mas, até que os familiares percebam que devem enfrentar seus próprios demônios, a matriz dessa família não pode ser curada.

Bill, Karen e seus filhos Jesse e Ariana "tinham tudo" materialmente, mas houve problemas no paraíso. Jesse tinha sido problemático desde a infância. Ele havia sido enviado para psiquiatras, medicado e enviado para uma escola especial. Até o momento que Jesse se tornou adolescente, ele ainda era incontrolável. Foi então enviado para um colégio militar, mas fugiu, e, quando estava prestes a completar dezoito anos, foi se metendo cada vez mais em encrencas. Sua irmã, Ariana, estava morando com o namorado e trabalhando em uma cidade vizinha, e não queria mais nada com a família. Jesse não encontrava quase nenhum lugar para pedir ajuda.

Karen estava desesperada para encontrar uma solução, pois sentia que sua família estava sendo destruída devido ao problema de Jesse. Quando Bill e Karen passaram a fazer terapia com um terapeuta de casais treinado no método de alimentar os demônios, o terapeuta conduziu a prática de modo a expor os demônios raízes que eles possuíam. Emergiu a partir da terapia que, para Karen, Jesse era o filho que ela sempre tinha desejado, e que ela o adorava. Para Bill, Jesse era uma ameaça ao seu vínculo com Karen. Ele tinha ciúme da maneira como Karen adorava Jesse e sentia que ela se esquecera dele como marido. Ariana sentia que havia perdido a mãe para o irmão e por isso odiava Jesse. Karen se sentia confusa no meio desta a situação e permitiu que a negatividade do marido e da filha continuasse a ser expressa em oposição a Jesse.

Jesse reagiu a isso se tornando uma pessoa difícil. Assim, ele se tornou um bode expiatório para a dinâmica emocional não resolvida da família. Jesse era tido como "o problema", o que permitia que todos os outros ficassem "bem". Quanto mais difícil ele se tornava, mais plausível se tornava a raiva de Ariana e de Bill. Um verdadeiro círculo vicioso.

O estigma de ser uma "maçã podre" foi tirado de cima de Jesse quando os pais começaram fazer a prática de alimentar os demônios. Karen trabalhou com seu demônio da culpa e Bill, com seus demônios da raiva e do medo do abandono. Ao longo da prática, eles perceberam que tinham transformado Jesse em um bode expiatório, e resolveram tratar dos próprios problemas e da dinâmica do casal com o terapeuta. O comportamento de Jesse começou a mudar quando ele deixou de carregar os demônios familiares sozinho. Aos poucos, a família passou a se comunicar melhor e a ficar mais unida.

Enquanto bode expiatório, Jesse carregava os demônios de toda a família. Para corrigir isso, os membros daquela família tiveram de trabalhar com os demônios que o adolescente fez amadurecer dentro deles, bem como tentar compreendê-lo. Isto permitiu que uma mudança ocorresse. O mesmo é válido para qualquer família em que um "demônio" tenha sido identificado.

DEMÔNIOS DE ORGANIZAÇÕES E EMPRESAS

Empresas e organizações frequentemente desenvolvem alguns demônios específicos quando são fundadas e, quinze anos depois, ainda têm os mesmos problemas. Por exemplo, uma empresa com um demônio do medo cria um sistema fechado, no qual as pessoas têm medo de tomar decisões.

Os funcionários têm medo de dar um *feedback* da situação para os administradores, e de serem repreendidos por pequenas infrações. Pensar de forma conjunta sobre os demônios da organização pode ser uma maneira útil de trabalhadores e administração revigorarem o ambiente.

Muitas vezes, os demônios do administrador geral, do presidente ou do fundador de uma organização são infundidos na organização e nos seus colaboradores. É muito difícil erradicar esses demônios, e é por isso que é tão importante que proprietários, gerentes e diretores façam o trabalho com seu próprio demônio, além de participar dos processos com todo o grupo.

Sherry trabalhou em um spa que oferece terapias de alta qualidade para aliviar o estresse dos clientes. Ironicamente, o spa era um lugar muito estressante para se trabalhar, porque os donos estavam constantemente em crise. Durante uma reunião de equipe, Sherry sugeriu que se olhasse para os demônios da empresa, e os proprietários concordaram em trazer um consultor treinado no trabalho com demônios em organizações, para que fosse feito um retiro de um dia com todas as pessoas da equipe. Os proprietários estavam cientes de que o estresse estava presente na empresa desde sua fundação e estavam motivados a fazer uma mudança.

Durante o retiro, cada um, funcionários e proprietários, trabalhou em separado com seus próprios demônios externos relacionados com a empresa, guiados por um ajudante que os conduzia pelo método dos cinco passos de alimentar os demônios. Quando eles voltaram a se reunir como grupo, compararam seus demônios e seus aliados.

Durante a reunião em que compartilharam a experiência de alimentar o demônio, houve muitas risadas e todos foram capazes de utilizar seus demônios para falar sobre coisas difíceis. O grupo ouviu de cada um dos membros o que seus demônios necessitavam e aquilo o que seus aliados haviam sugerido. Então, o grupo escreveu suas sugestões para melhorar a organização em um gráfico grande. No final do retiro, os especialistas que serviram como guias usaram essas notas para ajudar os proprietários a criar um plano de ação para que se pudesse alimentar os demônios da organização da empresa.

Três meses depois, os membros da empresa se reuniram para discutir se e como seus demônios tinham se transformado, e se as sugestões dos aliados estavam ou não sendo seguidas. Pela primeira vez na história de quinze anos de vida da empresa, os proprietários foram capazes de dizer que não estavam se sentindo estressados, e os funcionários também sentiram uma diferença significativa.

Olhar para os demônios coletivos das organizações as quais estamos conectados e estar ciente dos bodes expiatórios podem ser formas de obter insights sobre a dinâmica estrutural que está criando conflitos nesses grupos.

DEMÔNIOS POLÍTICOS

Ao olharmos para a questão dos demônios coletivos em uma escala maior, percebemos que o poder do mito do herói ocidental é muito evidente na política de hoje. Na atual situação do mundo, a prática de declarar guerra contra terroristas e de matá-los tem se revelado ineficaz. Quando matamos um terrorista, nós criarmos mais dez. Hoje, nos Estados Unidos, as pessoas estão sob um risco muito maior de ataques terroristas do que estavam antes do início da guerra no Iraque, que se deu para que, supostamente, houvesse mais segurança. Nós somos como Hércules, que corta uma das cabeças da Hidra apenas para vir a descobrir que há muitas outras surgindo no lugar daquela foi decepada.

Somente quando o mundo encontrar um caminho que seja eficaz em lidar com os conflitos é que se vai conseguir aquilo o que as nações dizem querer: ajudar outros a se tornarem livres e fazer do mundo um lugar mais seguro. Nós sabemos que aspiramos à paz pessoal e coletiva, mas não sabemos como chegar lá. Os ensinamentos de Machig Labdrön nos fornecem uma maneira de fazer uma mudança fundamental na estratégia a ser adotada.

Um demônio coletivo pode se transformar em uma força devastadora em que as pessoas passam a funcionar como as células do corpo deste grande demônio. O monstro assume vida própria, e os indivíduos são carregados junto com ele. As pessoas talvez nem sequer se deem conta do quanto ajudaram na criação deste monstro. Como tão tragicamente é confirmado, tanto ao longo da história quanto em nossa vida agora, os demônios coletivos são capazes de levar ao genocídio e a outros horrores que normalmente seriam inimagináveis. Se cada pessoa assumisse a responsabilidade pelos seus próprios demônios, as fontes que dão origem aos demônios em massa, a abominações como o Holocausto e os genocídios em Ruanda, na Sérvia e em Darfur, seriam eliminadas em suas raízes. Quando os demônios são alimentados em situações políticas, os efeitos sociais podem ser de grande alcance.

Um exemplo importante pode ser visto na história de Amílcar Cabral, o líder africano do movimento de independência da Guiné-Bissau em 1970. Os prisioneiros portugueses que haviam sido capturados pelo exército governado por ele não foram torturados; ao contrário, ele os alimentou muito bem, tratou-os com humanidade e lhes falou intensamente sobre a necessidade de independência da Guiné em relação a Portugal. Cabral não fez da oposição um demônio, mas estendeu a mão para os colonos portugueses que viviam na Guiné-Bissau e, através da transmissão radiofônica, para os portugueses que estavam na terra natal europeia. Ele fez isso de uma maneira semelhante a que Gandhi respondeu ao oficial britânico quando o último chegou a ameaçá-lo de prisão.

Mais tarde, sob as ordens de Cabral, os prisioneiros portugueses que foram liberados acabaram por se tornar aliados da causa que ele liderava, e ajudaram na revolução. Embora a revolução não tenha sido pacífica, as táticas aplicadas pelo líder inspiraram um tratamento humanitário em relação aos presos durante o conflito, algo que talvez pudéssemos aprender nas batalhas de hoje. E, de fato, alguns dos soldados portugueses que tinham recebido este tratamento de Cabral retornaram mais tarde para Portugal e utilizaram a mesma abordagem na pacífica Revolução dos Cravos, em 1974.

Após o fim do apartheid na África do Sul, o Conselho da Verdade e da Reconciliação também usou de elementos da prática de alimentar os demônios. Agentes de ambos os lados foram encorajados a solicitar anistia a um conselho de profissionais de direito que os interrogaria sobre os crimes cometidos. A exigência fundamental era que aqueles que faziam a requisição para serem anistiados teriam de compartilhar cada detalhe dos seus atos criminosos, e os testemunhos prestados seriam mostrados na televisão. Se o júri decidisse que eles tinham feito uma confissão completa e estavam verdadeiramente arrependidos, a anistia era concedida.

Posteriormente, alguns destes agentes que haviam cometido tais crimes solicitaram um encontro com as vítimas, ou com as famílias destas, para tentar compensar de alguma forma e reconhecer o sofrimento que haviam gerado. Esta estratégia foi uma forma revolucionária de evitar o banho de sangue que, usualmente, se segue a uma mudança política ocorrida após gerações de opressão e violência. Em vez de fazer dos agentes do governo anterior verdadeiros demônios e dar continuidade ao ciclo de violência, o Conselho da Verdade e da Reconciliação ofereceu um testemunho de compaixão, uma alternativa revolucionária à vingança.

Ao considerarmos o desafio que é compreender os demônios coletivos e a maneira como eles atuam, é importante nos lembrarmos de que a única forma de pôr um fim aos demônios coletivos é tomar consciência dos nossos próprios demônios. Ao fazer nosso trabalho individual, é muito menos provável que nos deixemos levar por um demônio coletivo. O pessoal se torna global.

A maioria das tradições culturais e espirituais lida com as forças demoníacas ou os inimigos, reconhecendo uma necessidade de proteção. Nestas páginas, sugeri que, ao dirigirmos nossa atenção para dentro, para o verdadeiro culpado — o egocentrismo —, há uma menor necessidade de nos protegermos do mal. Em vez de rezar pedindo proteção, a sugestão é que comecemos a oferecer compaixão e, assim, mesmo o mais feroz de todos os demônios pode se tornar nosso maior aliado. Esta é a reviravolta fundamental que pode conduzir à paz mundial.

Não se deixe enganar pela ideia de que os demônios são externos a nós. Estamos vendo nossa própria mente projetada em cores vivas ao nosso redor. Treine-se para ver as coisas dessa maneira. Gere amor e compaixão para qualquer demônio que apareça — por dentro ou por fora. Quando você finalmente entender, a partir da sua própria experiência, que não há necessidade de atender às preocupações do ego, você não mais se agarrará às esperanças e aos temores — aos deuses e aos demônios. Você perceberá que a fonte da sua dor é o apego ao ego. Você vai relaxar na vastidão ilimitada da consciência — seu verdadeiro lar. Você será livre.

Por meio da transformação da nossa visão de mundo, em que tínhamos o hábito de atacar nossos inimigos e de defender nosso território, como Hércules o fez, ao alimentar nossos demônios podemos aprender a estabelecer um diálogo com o inimigo e a encontrar soluções pacíficas. Este foi o caminho de Machig, Gandhi e Cabral. Desse modo, damos início a uma revolução silenciosa. Ante a inspiração dos ensinamentos de uma iogue do século XI, podemos mudar o mundo. Preservar e desenvolver os ensinamentos de Machig Labdrön no Ocidente é um grande privilégio e uma enorme alegria. Almejo que algo da imensa sabedoria dela possa escoar para fora destas páginas e você a transformar seus demônios em aliados, como um meio de ação e prática da profunda generosidade.

Que todos os seres possam se beneficiar.

Posfácio

Versos das Últimas Instruções de Machig Labdrön

[...] A mente em si mesma [natural e coemergente]
Não tem nenhuma base de apoio, não tem objeto:
Deixe-a descansar em sua amplidão natural, sem qualquer fabricação.
Quando os vínculos [dos pensamentos negativos] forem liberados,
Você será livre, não há dúvida.

Assim como ao olhar para o espaço
Tudo aquilo que é captado pela visão desaparece,
Assim também é para a mente em si mesma.
Quando a mente olha para a mente,
Todos os pensamentos discursivos cessam
E a iluminação é alcançada.

Tal qual no céu todas as nuvens
Desaparecem no próprio céu:
Para onde quer que elas se movam, elas não vão a lugar algum,
Onde quer que elas estejam, elas não estão em lugar algum.
Isso se dá da mesma forma com os pensamentos na mente:

Quando a mente olha a mente,
As ondas de pensamento conceitual desaparecem.

Assim como o espaço vazio
É desprovido de forma, cor ou imagem,
Também é assim a própria mente
É livre de forma, cor ou imagem.

Assim como o resplendor do sol
Não pode ser velado eternamente pelas trevas
Também é assim a realização da natureza última da mente,
Não pode ser velada eternamente pelo samsara.

Ainda que a vacuidade
Possa ser nomeada ou convencionalmente definida,
É impossível apontá-la como "isto".
Também é assim para a clareza da mente em si:
Muito embora suas características possam ser expressas,
Ela não pode ser apontada como "isto".

A característica que define a mente
Deve ser primordialmente vazia como o espaço;
A realização da natureza da mente
Inclui todos os fenômenos, sem qualquer exceção...

....

Ao abandonar todas as atividades do corpo,
Permanece como um tufo de palha cujas amarras foram soltas.
Ao abandonar todas as expressões verbais da fala,
Permanece como um alaúde cujas cordas foram cortadas.
Ao abandonar toda a atividade mental,
Isso é Mahamudra
Na tradição do Dharma desta velha senhora
Não há nada a fazer além isso.

Ah, herdeiros afortunados e discípulos aqui reunidos,
Este nosso corpo é impermanente como uma pena encontrada nas trilhas de uma altíssima montanha,
Esta nossa mente é vazia e clara como a profundidade do espaço.
Relaxe nesse estado natural, livre de elaborações.
Quando a mente não tem nenhuma base de apoio, isso é Mahamudra.
Familiarizar-se com isso faz com que sua mente se misture com este estado —
Esse é o Estado Búdico...

....

Agora você tem a oportunidade.
Procure pela essência da mente — isso é significativo.
Quando você olha para a mente, não há nada a ser visto.
Neste próprio não ver, você vê o significado definitivo.

....

Esta senhora não tem instruções mais profundas do que essas para oferecer a vocês.[6]

---

6 - Tradução da versão em inglês feita por Jérôme Edou, em *Machig Labdrön and the Foundations of Chôd* (Machig Labdrön os Fundamentos do Tchöd). (N. T.)

Apêndice

Versão Abreviada dos Cinco Passos do Processo de Alimentar seus Deuses e Demônios

PREPARAR O AMBIENTE

Nove Respirações de Relaxamento:

Feche os olhos e os mantenha fechados até o final do passo 5. Respire profundamente nove vezes, com longas exalações e de forma relaxada. Para as primeiras três respirações, ao inspirar imagine que o ar está indo para qualquer tensão física que exista no corpo, e então liberte esta tensão através da expiração. Para o segundo conjunto de três respirações, ao inspirar, imagine que o ar está indo para qualquer tensão emocional que você tenha, sinta onde é que ela está aprisionada no corpo, e então a liberte através da expiração. E, para o terceiro conjunto de três respirações, ao inspirar, imagine que o ar está indo para qualquer tensão mental, sentindo onde é que você aprisiona o nervosismo, as preocupações e os bloqueios mentais em seu corpo, e os liberte com a exalação.

Motivação:

Gere uma motivação profunda e compassiva para que a prática que vai fazer seja em seu próprio benefício e de todos os seres.

PASSO 1: ENCONTRAR O DEMÔNIO

Decida qual será o demônio, deus ou deus-demônio com o qual você irá trabalhar.

Localize onde você o aprisiona mais fortemente em seu corpo e intensifique esta sensação.

Tome consciência das características das sensações em seu corpo, incluindo: cor, textura e temperatura.

PASSO 2: PERSONIFICAR O DEMÔNIO E PERGUNTAR O QUE ELE NECESSITA

Personificar essa sensação como uma figura com braços, pernas, olhos e vê-la à sua frente, olhando para você. Se um objeto inanimado parecer, imagine seria sua aparência caso ele fosse personificado, como uma espécie de ser animado. Preste atenção na cor, na textura da pele, no sexo (se é masculino ou feminino), no tamanho, no seu caráter, no estado emocional em que se encontra, na expressão do olhar e em qualquer outra coisa sobre o demônio que você não percebeu anteriormente.

Pergunte ao demônio:
- O que você quer de mim?
- O que você necessita de mim?
- Como você se sentiria caso recebesse o que necessita?

Tendo feito estas perguntas, imediatamente troque de lugar com o demônio.

PASSO 3: TORNAR-SE O DEMÔNIO

Mude de lugar, sente-se na frente da cadeira (ou almofada) em que estava até então. Assuma o "lugar" do demônio, tentando realmente se colocar na "pele" dele.

Observe como é seu próprio aspecto pessoal quando você está percebendo a realidade a partir do ponto de vista do demônio. Isto é, como ele a enxerga.

Agora responda às três perguntas:
- O que quero de você é...
- O que necessito de você é...
- Quando minha necessidade for suprida eu me sentirei...

PASSO 4: ALIMENTAR O DEMÔNIO E ENCONTRAR O ALIADO

Alimentar o Demônio:

Volte ao seu lugar original. Permaneça ali por alguns instantes, até que tenha "voltado a ser você mesmo", e visualize o demônio à sua frente.

Dissolva seu corpo em um néctar, que tenha a qualidade do sentimento de que o demônio teria caso a necessidade que ele sente tivesse sido suprida

Alimente o demônio até que ele chegue à completa satisfação, imagineando que o néctar está sendo absorvido pelo demônio da forma que ele achar mais adequada. Continue a alimentá-lo até que a satisfação completa seja alcançada (caso o demônio pareça ser insaciável, imagine qual seria sua aparência se ele ficasse totalmente satisfeito). Neste ponto você pode ir diretamente para o passo 5 ou encontrar seu aliado.

Encontrar com o aliado:

Caso haja outro ser presente no lugar do demônio quando você estiver prestes a encerrar o passo 4, pergunte-lhe se ele é o aliado. Se este novo ser não for o aliado, você poderá convidar o aliado a aparecer. Se o demônio tiver se dissolvido completamente, basta convidar um aliado para aparecer.

Observe todos os detalhes do aliado: sua cor, o tamanho, o olhar que ele tem.

Faça-lhe uma ou todas essas perguntas:

- Como você me ajudará?
- Como você me protegerá?
- Que juramento ou compromisso você estabelecerá comigo?
- Como posso ter acesso a você?

Troque de lugar com ele, transforme-se no aliado e responda então à(s) pergunta(s) acima.

- Eu o ajudarei da seguinte forma...
- Eu o protegerei da seguinte forma...
- Meu juramento será...
- Você pode ter acesso a mim da seguinte forma...

Volte à posição original e, em seguida, espere um instante para poder sentir a ajuda e proteção que vem do aliado e, então, imagine que o aliado está se dissolvendo em você. Depois, o aliado se dissolve em você e você se dissolve no vazio, o que naturalmente o leva para a quinta etapa.

PASSO 5: DESCANSAR NO ESTADO DESPERTO

Descanse naquele estado que se torna presente quando o aliado se dissolve em você, e você se dissolve na vacuidade. Deixe sua mente relaxar, sem criar qualquer experiência em particular. Descanse por quanto tempo desejar, sem preencher o espaço, sem tentar fazer com que qualquer coisa aconteça. Não se apresse para terminar este momento.

Agradecimentos

Em primeiro lugar, gostaria de expressar minha gratidão a Machig Labdrön, cujos ensinamentos são a base para as ideias expostas neste livro, e cuja história de vida faz parte de sua tecedura narrativa. Em um mundo em que modelos de mulheres iluminadas são muito raros, Machig serve como o exemplo de uma mulher completamente realizada, e o impacto causado por ela continua a ecoar ainda hoje, mil anos depois de sua morte. Machig é a única mulher da história do Tibete que fundou sua própria linhagem espiritual; uma linhagem que passou de professor para discípulo de forma ininterrupta por gerações até os dias de hoje.

Ao mesmo tempo que me incumbi da tarefa de apresentar os ensinamentos do budismo tibetano de maneira autêntica, e de uma forma capaz de trazer benefícios dentro do contexto dos padrões de pensamento contemporâneos e da realidade global moderna, continuo a me inspirar continuamente em sua santidade o 14º dalai-lama. Ele é um verdadeiro presente para toda a humanidade; que os pés de lótus[7] dele possam permanecer na terra sempre. Ofereço também profundas prostrações em agradecimento aos meus mestres raízes da prática do Tchöd: Apho Rinpoche e Gegyen Khyentse, assim como

7 - Essa é uma forma tradicional dentro do budismo tibetano de fazer louvores e saudações a entidades meditacionais e a grandes mestres. (N.T.)

um obrigada de todo o coração à esposa de Apho Rinpoche e minha querida amiga Amala Urgyen Chödrön, por ser um exemplo ao mesmo tempo de mãe e de praticante budista, e por ter me oferecido meu primeiro tambor do Tchöd.

Agradeço a Chögyal Namkhai Norbu Rinpoche por ter me ensinado o verdadeiro significado do Tchöd e dos quarto demônios, e pela sua visão ao transmitir os profundos ensinamentos de Dzogtchen no Ocidente. Ele me ajudou a entender o Tchöd como uma prática que eu poderia aplicar diretamente aos problemas da minha vida cotidiana. Obrigada também a Lodrö Rinpoche pelas conversas que tivemos em Zurique a respeito da aplicação dos ensinamentos sobre os quarto demônios na vida ocidental a pelas iniciações complementares.

Adzom Rinpoche concedeu-me ensinamentos incríveis sobre o Tchöd, abriu os portões para Troma, A Mãe Feroz, e levou-me a uma compreensão de *dulzhug*: a forma de confrontar os demônios que nos atira para grandes profundezas. Ele tem sido uma presença luminosa em minha vida e uma bênção para Tara Mandala. Obrigada também a Karma Dorje Rinpoche, de Zangri Kangmar, no Tibete, por seus presentes tão preciosos, e ao lama Wangdu Rinpoche, a incorporação da generosidade e da alegria, o detentor da linhagem de Machig.

Minha agente, Anne Edelstein, teve uma confiança total e instantânea no livro, e rapidamente estabeleceu um compromisso firme com meu trabalho. Tracy Behar, minha editora em Little, Brown & Company, imediatamente entendeu a importância das ideias expressas aqui. Obrigada a Jennifer Lauck, que me apresentou a ambas. Peter Guzzardi contribuiu com suas habilidades como editor e com a crença que teve na revolucionária transformação de paradigma que é proposta neste livro. Obrigada a Peggy Leith Anderson, pela inacreditável habilidade como revisora e pela ligação profunda e de coração com o livro. Kimberley Snow passou muitas semanas de inverno trabalhando comigo na proposta deste livro, ao mesmo tempo que nos preparava refeições refinadas. Obrigada a todos aqueles que transcreveram, editaram, leram e ajudaram de várias outras maneiras nos diferentes estágios deste livro. Para nomear alguns: Julia Jean, Brian Hodel, Karen Meador, Claudia Webinger, Barbara Staemmler, Leslie Barnett, Diane Hyde, Peter Weinstein, Mary O'Beirne, Belinda Griswold, Rachel Nave, Ravenna Michalsen e Yamuna Becker. Meu genro, Trevor Sands, diretor e roteirista, fez um trabalho de leitura bastante aprofundado e ofereceu seus comentários em um momento crucial. Obrigada à equipe de Camino Militar — Andrew Ungerleider, Gay Dillingham e Donna Boner — pelos adoráveis momentos ao pôr do sol, refúgio, amor e descanso em Santa Fé. Obrigada a Jim Gollin e a Van Jones pela história de Amílcar Cabral.

Eu também gostaria de mencionar a professora doutora Anne Klein e Harvey Aronson, também doutor, pelas conversas sobre as interfaces entre a sabedoria no Oriente e no Ocidente em momentos fundamentais. Muito obrigada a todos os meus amigos que contribuíram com as histórias dos seus demônios (troquei os nomes destas pessoas e também certos detalhes, para proteger sua privacidade), sem sua ajuda e generosidade o exemplo vivo da experiência das pessoas com a prática não constaria destas páginas. Minha gratidão à equipe residente de Tara Mandala por contribuir com as histórias dos seus demônios e por me ajudar de todas as maneiras, inclusive com seu amor, habilidades e eficiência, dando a mim a liberdade para poder escrever.

Meus filhos, Sherab, Aloka e Cos, ofereceram a perspectiva da geração deles e insistiram que este livro era necessário para nosso mundo. Ainda mais profundamente, meus sinceros agradecimentos ao meu marido, David Petit, por seu amor infinito, conselhos sábios e apoio constante durante o trabalho de escrita deste livro.

Um convite ao bem-estar!
www.vidaeconsciencia.com.br

Sucessos de ZIBIA GASPARETTO

Romances mediúnicos, crônicas e livros. Mais de 10 milhões de exemplares vendidos. Há mais de 16 anos, Zibia Gasparetto vem se mantendo na lista dos mais vendidos, sendo reconhecida como uma das autoras nacionais que mais vendem livros.

Romances ditados pelo espírito Lucius

- O Amor Venceu
- O Amor Venceu (em edição ilustrada)
- O Morro das Ilusões
- Entre o Amor e a Guerra
- Laços Eternos
- O Matuto
- Esmeralda
- O Fio do Destino
- Espinhos do Tempo
- Quando a Vida Escolhe
- Somos Todos Inocentes
- Pelas Portas do Coração
- A Verdade de Cada Um
- Sem Medo de Viver
- O Advogado de Deus
- Quando Chega a Hora
- Ninguém é de Ninguém
- Quando é Preciso Voltar
- Tudo Tem seu Preço
- Tudo Valeu a Pena
- Um Amor de Verdade
- Nada é por Acaso
- O Amanhã a Deus Pertence
- Onde Está Teresa?
- Vencendo o Passado
- Se Abrindo pra Vida

Crônicas Mediúnicas — Espíritos Diversos

- Voltas que a Vida Dá
- Pedaços do Cotidiano

Crônicas ditadas pelo espírito Silveira Sampaio

- Pare de Sofrer
- O Mundo em que Eu Vivo
- Bate-papo com o Além
- O Repórter do Outro Mundo

Outros Livros de Zibia Gasparetto

- Conversando Contigo!
- Eles Continuam entre Nós
- Reflexões Diárias
- Pensamentos (com outros autores)

Sucessos de SILVANA GASPARETTO

Obra de autoconhecimento voltada para o universo infantil. Textos que ajudam as crianças a aprenderem a identificar seus sentimentos mais profundos tais como: tristeza, raiva, frustração, limitação, decepção, euforia etc., e naturalmente auxiliam no seu processo de autoestima positiva.

- Fada Consciência

Sucessos de LUIZ GASPARETTO

Estes livros vão mudar sua vida! Dentro de uma visão espiritualista moderna, vão ensiná-lo a produzir um padrão de vida superior ao que você tem, atraindo prosperidade, paz interior e aprendendo, acima de tudo, como é fácil ser feliz.

- Atitude
- Faça Dar Certo
- Prosperidade Profissional
- Conserto Para uma Alma Só (poesias metafísicas)
- Para Viver sem Sofrer
- Se Ligue em Você (adulto)

Série AMPLITUDE

- Você está Onde se Põe
- Você é seu Carro
- A Vida lhe Trata como Você se Trata
- A Coragem de se Ver

Livros ditados pelo espírito Calunga

- Um Dedinho de Prosa
- Tudo pelo Melhor
- Fique com a Luz
- Verdades do Espírito

Livros Infantis

- Se Ligue em Você – nº 1, 2, e 3
- A Vaidade da Lolita

LUIZ ANTONIO GASPARETTO EM CD

Autoajuda. Aprenda a lidar melhor com as suas emoções para conquistar um maior domínio interior.

Série PRONTO SOCORRO

1 – Confrontando o Desespero
2 – Confrontando as Grandes Perdas
3 – Confrontando a Depressão
4 – Confrontando o Fracasso
5 – Confrontando o Medo
6 – Confrontando a Solidão
7 – Confrontando as Críticas
8 – Confrontando a Ansiedade
9 – Confrontando a Vergonha
10 – Confrontando a Desilusão

Série VIAGEM INTERIOR (vols. 1, 2 e 3)

Exercícios de Meditação

Por meio de exercícios de meditação, mergulhe dentro de você e descubra a força de sua essência espiritual e da sabedoria. Experimente e verá como você pode desfrutar de saúde, paz e felicidade desde já.

Série CALUNGA

- Prece da Solução
- Chegou a sua Vez!
- Presença
- Tá Tudo Bão!
- Teu amigo

Série PALESTRAS

- Meu Amigo, o Dinheiro
- Seja Sempre o Vencedor
- Abrindo Caminhos
- Força Espiritual
- A Eternidade de Fato
- Prosperidade
- Conexão Espiritual
- S.O.S. Dinheiro
- Mediunidade
- O Sentido da Vida
- Os Homens (somente para mulheres)
- Paz Mental
- Romance Nota 10
- Segurança
- Sem Medo de Ter Poder
- Simples e Chique
- Sem Medo de Ser Feliz
- Sem Medo da Vida
- Sem Medo de Amar
- Sem Medo dos Outros

Série REALIZAÇÃO

Com uma abordagem voltada aos espiritualistas independentes, eis aqui um projeto de 16 CDs para você sintonizar-se com o Poder Espiritual para práticas espirituais de prosperidade.

Série VIDA AFETIVA

1 – Sexo e Espiritualidade
2 – Jogos Neuróticos a Dois
3 – O que Falta pra Dar Certo
4 – Paz a Dois

Série LUZES

Coletânea com oito CDs em dois volumes

Este é um projeto idealizado pelos espíritos desencarnados que formam no mundo astral o Grupo dos Mensageiros da Luz. Nesta coletânea, trazemos essas aulas, captadas ao vivo, para que você também possa se juntar às fileiras dos que sabem que o mundo precisa de mais luz.

Série ESPÍRITO

1 – Espírito do Trabalho
2 – Espírito do Dinheiro
3 – Espírito do Amor
4 – Espírito da Arte
5 – Espírito da Vida
6 – Espírito da Paz
7 – Espírito da Natureza
8 – Espírito da Juventude
9 – Espírito da Família
10 – Espírito do Sexo
11 – Espírito da Saúde
12 – Espírito da Beleza

LUIZ ANTONIO GASPARETTO EM MP3

- O Poder Espiritual Inteligente – 4 palestras
- Conexão Espiritual – 4 palestras
- Tudo Tem Seu Preço/Terminar é Recomeçar/A Lei do Fluxo – 3 palestras
- Eu e o Universo/Resgatando o meu Eu/Estou Onde me Pus – 3 palestras
- Se dando a vez/Sem drama/Regras do Amor inteligente/Deus em mim – 4 palestras
- Caminhando na Espiritualidade – curso em 04 aulas

LUIZ ANTONIO GASPARETTO EM DVD

- O Mundo em que Eu Vivo

Este DVD traz momentos inesquecíveis da palestra do Calunga, proferida em 26 de novembro de 2006, no Espaço Vida & Consciência/SP.

- Pintura mediúnica – Narração de Zibia Gasparetto

Luiz Gasparetto e os mestres da pintura em um evento realizado no Espaço Vida e Consciência/SP em novembro de 2009.

OUTROS AUTORES (Nacionais)

Conheça nossos lançamentos que oferecem a você as chaves para abrir as portas do sucesso, em todas as fases da sua vida.

Ana Cristina Vargas

(ditado por José Antônio)

• A Morte é Uma Farsa

(ditado por Layla e José Antônio)

• Em Busca de Uma Nova Vida

Annamaria Dias

• Me Leva nos Braços, Me Leva nos Olhos

Ernani Fornari

• Fogo Sagrado

Evaldo Ribeiro

• Eu Creio em Mim

Liliane Moura

• Viajando nas Estrelas

Lousanne de Lucca

• Alfabetização Afetiva

Lucimara Gallicia

(ditado por Moacyr)

• Sem Medo do Amanhã
• O Que Faço de Mim?

Lucio Morigi e Luiz Gasparetto

• Revelação da Luz e das Sombras

Marcelo Cezar

(ditado por Marco Aurélio)

• A Vida Sempre Vence
• Só Deus Sabe
• Nada é como Parece
• Nunca Estamos Sós
• Medo de Amar
• Você Faz o Amanhã
• O Preço da Paz
• Para Sempre Comigo
• A Última Chance
• Um Sopro de Ternura
• O Amor é para os Fortes

Maria Aparecida Martins

• A Nova Metafísica
• Conexão – "Uma nova visão de mediunidade"
• Mediunidade e Auto-Estima

Mônica de Castro

(ditado por Leonel)

• Uma História de Ontem
• Sentindo na Própria Pele
• Com o Amor não se Brinca
• Até que a Vida os Separe
• O Preço de ser Diferente
• Greta
• Segredo da Alma
• Giselle – A Amante do Inquisidor
• Lembranças que o Vento Traz
• Só por Amor
• Gêmeas
• A Atriz
• De Todo o Meu Ser

Síria Maria Mohamed

• Kiwi – O Pintinho Diferente

Valcapelli

• Amor Sem Crise

Valcapelli e Gasparetto

Metafísica da Saúde - 4 volumes

OUTROS AUTORES (Internacionais):

Arrisque-se para o novo e prepare-se para um surpreendente caminho de autodescoberta.

Bärbel e Manfred Mohr
• Sabedoria do Coração

Bärbel Mohr
• Guia do Verdadeiro Milionário

Charles F. Haanel
• Psicologia Nova

Christina Donnell
• Sonhos e Transcendência

Cris Griscom
• A Evolução de Deus

Eli Davidson
• De Derrotada a Poderosa

Etan Boritzer
• Coleção A Descoberta

Ian Stevenson
• Reencarnação: Vinte Casos
• Reencarnação: Estudos Científicos de Casos Reais na Europa

Joachim Masannek
• Feras do Futebol Clube

Joan Sotkin
• Desenvolva seus Músculos Financeiros

John Randolph Price
• O Livro da Abundância

Marc Allen
• O Livro da Realização
• Sucesso para um Preguiçoso

Mathew McKay e Patrick Fanning
• Autoestima

Michel A. Singer
• Alma Livre

Nikki de Carteret
• O Poder da Alma

Peggy McColl
• A Solução

Sandra Ingerman
• Resgate da Alma
• Cure Pensamentos Tóxicos
• Jornada Xamânica

Sanhara Saranam
• Deus sem Religião

Serge Kahili
• Xamã Urbano

Saiba mais

Acesse o nosso site: **www.vidaeconsciencia.com.br**

ESPAÇO VIDA & CONSCIÊNCIA

É um centro de cultura e desenvolvimento da espiritualidade independente. Acreditamos que temos muito a estudar para compreender de forma mais clara os mistérios da eternidade.

A Vida parece infinitamente sábia em nos dotar de inteligência para viver com felicidade, e essa me parece a única saída para o sofrimento humano.

Nosso espaço se dedica inteiramente ao conhecimento filosófico e experimental das Leis da Vida, principalmente aquelas que conduzem o nosso destino.

Acreditamos que somos realmente esta imensa força vital e eterna que anima a tudo, e não queremos ficar parados nos velhos padrões religiosos que pouco ou nada acrescentaram ao progresso da humanidade.

Assim, mudamos nossa atitude para uma posição mais cientificamente metodológica e resolvemos reinvestigar os velhos temas com uma nova cabeça.

O resultado é de fato surpreendente, ousado, instigador e prático.

É necessário querer estar à frente do seu tempo para possuí-lo.

Luiz Antonio Gasparetto

Mais informações:
Espaço Vida e Consciência – SP
Rua Salvador Simões, 444 – Ipiranga – São Paulo – SP
CEP 04276-000 – Tel./Fax: (11) 5063-2150
Espaço Vida e Consciência – RJ
Rua Santo Amaro, 119 – Glória – Rio de Janeiro – RJ
CEP 22211-230 – Tel./Fax: (21) 3509-0200
E-mail: espaço@vidaeconsciencia.com.br
Site: www.vidaeconsciencia.com.br

INFORMAÇÕES E VENDAS:

Rua Agostinho Gomes, 2312
Ipiranga • CEP 04206-001
São Paulo • SP • Brasil
Fone / Fax: (11) 3577-3200 / 3577-3201
E-mail: editora@vidaeconsciencia.com.br
Site: www.vidaeconsciencia.com.br